国家社科基金
GUOJIA SHEKE JIJIN HOUQI ZIZHU XIANGMU
后期资助项目

专业市场主导的区域经济研究

Research on the Regional Economy
Dominated by Specialized Market

任光辉 / 著

社会科学文献出版社
SOCIAL SCIENCES ACADEMIC PRESS (CHINA)

国家社科基金后期资助项目
出版说明

后期资助项目是国家社科基金设立的一类重要项目，旨在鼓励广大社科研究者潜心治学，支持基础研究多出优秀成果。它是经过严格评审，从接近完成的科研成果中遴选立项的。为扩大后期资助项目的影响，更好地推动学术发展，促进成果转化，全国哲学社会科学规划办公室按照"统一设计、统一标识、统一版式、形成系列"的总体要求，组织出版国家社科基金后期资助项目成果。

全国哲学社会科学规划办公室

序　言

若要在实践中真正做到"让市场在资源配置中起决定性作用"，首先必须在理论上充分搞清楚市场决定资源配置的机理。实际上，早在20世纪80年代末90年代初，我国一些学者开展的关于专业市场运行机制的研究即在区域经济层面对这个问题的初步探索。地方性专业市场是改革开放以来我国在区域经济和商贸领域开展的一项重大制度创新，尤其是在一些大型专业批发市场发达的地区，其对地方经济的推力之大、影响之广，可谓世所罕见，因此，专业市场是研究中国特色社会主义区域经济的一片沃土。这一领域也吸引了我和我主持的学术团队，任光辉博士就是其中一员。2005年，任光辉在我指导下攻读硕士学位，经常随我深入全国最大的专业市场"中国小商品城"所在地义乌开展跟踪调研，由此他将自己的研究方向逐渐锁定在专业市场主导的区域经济。在完成硕士论文并获好评后，任光辉考取上海财经大学区域经济学专业的博士生，在刘乃全教授的精心指导下进一步沿着该方向完成了博士学位论文，毕业后进入浙江财经大学继续深化拓展研究，并以此为基础申报国家社科基金资助且获得立项。十余年来，任光辉博士始终紧盯专业市场，坚持深入第一线调研，锲而不舍、深挖细研，终于写就《专业市场主导的区域经济研究》一书。

该书着重论述了专业市场引发产业集聚、推动地区分工、拉动经济增长和驱动多中心结构形成的内在机理，这些内容既相互独立，又彼此联系，形成了比较完整的理论体系。从结构布局和内容安排的先后顺序可以看出，本书主线比较清晰，在组织论证时坚持了历史顺序和逻辑顺序统一的分析原则，力图向读者展示专业市场成长→诱发产业集群→推动地区专业化→拉动经济增长→形成多个中心→区域协调发展的过程。

本书既包括理论分析，也包括经验研究，其新意主要体现在三个方面。

第一，对专业市场与产业集群的关系提出了不同于以往学者的解释。在这个问题上，以往学者多认为二者是协同共生、相互拉动、彼此支撑的正反馈关系，并且得到了不少区域发展经验的支持。但是，就全国范围而言，相当一部分地方却只有专业市场或只有产业集群，甚至有些地方的专业市场和产业集群共同走向衰退，对这一困惑，学术界尚未做出令人满意的解释。本书则另辟蹊径，通过将抽象出的禀赋因子和制度因子纳入统一的分析框架，构建了一个 2×2 交互模型，揭示了专业市场和产业集群的互动关系，并演绎出二者在区域中存在的三种关系模式。

第二，对专业市场辐射下的区域空间经济结构变化做出了不同于经典理论的判断。新经济地理学认为初始对称的区域在非均衡力的作用下，空间经济很可能会走向失衡，而不同区域市场规模的单方面扩大往往是这种失衡的诱发因素。在本书中，作者论证了当多个区域存在同类非对称专业市场的情况下，由于市场规模大小的差异，较大的专业市场会不断蚕食较小的专业市场，由此导致贸易成本的变化会吸引贸易活动向大型专业市场所在地集中，并形成贸易中心；同时在相邻区域政府的因势利导下，生产活动向其他地方集中，即形成生产中心；贸易中心和生产中心分工协作、各取所需，最终形成多中心城市区域的空间发展格局。这一结论对于相应地方政府制定差异化的经济发展战略，实现错位竞争、协同发展具有一定的参考价值。

第三，与当前大多数经济学著作不同的是，作者几乎没有使用流行的数理和计量方法，而是代之以因子情形分析和跨省市案例比较分析。在理论方面，将现实观察抽象出的相关因子多次穿插于不同的情形或发展阶段，以因子变化演绎推断专业市场发挥主导作用的机理，如在专业市场和产业集群关系、地区专业化、多中心形成分析中都有体现。在实证方面，本书选取国内的典型案例，例如，浙江金华、山东临沂、福建泉州等，通过大样本调研获取一手数据，并就影响产业集聚、地区专业化、经济增长和多中心结构的因素进行多个角度比较，通过比较分析找出共性和不同以佐证结论。

当然，由于本书所讨论的问题涉及面比较宽，同时相关的一些因素经常处在演变当中，因此，对专业市场演进及其与区域经济的相互关系还需要进行持续跟踪研究，例如，采用情形分析或具体的描述性机理分析虽然比单纯的数学模型分析能容纳更多的影响因素，但因为区域经济的影响变量众多，仍然有遗漏其他重要因素的风险；案例比较分析若想得到更加普遍可靠的结论，还需要扩大选择范围，在全国范围内考察搜集更多的案例进行总结、归纳、抽象和比较。

最后想说的是，我和我主持的学术团队通过对义乌和"中国小商品城"专业市场长达 23 年的跟踪研究，曾亲眼看到一个原本并无明显区位优势的农业小县在小商品市场带动下创造出"莫名其妙、无中生有"的经济发展奇迹，到如今已成长为拥有 200 万人口的大城市，并且它的影响远远超过自身及其周边地区，逐渐形成了"义乌商圈"，即以小商品市场为核心的跨区域分工协作网络，进而带动全国许多省市乃至国外一些地区的产业和贸易，正因如此，国务院于 2011 年批准开展"浙江义乌国际贸易综合改革试点"，以期对全国对外贸易和区域经济转型发展发挥更大的示范和扩散效应，而义乌专业市场本身也正在实现网上、网下相互融合，出口、进口相互促进的转型发展，这表明大型专业市场自身具有很强的适应能力和创新能力，同时也表明国内外有些学者根据西方国家的历史经验和我国部分区域的表面现象做出专业市场行将没落这一判断并不十分科学。其实，专业市场是否衰落还要看市场主体和地方政府是否具有创新意识和能否做到与时俱进。现实观察表明，在国家"互联网＋"战略背景下，一些大型专业市场通过与电子商务和现代物流的融合发展正在逐渐演变为效率更高、功能更强、辐射更广的新型专业市场。对理论工作者而言，实践创新要求及时的理论梳理和总结，反过来，理论创新也能够在很大程度上推动实践创新，因此，在祝贺本书出版的同时，我希望任光辉博士再接再厉，不断取得新的研究成果。

陆立军[*]

2016 年 12 月 20 日

＊ 陆立军，浙江省特级专家，中共浙江省委党校学术委员会副主任。

摘　要

　　就区域经济而言，改革开放以来，我国先后涌现出多种不同的发展模式，其中具有持久性的一种是专业市场主导的区域经济。以经济相对发达的东部沿海省份为例，截至 2012 年，广东省有各类专业市场 6000 多个，年交易额 10000 多亿元，直接带动与之相关的 300 多个产业集群的发展，实现产值 1.8 万亿元，约占全省 GDP 的 30%；浙江省约有专业市场 4300 个，年交易额 9000 多亿元，与之相关的亿元以上产业集群 600 多个，总产值约 20000 多亿元，占全省工业总产值的 60% 以上，撑起浙江工业的半壁江山。就全国范围而言，"南有义乌、北有临沂"彰显出专业市场带动区域发展的两大典型。

　　本书首先构建了一个基础分析框架。作为改革开放以来的一项重大制度创新，专业市场高速成长并带动区域经济发展的根本原因在于通过交易网络设施共享化和交易方式专业化形成了交易领域的信息规模经济、外部规模经济和范围经济，在此基础上确立了商品的低交易成本优势。在专业市场一系列特征因子的作用下，众多微观主体的行为集合在宏观上体现为产业集聚、地区专业化、区域分工和空间经济结构演变的过程，并且，从时间纵向来看，这些过程呈现阶段性的演进特征。

　　本书从分析专业市场与产业集群的关系入手。专业市场自身所具有的特点和优势，使其能够大幅降低买卖双方的搜寻成本，扩大企业产品销售。这一作用对于中小企业尤为重要，这是因为，中小企业很难通过大规模技术革新和强有力的产品推广来创造、引领市场需求，它们的生存受市场需求变动的影响更大，对市场需求变动所带来的负面效应的抵御能力也更弱。而专业市场的存在使其能够拥有稳定且规模巨大的市场需求，从而削弱了市场需求变动所带来的负面效应，使企业的生产始终保持在一定水平上，在此基础上推动形成大规模专业化的产业集群，反过来，形成后的产业集群可以为专业市场的持续繁荣提供大量低廉的商品，有利于形成最具有竞争力的批发价格，支撑专业市场的进一步扩张。两者在不同条件下的相互作用可能形成三种不同的关系模式。这些可以被视为二者正向反馈的一面。

本书还指出了二者可能发生的负向反馈。在专业市场的交易过程中，为获得相对于同类产品的竞争优势，企业往往会不断提高自身产品的技术含量，由于买方或采购商在产品质量信息方面处于劣势，对有着诸多不确定性的产品难以进行有效甄别，这种不确定性是市场机制发挥作用的重要障碍。在质量不确定且对买方来说难以甄别的情况下，卖家显然比买家拥有更多的信息，两者之间的信息是不对称的。买者唯一的办法就是压低价格以避免信息不对称所带来的风险损失，买者给出的过低价格也使卖者不愿意提供高质量的产品。在这种情况下，机会主义行为诱使产业集群中的企业生产劣质产品，从而降低采购商对专业市场的商品需求，专业市场成交量的下降使产业集群的生产企业失去了大量需求的拉动，导致区域经济的萎缩。

本书分析指出，随着市场规模的扩张，专业市场不断地推动产业集群由市场所在地向外围地区转移。在初始阶段，专业市场所带来的强需求促使各种生产要素向市场所在地集中，从而形成经济聚集与要素流动互为因果的循环过程。随着市场规模的不断扩张，越接近市场的区域，经济活动的强度和密度越大。在集聚程度很高的市场核心地区，企业之间很大的竞争强度提高了成本并限制了企业的获利能力，并且经济活动集中于某一区域内也会带来其他后果，如交通堵塞、土地紧缺以及空气污染、垃圾和污水处理困难等各种问题。所有这些因素都会降低市场核心区域的吸引力，促使经济活动在空间分布上发生变化，其结果就是形成生产上的地区专业化。本书通过构建一个厂商和采购商的行为模型详细展示了这一过程。

在此基础上，本书借助新兴古典经济学一个模型分析发现，随着专业市场的规模增大，通过降低发展一个商务关系的费用率、增加网络参与者的数量和现有每次交易的费用率，可以提高专业市场的分工可靠性。在此情况下，外围地区的专业化部门就可能得到继续深化，并不断被卷入专业市场的分工网络。与此同时，外围地区的专业化部门借助专业市场的大规模需求发展生产，收入不断增加，并通过乘数效应推动本地的经济成倍增长，当专业化部门的收入超过某一临界点时，可以引起区域经济的"向外聚爆"，带来该地区经济的巨大增长。

继之，本书从空间结构角度论述了专业市场主导的区域经济均衡和共享特征。本部分分两种情况分析。第一种论证了在多个区域存在一个专业市场的情况下，空间经济分布结构明显受到专业市场的影响，但是这种作用的发挥是以其他因素为条件的或者会受到其他因素的干扰。如果条件不具备或不完善，那么专业市场的驱动作用会大大降低，区域实际的空间经济结构及其运行效率就会偏离最优的理论模型。第二种论证了在多个区域存在多个专业市场的情况下，由于市场规模大小的差异，较大的专业市场会不断地蚕食相对小的专业市场，因之而导致的贸易成本的变化会吸引贸易活动向大的专业市场所在地集中，即形成贸易中心；同时生产活动向其他地方集中，即生产中心；贸易中心和生产中心分工协作、各取所需，最终形成多中心城市区域的空间发展格局。

作为对理论的佐证，本书在各章都辅以相应案例分析，通过调研问卷和大量计算数据，生动展示了典型专业市场带动周边区域产业集聚、推动地区专业化、拉动经济增长和驱动多中心结构的过程。更为重要的是，典型案例分析表明，专业市场主导的区域经济非但没有出现新经济地理学所预言的地区两极分化，反而呈现区域间经济增长的收敛特征。

基于理论和案例分析，本书在政策上的启示为：建立规则完善、机制健全、信号真实、平等竞争的区域共享型的专业市场，可以充分利用其交易费用低、交易效率和可靠性高的优势，真正按照市场经济的原则在区域之间合理配置资源。管理部门在进一步推动专业市场规模扩张的同时，应当继续完善相关的配套制度，如设置划行规市、打击假冒伪劣、完善配套物流等。作为一种呼应，外围地区各政府也有责任通过一揽子宏观政策来根据自身优势发展产业集群，利用共享的专业市场平台带动本地的经济发展，如通过采取来料加工等方式接轨市场，主动吸收、承接核心区转移的现代产业。

　　本书对专业市场主导作用的分析主要集中在产业集群、地方专业化、经济增长、多中心结构等方面，并且注意从专业市场交易成本变化导致的微观主体经济行为改变角度寻找原因。未来对这类现象的进一步分析可以通过对同类区域的深入比较而展开，以及就涉及的相关影响因子测度方法进行深入探讨，这些问题的解决将为政策制定提供客观可操作的决策工具。

目 录 ——————
Contents

第 1 章
导论

考察我国改革开放 30 多年的区域经济发展，专业市场的迅速成长是这一历史阶段的重要特征之一。以经济相对发达的东部沿海省份为例，截至 2012 年，广东省有各类专业市场 6000 多个，年交易额 10000 多亿元，直接带动与之相关的 300 余个产业集群的生产，实现产值 1.8 万亿元，约占全省 GDP 的 30%；浙江省约有专业市场 4300 个，年交易额 9000 多亿元，与之相关的亿元以上产业集群 600 多个，总产值达 20000 亿元，占全省工业总产值的 60% 以上。从新制度经济学的分析视角考察，专业市场是商品流通领域一种集中交易的市场制度安排，可以被视为经济活动运行的一种组织形态或治理机制，具有协调和组织大规模商品生产的功能。作为一种嵌入式的市场体系，专业市场不仅创造了大规模的商品需求，而且通过交易网络、物流网络与当地的产业集群形成关联，并不断将外围地区的生产卷入分工协作网络，其结构和规模的变化直接影响区域经济的变化[①]。因此，分析专业市场协调带动地区商品生产的机制、规律及其影响因素，对于制定促进区域经济持续稳定增长的政策具有较强的现实意义。

本书既包括理论探讨，也包括经验研究，目的是分析专业市场发展演

---

① 这里仅以笔者比较熟悉的浙江不同区域为例。"专业市场 + 产业集群" 曾是温州经济高速增长的两大驱动因素，被学术界看作 "温州模式" 的主要特征（费孝通，1986；袁恩桢，1987；张仁寿，1990；马津龙，1998；史晋川，2002；等等）。20 世纪 90 年代后，规模壮大、数量增多后的专业市场面临着管理方式的调整和与同类市场竞争的压力，发展的瓶颈逐渐显现，此时当地政府在专业市场的治理方面并未制定推动其发展的相应举措，表现之一是经营商户的进入门槛很低，几乎没有任何政策限制，经营的产品质量参差不齐，甚至伪劣产品充斥其中，情况恶化的一个极端就是 1990 年的 "柳市危机"，对当地专业市场交易和低压电器生产造成了重大打击，市场对企业的生产拉动功能遭到严重破坏。而在距其不远的义乌，在 "兴商建市、贸工联动" 的政策推动下，城市影响力不断提升，并且围绕小商品市场逐渐形成了辐射周边区域的 "义乌商圈"。

变与区域经济增长变化之间的关系。在论述中着重研究专业市场与产业集群的作用，以及市场扩张推动地区专业化和多中心结构形成的演变过程。

以下几个问题将成为本书的分析主题。

（1）短短的 30 年间，专业市场为何会如此高速度成长，是政府的主观推动还是源自本身的成长动力？专业市场的高效率或者优势在哪里？这些优势体现为专业市场的哪些可以观察到的特征因素？这些因素又是如何作用于当地的经济发展的？为了要回答这些问题，我们对专业市场共同具有的一些基本特征，必须加以研究；对专业市场主导型区域的几个发展阶段，亦须加以归纳。

（2）在相似区域，为什么有些地方专业市场周边形成了产业集群？为什么有些地方仅有专业市场而没有产业集群？其中的原因是什么？进一步的，近些年国内许多专业市场和与之相关的产业集聚区发展表现出迥然不同的命运：一部分业绩骄人，另一部分却渐趋衰落。这其中的原因又是什么？深入探讨这些问题对于制定相应的对策或许会有一些启示。

（3）随着专业市场的成长，其在基本特征上有哪些演变？因之而带来的市场规模扩大对产业集群的影响是什么？作为产业集群转移和地区专业化形成的微观基础，厂商和采购商的行为是如何变化并相互作用达成均衡的？

（4）将以上提出的错综复杂情形弄清楚以后，对于专业市场主导的区域，还要分析地区的专业化部门是如何卷入专业市场的分工网络的和地区专业化部门的生产启动对区域经济增长的意义是什么。

（5）诸多的理论分析和经验表明，实现地区之间的经济均衡或协调增长是可持续发展的必要条件。因此，完整的分析还要求我们必须从该角度来分析专业市场，看其是否具有促使区域协调发展的内在机制？并且对于我们选取的典型区域——"义乌商圈"来说，果真和我们理论分析的结果是一致的吗？笔者对于这些问题力图做出一些初步的回答。

中国正处于历史上的一个重要阶段，各区域的工业化和城市化进程正在加速进行。以上问题的研究，虽然只是针对专业市场主导型的区域，但本书通过理论探讨和案例分析得出的一些结论，对其他发展中的区域可能有启示或借鉴之处。

1.1 专业市场在中国的兴起

就整个全球经济发展的历史而言，专业市场并非新鲜事物，在西方国家前工业化时期就已经出现，并对西方工业化早期的经济发展发挥了重大的作用。不过，到了工业化中后期，欧美等国家的专业市场便开始走向衰退乃至消亡。20世纪70年代末，伴随着农村推行家庭联产承包制，农村工业化、乡镇企业和民营经济的发展，专业市场开始在中国兴起，并逐渐在农村工业化和以市场为取向的经济改革中占据了先导地位。

从理论上讲，专业市场的出现需要具备两个条件：一个是自由的市场交易体制，另一个是大规模的工业化。中国在这两个方面都曾有过曲折。就历史传统而言，中国的市场交易比欧洲出现的更早，但是真正意义上的现代市场化进程却比西方落后几百年①。就是在近代被强行打开国门开始市场化之后，中国的市场化进程也多次中断。此后与市场化渐行渐远，到20世纪后半叶，我国进入计划经济体制。这种体制在流通领域的表现为，非市场化的商品流通体制在我国占据统治地位。商品流通是在单一封闭的系统内进行的，流通渠道中的控制权配置完全是非市场化的。所有的物资和消费品，都由国家按照统一的计划实行收购、调拨和销售；商品严格按照一级、二级、三级批发流通体系单渠道流通；以国营和合作商业为代表的公有制商业成为商品流通领域的唯一主体，商品的市场价格也受到计划的严密控制②。在这种以命令为主要特征的商品流通体制下，政府完全控制了产品的收购、分配和供应，企业自然没有独立选择分销渠道的权利，严格来说也没有这个必要。因此，在当时的时代背景条件下，政府和企业在生产和流通中的主次关系完全被高度集中的计划体制所扭曲。

很显然，在这种条件下是不可能产生自由化交易的专业市场的，只能寄希望于新的力量打破上述局面。始于20世纪70年代末的中国改革扮演了这一角色。改革从农村率先开始，在土地耕作中推行家庭联产承包责任

---

① 吴承明：《传统经济·市场经济·现代化》，《中国经济史研究》1997年第2期。
② 这一时期的分销渠道模式极为单调，即制造商按照政府计划组织生产并将产品卖给指定的各级国有批发站，再由批发站按计划转售给相应的零售商。

制，这种新型的农业经营方式产生了三方面的效果。首先是在很大程度上消减了农业劳动中的机会主义，极大提高了农业生产的效率，使得农产品的产量大幅度提高；其次是承包制确认了农户在交足与国家约定产量之后的农产品剩余归农户自己所有，这相当于初步确定了农户家庭财产所有权；最后是推动了农村剩余劳动的出现，创造了大量的自由劳动力。上述三个变化综合起来，逐渐促成农村工业的诞生，农村工业很快在浙江、广东等地涌现出来。这种新经济组织完全是独立于城市国有经济之外的，几乎不受当时高度集中的计划体制的控制，是中国工业化的新动力。农村工业的大规模生产一旦形成，必定迫切要求具有与其产品特性和企业规模相适应的商贸流通服务，而以国有和集体商业为主渠道的传统流通体制，主要是为城市和工业服务的。在计划经济体制下，城市工业品的生产以及生产要素的供给和产品的流通，都被自上而下层层下达的计划所严格控制。乡镇企业和家庭工业要进入这一流通网络，存在很高的体制性壁垒，这种情况严重地制约了农村工业的发展。

当时，乡镇企业和家庭工业发展面临的严峻问题是：原料从何而来？生产出来的产品如何销售？集贸市场的开放是专业市场兴起的前奏；集贸市场的开放肯定了农民劳动所得的排他性产权，允许农副业劳动产品的市场交易，但市场的范围是有限的。早在 20 世纪 70 年代末期，东部沿海地区一些农村就自发形成了一批"马路市场"。当时，这些市场属于非法"黑市"。数年之后，在当地政府的支持下，这些市场非但没有被取缔，反而发展成具有一定规模的专业批发市场。例如，浙江温州桥头纽扣市场、柳市低压电器市场等在全国颇有影响的十大专业批发市场。在察觉到周边区域民间工业对于商贸流通的巨大需求之后，1982 年 11 月，义乌县委、县政府果断地提出"四个允许"，即允许农民经商、允许从事长途贩运、允许开放城乡市场、允许多渠道竞争，在全国率先开办小商品市场。就全国而言，专业市场风头乍起是家庭联产承包责任制在全国推广以后。1983 年，中央宣布允许农民贩运三类工业品，企业可以在完成国家计划收购任务后把二类工业品拿到专业市场上交易，从而打破了只有国有商业企业才能经营工业品的垄断格局。1984 年，中央一号文件对农民之间的耕地有偿转包做出了有限度的肯定，并允许部分从事非农产业的农民自理口粮到集镇落户。这一系列制度变革使农民从事非农产业的政治风险趋向于零，为农民进入非农产业提供了更多的经济自由，从而为专业市场的生成和发展创造了较为宽松的制度环境。同时，相比较而言，原有计划体制下僵化单一的流通渠道也的确很难满足当时供需双方对于流通效率的要求，这反过来驱使一部分依赖传统流通渠道的采购者转向计划外的各种新兴的自由商品交易市场，这种变化给专业市场经营户带来了巨大的商机。于是，一批专业市场在全国各地尤其是东部地区很快崛起，例如，重庆朝天门市场、福建石狮市场、温州桥头市场、绍兴柯桥市场、沈阳五爱市场、东莞虎门市场、吴江盛泽市场、成都荷花池市场等。各大专业市场或依托当地发展迅速的乡镇企业，或依托当地历史悠久的手工作坊，或依托当地丰富的侨乡资源等优势，在辐射带动当地产业发展过程中起到了重要作用。

改革开放以来，为什么专业市场在中国兴起并迅速发展？总体而言，农村工商业的发展和相应的经济体制改革为专业市场的兴起提供了基本的制度创新背景，农村工业的迅速扩张和区域间专业化分工的发展是专业市场兴起的直接动因，同时专业市场的兴起也是市场交易形式自身演进的结果，而地方政府的兴商政策和积极兴办市场的行为则加快了专业市场的发展。

以上原因可以从两个方面来理解：①微观主体的自利决策从根本上决定了专业市场的产生。与20世纪80年代的国有制企业相比较，在传统体制缝隙中成长起来的广大民营企业并无自己的产品销售途径，只能靠成千上万的农民购销大军来完成再生产所需的原料采购和产品推销，最初这种方式尚能满足经营的需要，但当以轻纺工业为先导的农村工业化快速发展为数量众多的地方型产业集群时，生产规模的扩大使这种完全依靠人力的市场营销方式日益显露出缺乏秩序和规模效益的缺点。当时强烈的交易需求和原有营销方式的高成本迫使交易方式做出适应性调整，这是专业市场产生的基本动力。专业市场是一种只需要支付较低的费用就可共享的规模巨大的销售网络，是一种具有明显体制落差优势的安全、宽松和低交易成本的"市场特区"。专业市场的兴起有助于打破民营企业在流通领域对国有商业的依赖性，通过新的分工和合作契约建立自己的比较优势。②地方政府的因势利导促进了专业市场的产生。在专业市场萌芽和初创时期，政府作为一种市场主体之外的力量，所起的作用是关键性的。这是因为，当时的政治环境并不允许专业市场这种自由化的交易制度存在，也就是说，当时的农民和民营企业进入专业市场是存在体制性壁垒的，这时就需要各级地方政府的开明决策来打破这种壁垒。如果既有工商业者自发的集体行动，又有政府的开明决策、因势利导、积极推进和有效规范，专业市场发展的进程就会大大加快。当时正是地方政府出于自身利益的考虑，与商人群体形成了事实上的利益共同体，增强了专业市场发展的内在动力。其后，专业市场对促进区域经济发展所起的巨大作用激发了地方政府发展专业市场的热情。反过来，地方政府的兴商政策取向和直接参与市场组建，不仅促进了公正透明、可预期的交易环境和管理制度的形成，而且提升了专业市场在区域经济中的地位。地方政府的参与程度与当地专业市场的规模和发展速度高度相关，在专业市场成长过程中发挥了重要作用。

1.2 专业市场研究趋势

由于西方国家中专业市场过早消亡，这一事物并没有成为西方主流经济学的研究重点。但是，针对专业市场在欧美发达经济体中衰退乃至消亡的历史事实，一些西方学者（Miller，1964；Bromley，1971；Braudel，1975；Pinell，1992；Britnell，Campbell，1994；Kowaleski，1995；等等）给出了相应解释：工业化初期和工业化后期的企业专注点不同，工业化初期的企业主要关注产品的销量和企业的规模，而工业化后期的企业更加在意自身发展的可持续性，这促使企业越来越倾向于自创品牌，但是专业批发市场的中低端形象和流通机制与企业的创牌行为是不相容的。考虑到这一点，许多企业开始绕开专业市场，尝试自建营销渠道，客观上对专业市场形成了"蚕食"，正是这一需求变化诱致的行为瓦解了许多地区的专业市场。

国内对专业市场研究始于 20 世纪 80 年代。改革开放初期，农村工业化开始起步，苏南的乡镇企业代表了工业化的一种模式，成为当时农村经济迅速发展的一颗明星。但是在浙江，人们发现了另一种现象：千家万户的家庭工业很有活力。在农村工业化兴起的地方，农村剩余劳动力得到了有效转移，农民告别了祖辈相传的农业生产，制造一些当时老百姓非常需要的日用工业品，尽管工厂规模很小，技术水平也很低，但是家庭工厂的产品有很好的销路。浙江的农村工业化路子不仅与计划经济体制下城市工业化明显不同，而且与苏南农村工业化相比，特色也很鲜明。在这样的背景下，人们发现，浙江农村工业化的特色在于围绕着一个交易繁荣的市场，不仅有千家万户的家庭工厂在生产，而且还有成千上万的专业化农民商人通过各种渠道销售产品，其中就包括了专业市场，温州就是专业市场和家庭工业相结合的一个典型。浙江如此活跃的农村经济引起了学术界和决策层的极大兴趣，费孝通（1986）指出，专业市场不仅为家庭工厂生产的"小商品"提供了销售渠道，而且是农村专业化分工背后的推动力量。① 费孝通的这一论述将众多研究者的目光引向对专业市场的关注。

于是国内学者的目光开始聚焦于专业市场这一日益普遍的新生事物，但由于当时并无成熟理论可以借鉴，只能是在感性认识的基础上揭示专业市场促进劳动分工、带动农村经济发展的作用。何荣飞（1989）率先提出"温州十大专业市场"一说②。朱国凡（1995）进一步扩大研究视野，对整个浙江省专业市场的规模和内部构成做了全面的经验分析，总结出专业市场的若干特点及其发展阶段，并深入分析了其发挥作用的内外部条件。在此基础上，理论界逐步认识到专业市场是一种具有中国特色的商贸流通和批发贸易制度，其与地方产业的联动发展形成一个个有特色的区域经济发展模式。

随着20世纪90年代现代经济学在国内的广泛传播，理论界对专业市场的研究逐渐规范化，从对现象的经验性概括转到对内在运行机理和功能

---

① 费孝通：《温州行》，《瞭望》1986年第20期。
② 十大专业市场是永嘉桥头纽扣市场、乐清柳市低压电器市场、乐清虹桥农贸市场、瑞安塘下编织袋市场、瑞安仙降塑革鞋市场、平阳肖江编织袋市场、平阳水头兔毛市场、苍南宜山再生腈纶市场、苍南钱库综合商品市场、苍南金乡小商品市场。参阅何荣飞《温州民间市场考察》，人民出版社，1989，第35页。

的理论分析。概括而言，主要体现为两个转换，一个是研究范围的扩大，即从研究专业市场自身向研究专业市场周围转换，例如，与关联的物流网络、产业集群、区域经济之间的关系；另一个是研究范式的转换，即逐步从传统政治经济学的商业资本、商贸流通理论转向新政治经济学的交易成本、市场与分工、公共选择理论。基本的研究线索如下。

1.2.1 关于专业市场自身的研究

关于专业市场自身的研究主要集中在专业市场的本质、功能、效率和起源等方面。许多学者注意到中国改革开放后的专业市场貌似西欧前工业化时期的专业市场，其实这两者有着不同的经济背景和发展趋势，前者不仅是计划经济体制下的区域贸易的突破口，而且是中国从传统的农业社会向现代工业社会转变的一条路径，是一种具有中国特色的制度创新。因此，对专业市场的研究应是一个制度经济学研究的命题。基于这一判断，理论界开始从制度视角思考专业市场，例如，金祥荣和柯荣住（1997）认为专业市场是一种有利于中小企业节约交易成本的制度安排，该制度安排的实质是通过外部化的交易来节约生产中的交易成本。郑勇军（1998）认为，专业市场是一种只需支付较低的费用就可共享的规模巨大的销售网络，是一种具有明显体制落差优势的安全、宽松和低交易成本的"市场特区"。从制度角度开展的研究，加深了人们对于专业市场本质的认识，为此后专业市场的具体研究奠定了基础。

就功能来讲，专业市场是一种促进农村工业化的公共销售渠道，但其运作效率是传统集贸市场所难以匹敌的。关于专业市场高效率的来源主要有三种解释，第一种是将其归因于大量商品和信息的空间集聚所产生的规模经济（白小虎，2003）。第二种主要从交易成本的角度加以解释，建立基于专业市场的交易效率模型，通过对模型的分析揭示专业市场的优势。第三种是从双边市场理论（Rochet & Tirole，2006）解释专业市场的交易效率。余航东、陆瑶（2013）认为，专业市场满足双边市场经典定义，每个市场拥有数量不等的、有购买意愿的潜在采购商和消费者，以及潜在产品生产商和销售商，并由专门机构对市场进行管理，收取一定数额的进场费。买卖双方根据进场费的实际水平决定是否进入市场，市场本身通过合理确定收费水平，吸引尽可能多的客商和企业进驻以实现利润最大化。但与通常双边市场不同的是，专业市场尤其是大型专业市场有其自身的特殊性。这类市场往往有着品种完备的产品大类、数量众多的入驻企业、完善高效的配套体系，拥有庞大的客户群体和较高的市场声誉，故此基于规模报酬递增机制形成的外部效应更强。

实际上，以上关于专业市场本质和功能的研究都是以专业市场机制的运行及其效率为核心的。就逻辑而言，这种纯经济学分析的确具有很强的说服力，可是人们进一步要问，难道这样的专业市场是在一瞬间就成了经济学研究中所设定的那种状态了吗？而且，专业市场从现象上来看首先是地方性市场，可这个地方性市场本身就是一个很值得研究的问题，关系到一个地方性市场能否成长为区域性市场或全国性市场？显然，基于成本和收益的二元对立逻辑回答不了这个问题。因此，在专业市场运行机制及其效率的研究之后，学术界自然将视角转向专业市场的起源。有的学者注意到地方特殊性可以成为解释专业市场产生和兴起原因的切入点。专业市场虽然从现象看是地方性市场，但就其兴起的背景来看，是一种完全有别于计划经济体制的新体制、新制度，因此，从本质上来讲，专业市场就是一种制度创新，从这个意义上说，这种制度创新产生的原因就是专业市场产生的原因。

沿着这个线索，关于专业市场起源的研究总体上可以分为两个路径：一个是经济学研究路径，另一个是历史学研究路径。经济学研究路径强调专业市场是区域经济发展需求的结果，罗卫东（1999）从诱致性制度变迁的角度分析了专业市场的起源，认为沿海地区以轻纺工业为先导的农村工业化模式以及数量众多的地方产业集群对专业市场有着强烈的制度需求。进一步，地方产业集群的需求最终可以划归到微观经济主体的需求，陆立军、白小虎、王祖强等（1999，2003）对义乌小商品市场的研究即为该方面的一项标志性成果。陆立军等提出"初级行动团体"和"次级行动团体"的概念，前者通俗来讲就是以农民商人为主的地域性商人群体，该群体基于对外部获利机会的追求而推动制度变迁，结果就是小商品市场的诞生。张曙光（2004）通过典型案例研究来验证产权制度安排与专业市场制度演进之间的内在联系。这是在制度分析的框架下进行案例分析的一个成功尝试。

但是，经济史研究者认为，仅从纯经济学视角对专业市场起源进行研究则显得把问题过于简单化。这是因为，经济学研究对假设方法的使用过于泛滥，在抽象了一些细枝末节的同时，也往往忽视了对事物的产生发展来讲极为根本的时空观。也就是说，通过一些经济学方法的处理，本来是一个发展过程的专业市场由于对时空的抽象就变成一个空中楼阁，变成一个无本之木，也使经济学研究专业市场起源的视野大大缩小。为了避免这一缺陷，有学者（吴承明，1997；包伟民和王一胜，2002；白小虎，2006）努力从历史演化视野观察和思考专业市场的起源，认为专业市场是江南历史上市镇经济中的集贸市场在特有时代背景下的延续和复兴，在历史的视野中，集贸市场是专业市场出现之前农民商人从事市场活动的主要空间，后来的专业市场交易活动依托了集贸市场的场地和市场范围。经济学研究中的专业市场虽然在功能和机制上超越了集贸市场，然而在历史研究的视野中，专业市场与集贸市场之间的内在联系是无法割裂的。

1.2.2　关于专业市场与地方经济的研究

自 20 世纪 90 年代中后期以来，建立在专业化交易网络基础上的专业市场逐渐成为许多地区一大商贸流通产业。专业市场虽然是在社会分工和专业化生产推动下兴起的，可反过来又促进了经济增长，在地方经济中扮演着越来越重要的角色，甚至成为区域经济发展的一个重要决定性因素。基于现实经济演进所具有的这一特征，许多学者对专业市场的研究也更加立体、全面、细化，突出表现在开始关注专业市场与地方经济的关系，即专业市场是如何推动地方经济发展的，其中的机制是什么，地方经济反过来对专业市场有无进一步的影响。

由于浙江、广东、江苏是专业市场主要发源地，因而最早成为理论界的典型分析对象，成果颇丰。尤其是一批浙江学者（史晋川，1995；金祥荣，1996；罗卫东，1996；张仁寿，1996；盛世豪，1996；郑勇军，1998；朱希伟，2002）立足浙江经济增长之谜的背景研究浙江的专业市场，把专业市场作为具有根植性、社区性的嵌入式地方型市场体系，作为解释新兴的区域经济发展模式的重要变量，逐步形成了地方型、本土化研究路子①。这些论述开拓了专业市场研究的角度，加大了理论深度，提升了研究的价值，同时也使得专业市场的多角度研究能整合为一个既有思想深度、理论高度又有逻辑体系的整体分析。其中，有代表性的如张军（2002）从转轨时期资本形成与经济增长的角度，指出专业市场的兴起有助于打破乡镇企业在流通领域对国有商业的依赖性，通过新的分工和合作契约建立自己的比较优势。郑勇军等（2003）认为，在改革开放后浙江区域经济增长的背景下，专业市场比产业集群更能代表浙江的经济现象，在解释浙江经济增长之谜的问题上，专业市场是一个无法绕过的基本因素。这是因为，浙江经济增长的内源性推动特征表现为民间货币资本和民间人力资本的有效积累，而这两个方面都是在专业市场形成和扩张的过程中得到累积的，浙江经济发展是在此条件下才进入一个良性循环。从市场促进专业化分工和经济增长的意义上来讲，专业市场是浙江内源性民间力量形成的重要途径，也是透视浙江现象、浙江模式的理想窗口。史晋川（2005）认为，专业市场是凭借"制度落差"才得以推动地方经济发展壮大的。所谓制度落差，指的是区域间制度安排的差异，专业市场的共享式交易网络特点促使所在区域与周边区域形成制度落差，微观主体在该区域能获取高额"制度租"，即交易活动规模经济和范围经济，使区域经济得以高速发展。

在大多数专业市场主导型区域，专业市场兴起与发展的过程，就是市场化推进工业化成长的过程。陆立军、王祖强、白小虎（2003）认为，浙江民营经济开启了中国经济的亮点，浙江之所以获得良好的发展绩效，根本原因在于民间和市场自发力量推动的组织和制度创新，是"强市场和弱政府"相互作用的结果。其中，浙江经济的一大典型或亮点就是义乌区域发展，国内大多数区域通常是工业化先行充当推动力量，与此不同的是，义乌反而是政府的开明决策与商人集体行动共同促成小商品市场的诞生。义乌小商品市场并不是"小"市场，而是折射了中国农村经济发

① 郑勇军等：《解读"市场大省"——浙江专业市场现象研究》，浙江大学出版社，2003；陆立军、白小虎、王祖强：《市场义乌——从鸡毛换糖到国际商贸》，浙江人民出版社，2003。

展内在规律的大市场。陆立军（2006）通过对这一民间"龙头"典型的分析，揭示了专业市场在推动区域工业化和城市化发展中的作用，并将"义乌模式"概括为：在当地"鸡毛换糖"的历史传统上，率先建立并发展以小商品流通为主的商贸业，这种先发优势开启了区域发展中的循环累积效应，当地微观经济主体利用不断扩张的小商品市场迅速积累起大量的资本，在政府引导下，商业资本逐渐转向城市基础设施和相关制造业等领域，进一步形成产业、市场和城市的良性互动发展机制，从而加快义乌的工业化、信息化、城市化和国际化进程。"义乌模式"的最大优势在于先于其他区域形成了专业化交易方式，专业化交易能够形成多个层面的范围经济、规模经济，从而大幅降低商品交易的成本，这是义乌小商品市场不断扩展的根源；而小商品市场与周边产业集聚的良性互动则使得这种优势扩展到义乌的生产领域。这是"义乌模式"能够被称为一种独立发展模式并成为学术界研究对象的意义所在。进一步的研究（陆立军，2008；刘乃全，2011）认为专业市场的效率优势不仅表现在贸易集聚引发的规模经济和范围经济，以及其与产业集群的互动机制方面，而且表现在对地区专业化的推动和对区际分工的组织协调方面，后者可能在当前工业化大生产的背景下更为重要，因为直接成了区域经济发展的推动力。

反过来，地区经济对专业市场也有影响。谢守红（2013）构建了专业市场发展评价指标体系，利用主成分分析法，分别计算了2001年和2010年中国30个省份的专业市场发展指数，并将这些省份划分为专业市场发达地区、专业市场较发达地区、专业市场欠发达地区、专业市场不发达地区4种类型。认为中国专业市场发展存在显著的地域性差异，呈现为东部地区发达、中部地区次之、西部地区落后的格局，但近十年来中西部地区专业市场发展步伐加快，与东部地区的差距有所缩小。关于这种空间格局形成的原因，周驾易（2013）认为，工业发展水平是影响专业市场发展最重要的因素，但影响程度近年来开始下降；对外开放程度具有重要的促进作用，作用程度在不断增强；交通条件对专业市场的发展也有显著的影响，表现稳定；第三产业对专业市场发展的影响不显著。

1.2.3　关于国内专业市场是否会消亡的研究

这个问题之所以会引起关注，是因为在 20 世纪 90 年代中期，当时市场化和工业化处在一个转折时期，专业市场和农村工业各自的发展路径产生了一些冲突，在这个大背景下，政府部门和学术界对专业市场的发展及其未来前景十分关心。相当一部分学者（史晋川，1995；金祥荣，1996；罗卫东，1996；等等）认为，在专业市场和农村工业化的关系方面，中国和西方的一个重要不同在于，中国的专业市场和农村工业化更多地表现为一种共生关系，即在计划体制之外的以大量个体私营企业和乡镇企业为代表的农村工业，通过借助专业市场扩大市场范围和销售渠道而推动自身迅速扩张，专业市场可能因为农村工业的成长而成长，也可能因为农村工业的成长而被抛弃，其中的关键在于专业市场能否与工业化的推进同步转变为现代市场，而这个转变受到多种因素的影响，因而具有很大的不确定性，并且，同时期，现实层面也的确出现了专业市场快速发展的势头似乎并没有得以持续的某些迹象，因此，理论界对专业市场的发展趋势产生了许多不同的看法，既有对于专业市场的发展前景表示乐观的，也有对专业市场前途感到担忧的，故而引发了一场关于"专业市场是否消亡"的讨论和争论。

"专业市场消亡论"观点（罗卫东，1996；朱文峰，2010；张旭旦，2013）认为，专业市场的兴起源于过去中小规模企业对公共销售渠道的需求，而随着时间的推移，情况已经发生变化。当前的专业市场面临一大困境，即随着原有中小企业规模壮大和实力增强，以及消费者对产品需求的变化，诸多生产者将绕开专业市场构建和拓展自身的销售网络，从而导致专业市场最终走向消亡。英美等发达国家近现代史上出现的下述现象为"专业市场消亡论"提供了依据：在许多行业中，一些大企业建立了自身的物流配送部门，从原有的传统专业市场中退出；现代物流企业的出现，取代了原来的商品和生产资料市场，担负起主要的产品流通职能；历史上一些著名的专业市场（如曼彻斯特轻纺市场）则确实早已消亡（Kowaleski，1995）。我国许多地区的专业市场也在创办之后陆续呈现萎缩的趋势，如永嘉桥头纽扣市场、柳市低压电器市场、温州妙果寺服装市场、郑州童装批发市场、河北灯饰批发零售市场等。

另外一些学者则持相对乐观看法。陆立军等学者（2006，2013）认为，持"专业市场消亡论"观点的学者对专业市场的两个特点有所忽视：一个是专业市场存在与其规模大小密切相关的内生报酬递增机制，这种机制在专业市场的规模较小或短时间内规模变化不明显时不容易表现出来；另一个是专业市场具有协调跨区域分工生产的机制或功能，或者说专业市场具有分工网络效应。专业市场的这两个特点是与当前中国日益推进的工业化大生产的要求相匹配的。他们以全球最大的小商品市场跨越消亡陷阱、愈益蓬勃发展的客观现实与内在机理为例，来佐证"消亡"并非专业市场的必然命运。

1.2.4 关于专业市场转型升级的研究

近年来随着经济的转型升级，我国的产业结构、产品结构、商业模式都在发生深刻的变化，这种变化推动和逼迫专业市场也必须跟着转变。学界讨论的主要问题是专业市场转型的方向和途径是什么？大多数学者都认为与电子商务相融合既是转型的方向，也是转型的途径。丁志刚（2011）认为电子商务的发展使贸易模式发生了深刻变化，也促使专业市场逐步向网上专业市场转型，因此，应当根据现有不同类型专业市场提出有针对性的网上专业市场创新模式，在资源整合、平台建设、产业信息化、诚信体制建设、宣传引导等方面给出网上专业市场能力提升的途径。郑小碧（2013）认为，专业市场的发展总体上呈现分化、整合、转型、提升的态势，地区、行业的专业市场正处于全盘"洗牌"时期，在此背景下，借助电子商务改造提升专业市场势在必行。并且基于演化经济学理论，从资产专用性、交易的不确定性、交易频率三个维度分析专业市场与电子商务联动发展的演化特征、动力及其路径选择，从中发现，专业市场与电子商务联动发展呈现植入性变异、多样化和动态博弈演化特征，而专业市场资产专用性减弱、交易的不确定性增强及交易频率的波动共同构成两者演化的驱动力，同时两者联动演化的过程大致分为起步期、发展期、联动期三个阶段。张友丰（2014）认为专业市场是一个复杂的经济生态系统，电子商务是信息化条件下贸易活动的基本形态，二者的融合发展正在引发前者在制度安排和组织结构等方面的创新与变革。专业市场与电子商务相互融合所诱致的制度变迁过程，是基于市场内部各要素相互作用及其与外界环境非线性交互作用的动态适应性调整过程。

新型专业市场制度的形成需要顶层制度设计与市场主体的有效结合，同时需要考虑不同阶段各经济主体对于制度安排边际效应重组过程中的利益均衡及其约束条件，进而因地制宜地构建价值共创型的现代商贸体系。杨志文（2015）认为由于当前我国区域经济发展进入了增速换挡、结构调整、改革攻坚、创新驱动的新常态阶段，各种商业新模式风起云涌，尤其是现代信息技术的迅猛发展，不断颠覆着传统的生产方式、生活方式和思维方式。在这种新常态下专业市场的转型发展要依托现代物流配送体系和全球产业集群支撑，实施品牌化和国际化两大战略，重构市场功能体系、交易模式、形态结构，打造现代新型商贸流通网络。谢守红（2015）基于专业市场转型升级、经营效率和市场拓展三个维度，从业态转型、功能创新、网络拓展、品牌与研发创新、服务水平等方面选择 13 项指标，通过问卷调查并采用结构方程模型分析研究后的结果显示，业态转型、功能创新、品牌与研发创新、服务水平对专业市场转型升级产生显著影响，网络拓展对专业市场转型升级的影响不显著。郑勇军（2016）在对专业市场转型升级的内涵、意义、现状研究基础上，从创新理论视角提出技术驱动、服务驱动和供应链驱动实现专业市场转型升级的电商化、国际化、集成化。

上述研究成果及其在研究范式上的创新是本书开展新的、综合性研究的重要基础。不过，研究是一种无限逼近事物真相和本质的过程。迄今为止，学术界对专业市场的研究仍然存在以下不足。一是对专业市场的动态演化认识不足。西方专业市场消亡论认为专业市场必将随着工业化完成而消亡，但我国经验表明，作为一种诱致性的制度创新，专业市场对外在经济变化有着很强的适应性，特别是在当前经济新常态背景下，专业市场正在通过整合、转型发展成现代商贸流通产业，这将进一步巩固专业市场的地位和持久影响力。但我国学术界对经济转型背景下的专业市场演化机制尚缺乏全面深入研究，导致理论上对未来做出的预见模糊不清，政策上也无法给出具体明确的指导。二是专业市场影响区域发展方面的理论成果缺乏系统性。尽管专业市场本身的起源、特性、治理等专项研究上取得了较为突出的成果，但缺乏运用比较规范的现代经济学研究范式系统分析其对辐射区域的产业集群、经济增长、空间结构和协调发展等方面的影响。三是缺乏专业市场及其对经济影响的跨区域比较研究。如为何不同地区的专业市场在网络化、结构化、市场业态、物流形态和国际化等方面有比较明显的差异，它们对各自的周边区域未来发展趋势产生什么样的影响，以及为何拥有类似专业市场的不同区域在分工水平、经济增长速度、空间结构等方面有比较大的差别，这些在理论和实证方面都有待于系统的研究。因此，本书试图弥补这些不足，对专业市场主导区域发展做一全景分析。

1.3　本书关键词解说

在着手研究主要问题之前，本书先详细讨论一下所涉及的几个概念。因为专业市场在我国的成长发展不过短短的 30 多年，对于多数的经济学研究者来说可能比较陌生，并且对于本书涉及的产业集群、地方专业化和区域分工的定义，学术界的认识也有不一致的地方。尤其是近年来声名鹊起的专业市场主导区域发展典型——"义乌商圈"，更是处于快速的演变之中。因此，我们在展开分析之前，关于这些概念的基本要点必须予以澄清。

1.3.1　专业市场

专业市场是一种大规模集中交易的坐商式市场制度安排。该制度安排下的交易主要以批发为主，兼营零售；市场以现货交易为主，远期合同交易为辅；市场中必须有一定数量规模的卖者，是比较接近完全竞争的市场结构。基于这些特点，我们可以把专业市场概括为以某一类或者若干类具有较强替代性或互补性商品的现货批发为主的集中交易场所。专业市场与传统的集贸市场既有联系又有区别。专业市场是在传统集贸市场基础上专业化发展的结果，与集贸市场相比，专业市场的特点主要是在市场中交易的商品大都为同种或类似的产品，市场交易方式主要以大宗批发交易为主。因此，我们也可以把专业市场理解为"专门性商品批发市场"。根据这一特点，可以比较清晰地把专业市场同集市、庙会、零售商店、综合市场、菜市场、百货商店、超级市场、商品期货交易所、专卖店等各种市场形态区别开来。

专业市场的主要经济功能是为中小企业提供规模巨大的共享销售网络和交易平台，其优势在于通过交易方式专业化和交易网络设施共享化吸引买卖双方进行大规模集中交易，由此形成交易领域的范围经济和规模经济，节约中小企业和批发商的交易费用，从而确立商品的低交易费用优势，进而形成具有强大竞争力的批发价格。

专业市场在西方国家市场经济发展的早期阶段曾起过重大的作用，至今仍在一些区域发挥独特的功能；而专业市场在当前许多发展中国家仍然是一种主要的市场制度，专业市场的交易集聚和辐射效应为所在区域的中小企业提供了诸多生产和销售的便利，在推动企业成长中发挥了关键性作用。改革开放后，在我国经济比较发达的东南沿海地区，为了弥补传统计划商品流通渠道的不足，专业市场在民间力量的需求诱致和地方政府的扶持下产生，由于能够极大地满足乡镇企业和民营经济发展的需要，专业市场的发展非常迅速。迄今为止，中国专业市场数量之多，分布之广，在整个经济体系中地位之重要，对农村工业化、市场化所发挥的作用之大，在人类历史上前所未有。

专业市场不仅是一种专业化交易组织，而且是一种具有社区性和根植性的嵌入式市场体系。专业市场成长能够推动相应的市场秩序扩展，通过交易网络、物流网络与当地产业形成关联，并有可能建立与产业集聚发展的良性互动机制，进而在很大程度上主导当地经济发展，在独特的区域工业化、市场化过程中起举足轻重的作用。尤其是改革开放以来在我国沿海经济发达地区，有些大型专业市场甚至已经成为当地产业集群和地方工业参与国际分工、融入国际经济的国际通道和重要平台。在21世纪，各地专业市场普遍出现分化、整合、转型与提升的趋势，也有些专业市场的地位和功能趋于萎缩，因此，当前政府部门和学术界十分关注我国专业市场能否跳出衰退与"消亡"的历史宿命。

1.3.2 产业集群

产业集群是介于等级制和市场之间的一种新型空间经济组织形式，指在特定区域内特定产业中的不同规模的企业、机构或组织等行为主体通过纵横交错的网络关系而紧密联系在一起的空间积聚体，该积聚体的最大特征是其中的众多行为主体之间存在分工合作关系。或者说，产业集群也可以理解为存在相互关联性的生产企业、金融机构、服务供应商和其他相关厂商及机构等在特定地理空间组成的群体，群体内部通过竞争与合作完成群体外部对该行业相关产品和劳务的需求。不同产业集群在发展水平上存在差异，处于较高发展阶段的产业集群往往还将竞争与合作关系延伸到辅助产品制造商、销售渠道服务商、专业化基础设施供应商、顾客等，有些还关联到研究开发、提供专业化培训、信息和标准制定等的政府机构，甚至还可能将相关民间团体和同业公会等包括在内。因此，产业集群可以被视为特定地理范围内的共生体，是现代化大生产的组织方式。学术界普遍认为产业集群是形成区域竞争优势的源泉，产业集群的发展水平是考察某区域发展水平的重要指标。

1.3.3　地区专业化

所谓地区专业化，是指某一地区主要生产某种产品，有时生产某一类产品甚至产品的某一部分。这种地区专业化是生产专业化的空间表现形式，是劳动地域分工不断深化的结果。地区专业化与产业的地理集中是相互联系的，它是产业集中在空间上的特殊表现，是产业活动在空间上的分离过程。因此，地区专业化也可以被视为某些产业在特定地区的集中程度。如果这些产业在特定地区的集中程度相当高，我们就说该地区产业发展的专业化特征明显。

地区专业化的度量是一项十分复杂的工作。由于统计数据限制，加上人们对专业化认识不一致，到目前为止，国内学术界并没有一个公认的权威测算方法。西方经济学常用"区位商"一词间接确定一个部门是否属于区域的专门化部门及其专业化水平。区位商亦称专业化率，是长期得到广泛应用的衡量地区专业化水平的重要指标。它是某地区某工业部门在全国该工业部门的比重与该地区整个工业占全国工业比重之比。在分析指标的选择上，最初人们一般使用就业指标，后来由于研究的需要和数据的限制，也大量使用生产量、总产值、净产值、增加值、销售收入等指标。区位商可用于产品分析，也可用于行业分析。在应用领域，目前区位商分析已由工业部门扩展到农业和第三产业，由传统的专业化分析扩展到产业竞争分析上，而且，其应用范围还在不断拓展。

1.3.4　区域分工

区域分工是区域之间经济联系的一种形式，或者说是较大的空间范围内的一种生产组织方式，指各区域根据自身在要素、资源、区位等方面所具有的绝对或相对比较优势，专注于某产业或产品甚至相关零部件的专业化生产。区域分工有利于合理利用资源，提高生产效率、产品质量和管理水平；有利于推动技术创新，形成或巩固本区域的竞争优势；有利于提高各区域的经济效益并在此基础上提高国民经济发展的总体效益。

本书中区域分工和地区专业化有细微差别①，前者以后者存在为基础，地区专业化强调的某地区专注于某一行业或产品的生产，而区域分工指的是地区与地区之间在生产中存在一种交流与合作；但是，二者的完成几乎是同时的，也就是说，地区专业化的过程在很大程度上也是区域分工形成的过程。本书中，产业集群和地区专业化的差别明显，产业集群可以是多个产业集中于一个地区，也可以是一个产业集中的范围覆盖多个地区；而地区专业化指不同的产业集中在不同的地区。因此，理论和现实中存在三种可能："产业高集聚、地区低专业化""产业高集聚、地区高专业化""产业低集聚、地区低专业化"。

1.3.5　多中心结构

本书多中心结构指的是特定空间范围内存在多个增长极的区域或城市体系形态，新增长极由等级较高的中心城市将较低层次的服务功能向等级较低的城市扩散而形成，因此，这个概念是和地理尺度高度依赖的，即在某一尺度上的多中心可能是另一尺度上的单中心。尽管学术界关于单中心

---

① 在区域经济研究中，许多学者往往没有区分产业集群和地区专业化的差异，特别是地区专业化和区域分工的区别，这种不加区别的分析虽然也能对现实做出解释，但却无助于我们了解个中的变化机理。本书这里则对他人混淆或忽略的这些关系做了界定。

和多中心的绩效评价尚存争议①，但就多数国家的经验而言，在工业化中后期阶段，多中心提升了工作场所和公共基础设施，如公共图书馆、学校、医院和社区中心的可达性，缩短了微观经济主体的通勤距离，有助于社会融合和外部机构入驻，有利于提高城市或区域的要素流动性，同时有效地避免了大城市带来的诸多弊端，如交通阻塞、超额的土地或房产价格、犯罪多发、社会两极分化等高度集中的大都市区普遍存在的症状，因此也被认为在很大程度上体现了空间经济的公正平等。基于对多中心空间结构的这种经验认识，理论界提出了多中心空间结构的区域或城市发展战略，即在实际的城市或区域规划中，可以预先将不同公共职能部门分散到城市的不同区位，以此吸引相关微观主体集聚到相应的空间。

但问题在于，究竟如何推动多中心的形成？一直以来，我国的区域或城市空间布局都是靠政府推动，但最后的结果往往是区域或城市的运行效率不高，关于这些问题的成因，多数学者认为政府主导的区域开发活动体现为典型的"供给驱动"，而信息缺陷使得政府不可能完全掌握区域土地的需求状况，其结果必然造成区域空间结构的非市场化扭曲，如全国有70%的城市在新城运营中不考虑市场的实际需求导致缺乏产业支撑和土地利用效率低下。其实，现代经济学研究已反复告诉我们，唯有市场决定形成的组织或结构才能真正体现资源的高效配置，区域空间的开发活动也应遵循这一原则，即在哪个地方形成几个中心应主要由生产者和消费者的需求决定。

---

① 存在争议的最大根源在于区域空间结构是一种动态变化组织，是否合理与经济发展阶段、区域产业特点密切相关。在全球化和区域竞争的背景下，一些知识产业、创新和"学习型经济"等具有明显的向现有经济和空间中心聚集的倾向。例如，2000年和2001年对伦敦中心区商业服务组团的研究显示，国际化技术和功能在伦敦的高度集中，对英国乃至整个欧洲与全球知识经济相连接起到至关重要的作用。伦敦等中心城市的国际商业活动表明，尽管信息通信技术具有诸多优点，但是对于创新和各大城市之间发生的"流"而言，面对面交流的作用是不可替代的，伦敦中心区显然已成为其周边150公里范围内30~40个中心的核心。而一份以可持续发展为目标的国际性分析报告中，将伦敦典型的单中心模式与荷兰兰斯塔德和德国鲁尔多中心空间发展模式加以比较，得出令人惊讶的结论：伦敦单中心的发展模式比另外两者多中心的模式更符合经济、社会和环境可持续发展的要求。由此可见，区域空间结构的选择是一个相当复杂的问题，不能一概而论。当我们由于受到各种局限而不能对决定空间结构的因素全面了解掌握时，最好的办法就是交给市场，也即让市场在区域空间结构形成中发挥决定性作用。

1.3.6　义乌商圈

它是用以概括作为全球最大的小商品市场所在地的义乌与其他地域尤其是周边地区的联系，以及它们共创、共享、共荣关系的发展趋势。具体而言，"义乌商圈"指的是国内外所有与义乌市场或企业有着紧密经济联系的经济主体和区域，既包括前向的产业支撑区域，也包括后向的产品销售区域，以及由此形成的区域经济分工合作与交流网络。这些经济主体和区域的共同特征是：它们或借助义乌中国小商品城市场这一平台，把自身的产品销往各地；或通过义乌市场，采购来自全国各地乃至国外的小商品。义乌中国小商品城市场在这一流通过程中起到了枢纽和关键作用，以它为中心把国内外的许多贸易商与生产者联系在一起，形成了一个巨大的区域分工合作网络，这便是我们所关注的"义乌商圈"。必须强调的是，为了使分析更具有针对性和政策价值，本书将义乌商圈的范围缩小至小商品市场辐射的周边区域，大体上相当于浙江金华市所辖的范围。

1.4　本书的结构安排

第2章是统摄全书的基础性框架。首先阐明专业市场的交易效率特征，其次进一步将专业市场的影响因素抽象为制度供给、网络组织、商品结构、市场规模、产业基础、组织结构等变量因子，在它们的作用下，市场和集群之间会通过分工网络逐渐产生相互拉动和支撑的关系，并且这种关系的演变带有明显的阶段或层次特征，简单的机理分析表明，这些变化最终促使区域经济形态向以产业集群和区域分工为特征的方向发展。该方面的典型案例是以小商品市场和特色产业集群为特征的义乌区域经济的发展。

第3章主要分析了专业市场与产业集群的关系。就新制度经济学的视角而言，专业市场和产业集群皆可以看作经济活动运行的两种组织形态或治理机制，前者是商品流通领域一种集中交易的市场制度安排，后者是商品制造领域一种大规模生产的空间经济组织形式。专业市场作为一种嵌入式的市场体系，通过交易网络、物流网络与当地的产业集群形成关联，该章在分别抽象出专业市场和产业集群各自两个因子的基础上，通过分析双方因子的作用变化得到了二者可能存在的三种关系模式，这对于制定促进区域经济持续稳定增长的政策具有较强的现实意义。

第4章主要分析专业市场扩张对产业集群空间分布的影响。由于市场规模扩大导致的交易效率提高和交易可靠性增强，在市场规模到达临界点之前，产业集聚所获得的收益大于因此而付出的成本，作为微观经济主体的企业由于利润的驱使，进一步向市场核心区域集聚。由于集聚的循环累积效应，产业在区域集中的速度往往会超过市场规模拓展的速度，在两者不相匹配的情况下，当市场规模的拓展超过某一临界点时，集聚所引致的成本增加便可能超过集聚所带来的收益与市场拓展所节省的交易费用之和，表现为集聚不经济。此时作为微观主体的企业出于自身利益最大化的考虑，会向外围输出资本、技术，与当地廉价的劳动力相结合，并以此种方式实现生产基地的转移；这一微观主体行为的集合体现在宏观层面，便是产业从市场核心层区域向外围区域扩散，在外围区的主动承接和呼应条件下，地区专业化得以形成。

第5章在前面各章的基础上将分析进一步深入，阐明外围地区业已形成的专业化部门是如何在专业市场的需求拉动下带动本地的经济增长的。专业市场不仅能提供强需求，更重要的是具有增加分工交易可靠性的功能。尽管产业转移导致了地区专业化的形成，这种专业化生产的大规模启动并持续扩大，必然是在与其他地区的经济交往中实现的，而经济交往的顺利进行要求地区之间存在一个保证分工交易可靠性的机制。本章指出，大规模市场的存在保证了分工的交易可靠性，使得形成专业化部门的各地区卷入区域协作网络中，于是快速的增长成为可能。从这个意义上来讲，产业集群的形成、转移或扩散的过程同时也是区域分工网络逐渐展开或深化的过程，二者可以理解为区域经济发展的两个侧面。

第6章是专业市场驱动的多中心结构。在阐述传统城市空间结构理论的基础上，从专业市场驱动微观主体空间活动区位选择的角度提出空间结构演变的自组织发展观。本章分两种情况分析。第一种论证了在多个区域存在一个专业市场的情况下，专业市场具有影响空间经济分布的作用。但是这种作用的发挥也是以其他因素为条件的，或者说也受到其他因素的干扰，如果这种干预阻碍了要素合理的自由流动，那么，专业市场的驱动作用会大大降低甚至形同虚设，地区间实际的分层结构与区域分工效率就会偏离最优的理论模型。因此，在多地区共享一个大规模专业市场的情况下，地区内部和地区之间只有持续不断地完善各种基础设施和协调制度，降低各种壁垒，各区域才能在专业市场的带动下真正实现"各展其才、通力合作、各尽其能"的多中心发展目标，各类资源要素的利用才能达到最优化。第二种论证了在多个地区存在多个专业市场的情况下，由于市场规模大小的差异，较大的专业市场会不断地蚕食较小的专业市场，因之而导致的贸易成本的变化会吸引贸易活动向大的专业市场所在地集中，即形成贸易中心；同时生产活动向其他地方集中，即形成生产中心；贸易中心和生产中心分工协作、各取所需，最终形成多中心城市区域的空间发展格局。

第7章是对全书的总结性概括。基于前面各章的理论和案例分析，第7章指出了专业市场主导性作用的发挥都是以促进区域协调发展为最终指向的，认识到这一点具有重要意义。全书的分析给中西部同类区域的经济发展提供了一条可供选择的道路，即欠发达地区应当打破区域间的市场封锁，逐步建立起规则完善、机制健全、信号真实、平等竞争、设施配套的区域共享型的专业市场，进而可以充分利用大规模市场带来的交易费用低、交易效率和可靠性高的优势，真正按照市场经济的原则在区域之间合理配置资源。如果这种有利于发挥市场主导性作用的机制得以建立，那么即便在较小的空间范围内，产业的集聚和扩散也可以表现得相当明显，并且同样能够实现地区间分工的持续深化，从而最终走向共同富裕的和谐发展之路。

1.5　本书的研究方法

研究方法是指在研究中发现新现象、新事物，或提出新理论、新观点，揭示事物内在规律的工具和手段。这是运用智慧进行科学思维的技巧，是人们在从事科学研究过程中不断总结、提炼出来的。考虑到认识问题的角度不同、研究对象的复杂性等因素，而且研究方法本身处于一个不断地相互影响、相互结合、相互转化的动态发展过程中，所以对于研究方法的分类目前很难有一个完全统一的认识。

专业市场主导型的区域经济是一个既可以从宏观也可以从微观进行分析的研究对象，学术界针对该类现象的研究尚处于探索阶段，同时由于区域经济本身涉及的变量较多，很难找到一种能适用所有变量的方法，因此，一些学者在研究时往往采取删繁就简的方式，难免导致出现片面化的分析结论。本书另辟蹊径，多次采用情形分析的方法，将相关因子穿插于不同的情形或发展阶段，以因子变化演绎推断它们对区域经济演进可能产生的作用，这不仅能够对基础部分的因子抽象提供理论支撑，而且可以为相关政策制定提供参考。毋庸讳言，情形分析也存在一些瑕疵或不足。首先，笔者提出的专业市场若干作用因子尚存在量化的困难，且各因子之间也有不同程度的相关性，给计量回归带来障碍，这在一定程度上降低了实证分析的说服力。其次，同样是因为区域经济的影响变量众多，笔者采用的情形分析或具体的描述性机理分析虽然比单纯的数学分析能容纳更多的影响因素，但仍然有遗漏其他重要因素的风险。

理论源于对现实的关注，归于对现实的解释。各章的理论分析还要求在实证方面做出回应，略带遗憾的是，由于相关统计数据的缺失，我们暂时无法给以精确的计量检验，退而求其次的办法是，寻找现实经济中的一些案例做实证剖析。案例研究法是认定研究对象中的某一特定对象，加以调查分析，弄清其特点及其形成过程的一种研究方法。案例研究是从个别到一般和从一般到个别的循环认识中的一环，如果不从许多个别或特殊的事物中概括出一般的东西，就无从得到一般的知识。当然，案例分析有其局限性，虽然案例分析在很大程度上也能够触及事物的本质，但是仅靠案例还是不能为逻辑演绎结果提供全面彻底的证明，这是因为，我们往往无法穷尽所有的案例，而科学认识又总是与无限多的对象或现象相联系，一旦发现有些案例与理论的结论或推理相反，可能就需要修正我们的理论，但案例至少在一定程度上可以作为理论分析的佐证。为此，本书在全国范围内撷取典型案例进行分析。其中，以专业市场大省浙江为主要分析对象，由于该区域的专业市场和产业集群比较集中，以其作为分析对象，便于集中展示市场和集群、分工的关系；同时，本书还以跨省市的案例为比较分析对象。

本书还运用了比较分析方法。比较的直接目的是找出分析对象的相同之处和不同之处，以此为依据对所要研究的对象进行科学分类或者为寻找问题的原因提供线索。运用这种分析方法的主要难点在于，当面对表面差异极大的诸多分析对象时，要求研究者要能找出这些对象所具有的共同之处，或者当面对极为相似的分析对象时，要能识别出这些对象所不同的地方。著名哲学大师黑格尔曾经用事例生动地向世人揭示比较分析法的精髓，他说人们能指出铅笔和骆驼的差别，或者能指出寺院和教堂的相似，这些都是理所应当的事情，并非真正的比较，真正的比较是能指出铅笔和骆驼的相似点，或者寺院和教堂的不同点，即我们通常所说的异中之同和同中之异。本书在第5章运用了比较分析方法。在对义乌商圈展开"解剖麻雀"式的实证分析基础上，为了深入揭示专业市场对地区专业化程度变动的影响，将义乌与临沂这两个典型做了一定范围内的比较，为政策制定提供了一些启示，并给他人研究留下了若干线索。当然，本书中义乌和临沂的比较分析尚存在很大的扩展余地，并且要想得到更加可靠的结论，恐怕还需要对全国范围内的专业市场演进历程做出全景鸟瞰式的考察、总结、归纳和抽象，但短期内这是笔者力所不逮的，只好留待以后撰写论文补缺了。

除此之外，本书在研究中力求做到两个结合。①文献研究与实践调查相结合。笔者不仅对国内外专业市场研究文献及相关资料进行了搜集、吸收、消化，而且还进行了大量的专业市场调查。走访了浙江省多个有代表性的专业市场，对金华和绍兴等地的多个专业市场进行了大量的问卷调查，并直接参与了义乌小商品市场多项课题的研究。通过掌握大量的实践性知识和研究素材、案例，力求客观、生动地描述现实生活中的专业市场带动区域发展的真实情况。②具体分析和抽象分析相结合。具体分析是对把客观对象的整体分解为一定部分、单元、环节、要素并加以认识的思维方法。它的优点是可以深入事物的内部，从各个不同的侧面研究各个细节，为从整体上认识事物积累材料。但具体分析法有一定的局限性，由于它割裂事物的联系而局限于要素或部分的研究，其结果往往使人们形成一种孤立、静止、片面看问题的习惯，缺乏对事物整体的认识。正如黑格尔所说，"用具体分析方法来研究对象就好像剥葱一样，将葱一层层地剥掉，但原葱已不存在了"。抽象综合法是在具体分析的基础上对客观事物一定部分、单元、环节、要素的认识有机地联系起来，形成对客观事物统一整体认识的思维方法。它是从思维的具体上升到抽象的一般规定，从已知推广到未知的科学发现方法；它的不足是无法认识事物的各个细节。具体分析是抽象综合的前提和基础，抽象综合是具体分析的发展和提高，所以人们在使用时通常将两种方法共同使用，取得比单独使用一种方法更好的效果。本书的结构安排体现了这一分析要求。首先，第 2 章对专业市场的主导性作用机理进行相对抽象的综合分析；其次，第 3~6 章遵循逻辑和历史顺序对专业市场发挥主导性作用进行了具体分析，最后，第 7 章在前面具体分析基础上再次进行抽象综合分析，指出专业市场主导作用的终极指向是区域协调发展。

第 2 章
专业市场主导性作用机理

经济学沿袭至今的分析范式要求我们以效率为切入点展开对人类行为或现象的研究。就专业市场而言，能在 30 多年中迅速发展壮大，归根结底，源于其是一种高效率的专业化交易组织或者交易方式。从能够观察或感受的角度来说，这种高效率所能达到的程度又可以体现为专业市场的若干特征因子的表现，专业市场正是通过这些特征因子作用于相关的微观主体，进而推动所辐射区域的经济发展。作为提纲挈领式的论述，本章之于本书的基础性体现在两个方面：一是指出专业市场在交易方面的效率或优势，这是本书的逻辑起点；二是归纳出专业市场若干因子，并概述其作用于区域经济的机理框架，为后文提供分析的线索。

2.1 专业市场的高速成长之源

专业市场若要在某个区域经济发展过程中起主导作用，则其自身必须要具有高效配置资源的能力，而若要区域经济实现持续的增长，则专业市场配置资源的能力也要提高。从哲学角度来讲，事物的功能往往与其规模或结构有着密切的关系。因此，我们可以大胆推断，专业市场资源配置效率或能力的提高必然要求专业市场自身能够随着时间推移可持续地扩张或成长。如果赞同上述论断，那么不妨继续大胆假设：若要实现专业市场的持续扩张，则其规模和效率之间必须具有某种循环累积的良性互动机制。具体而言，即专业市场本身具有效率优势→吸引交易和生产的集中→专业市场规模增加→配置资源效率增强→继续吸引交易和生产集中→专业市场规模增加→……→专业市场的高速成长。

专业市场的运行与上述大胆假设究竟是否相符？我们可以从事物本身的特征进行分析。专业市场是一个共享式的销售网络，为市场交易提供了特殊的制度环境和体制框架，即存在"体制落差"或"体制灰区"，如公平待遇、税收优惠，提供社会治安及政府信用保障等，这些条件为市场内部独有，给市场内交易营造了一种安全、宽松的经营环境和制度环境，有利于降低交易成本。具体而言，其优势表现为以下几点。

2.1.1 节约信息搜寻成本

交易成本的重要内容之一就是信息搜寻成本，而在不同的市场交易机制下，获取信息的难易程度并不相同。专业市场在集聚信息、发布信息方面的完善渠道和处理机制是其交易效率的重要来源。具体表现在：专业市场创造了供求双方的信息集聚，为供应方提供了有针对性、专业化的需求信息，为采购方提供了较为真切完整的商品供给信息，这些有助于买卖双方的快速匹配，从而扩大了交易规模和市场范围；尤其是在专业市场初创时期进入市场的企业（经营者）大多不用依赖自己的商标、品牌来扩大企业的知名度和拓展市场，而是通过专业市场搜集和反馈各种信息来完成交易，这不但增加了交易量，而且可以大大节省单位交易量的交易费用。从这种意义上讲，与其说专业市场是大量商品的集散地，还不如说是海量交易信息的聚集地。除此之外，仅就获取信息所要行走的物理距离而言，集中交易也显然要比分散交易更容易低成本地获取有用信息，例如，假定持有不同的待交易商品的各微观经济主体围绕一个圆周（R 为圆周半径）而居，其中一方为寻找最满意的商品和获取最优的交易价格，则至少要沿距离为 2πR 的圆周一圈，这就是该笔交易的信息搜寻成本。而如果在圆心处设一交易市场，则完成该项交易只需要 2R 距离，可以节省约 2/3 的搜寻成本。

2.1.2 抑制机会主义倾向

经济学的常识告诉我们在绝大多数的交易中卖方都具有信息上的优势，因此容易诱发其机会主义倾向，在商品质量等方面侵害买方的利益。如果没有遏制卖方机会主义的相应机制作为保障，买方最可能以取消交易的方式消极对抗，或者对某种商品的各种档次只给出一个中间的价格，由此将会导致市场的交易量减少，甚至达不成交易。在传统的行商制度下，或者在引进先进的交易方式如标准化交易、信用证交易、网络交易等之前，交易通常以现金对实物的"一手交钱、一手交货"的方式进行，对买方而言，在这种条件下的卖方实际上具有很大的流动性，显然，此时在没有相应可信赖的措施作为保障的情况下，除非是一些价值微小的商品，否则很难完成交易。而专业市场则避免了这一缺陷，因为坐商制度规定交易双方必须在固定的地点集中买卖，如果交易或商品存在问题，卖方则很难逃脱买方的事后索赔和报复。因此，买方在选择交易对象时，同等条件下肯定是偏好于坐商而非行商。对卖方而言，为扩大交易规模和进行连续性交易，也必然选择坐商形式以取得买方的信任。所以，选择坐商交易制度是一个纳什均衡，稳定性保证了交易的持续进行。

2.1.3 形成了交易的规模经济

一般而言，生产者要建立自身的采购组织和销售网络，只有等到企业生产规模达到较高水平后才可能进行，小规模企业建立独立的购销网络肯定是不经济的。而在一个经济体工业化的初始阶段存在的通常是大量的小规模企业，需求和供给往往都是分散的。此时如果缺乏连接供需双方的某种"公共桥梁"，单独达成小规模分散交易的成本必定十分高昂。而专业市场正好提供了这样一种过渡性的支持，为高度分散的买卖双方提供交易平台，促使许许多多分散的小规模商品生产者和需求者集中在一起，形成规模可观的交易群，在这种情况下，群体中供需双方见面的成本大为降低，交易完成的概率迅速上升，这使这些小规模企业达成交易的成本大大降低。

2.1.4 创造了交易中的范围经济

范围经济指的是把两种或更多的产品合并在一起生产或销售比分开进行时的成本要低的一种状况。企业通过扩大经营范围，增加产品种类，生产两种或两种以上的产品而使单位成本降低。与规模经济不同，它通常是企业或生产单位从生产或提供某种系列产品（与大量生产同一产品不同）

的单位成本中获得节省。而这种节约来自分销、研究与开发和服务中心（像财会、公关）等部门，范围经济一般成为企业采取多样化经营战略的理论依据。具体到区域层面，指的是由于一个地区集中了某项产业所需的人力、相关服务业，还有原材料和半成品供给、销售等环节，从而使这一地区在继续发展这一产业时拥有比其他地区更大的优势。专业市场正是通过扩大其经营范围，即通过一组设施来处理许多的相关产品系列来增加竞争优势。

2.1.5 具有网络效应

专业市场是一种经济社会现象，它内部的经济联系和社会联系形成了网络结构，即专业市场网络。网络的概念可以界定为各个行为主体之间在交互活动、交换并使用相关资源的过程中所形成的各种关系的总和。网络的形成是一个带有路径依赖特征的自组织演进过程，其中，行为主体的活动可以理解为各主体在网络中的竞争与协作行为，因此，网络组织中的各行为主体通常不能摆脱过去它自己所创造的网络制约。从这个角度来看，专业市场网络实际上指的是在一定的空间范围内①，各个行为主体（市场经营户、供应商、采购商、中介服务机构、金融机构、政府及个人等）在交互作用与互动活动中，彼此之间建立起来的正式关系与非正式关系的总和。其中，正式关系主要是指专业市场内各种行为主体之间的交易合作网络，非正式关系主要是指各个行为主体在互动过程中所产生的社会网络关系，它们在很大程度上推动了市场交易的顺畅流动。

当专业市场的原有参与人员因上述效应而获益之后，示范效应逐渐吸引周边地区以及更远地区的许多批发商、零售商把专业市场作为采购或销售基地，从而使商业人口在专业市场所在地大量集聚。这一过程可以通过艾萨德（1991）所建立的描述区域中人口行程的引力模型来加以说明。该模型指出，人口越密集的地方，往往越是繁华的中心城市或城镇，从而

---

① 专业市场网络的边界是相对模糊的，它并不局限在专业市场所在地的地理空间范围内，但是网络的主体结构一般位于专业市场所在地的空间范围内。因为，专业市场内的各种行为主体、商品资源、生产要素是在不同的区域之间流动的，这就难以保证专业市场网络的边界与其所在地的地理边界一致。

也往往是区域中人们行程的终点，吸引人口聚集，因此，区域中某亚区的引力大小与其人口在区域总人口中的比重呈正比。对此，可用数学模型表示如下：将一个区域 A 分成 a，b，c，$\cdots$，z 亚区，其人口分别为 P_a，P_b，P_c，$\cdots$，P_z。假设所有亚区人口和其他方面的特征都相同，则在从任意一个亚区 i 出发的 100 次行程中，到达亚区 j 的次数 T 由以下公式给出：$T = 100P_iP_j/P$（其中 P 为区域 A 的总人口）[①]。专业市场正是凭借其较高的商业人口比重，成为区域中吸引商业人口能力较强的亚区，集聚了大量商业人口，这是专业市场蓬勃发展的一个巨大推动力，同时市场发展产生的巨大的吸引力，使周边甚至更远地域的商业人口也大量聚集到专业市场所在地，并由此推动了专业市场规模的增加。

事物在量变累积的同时往往潜伏着促使事物质变的因子。规模增加后的专业市场逐渐产生具有内生性的两种报酬递增机制：知识信息层面的内生报酬递增机制和分工层面的内生报酬递增机制。前者指的是专业市场内的厂商、采购商、经销商等收益增加，其机理在于，专业市场的特点是大量同类或相似产品，甚至是具有产业上下游联系、旁侧联系的产品共处于一个巨大的公共平台上，不同企业生产的这些相似却在技术上各具特色的产品，包含有产品的共同信息和各个厂商自己特有的信息，这些产品构成了某类产品的巨大知识集合，某类产品所有的从低到高的知识、信息系列，都可以在这类产品的专业市场中被轻易地搜寻到。这种知识、信息的密集，可以形成报酬递增的三种形式：知识溢出的规模经济、信息外溢的范围经济与知识溢出的联结经济。在专业市场上，知识溢出的规模经济是一种在单个企业意义上，利用专业市场所提供的信息发布平台而形成的规模扩大后对成本的节约，主要源于知识的 MAR 和 Porter 外部性，产生于专业市场内具有相同或相似类型产业的企业之间。信息外溢的范围经济是指由于在不同市场主体或不同活动之间知识溢出的存在，相关生产成本下降的情况。该现象主要源于知识的 Jacobs 外部性，具体表现为专业市场内近似产业间的知识溢出推动了相关创新，进而导致这些近似产业的生产成本下降。信息外溢的范围经济主要产生于专业市场内具有旁侧联系的产

---

① 〔美〕艾萨德：《区域科学导论》，高等教育出版社，1991，第 72～76 页。

业（或企业）之间，不同于通常意义上的单个企业。而知识溢出的联结经济指的是复数主体相互联结，通过共有要素的多重使用而创造的经济性，主要源于知识的租金外部性，产生于专业市场内具有上下游联系的产业（或企业）之间。

而分工层面的内生报酬递增机制主要指的是分工扩大带来的收益增加。传统的经济理论认为，分工在增加生产效率的同时会带来交易成本或费用的提高，交易费用的存在是分工深化的阻碍因素，分工的深入使完成一件成品的交易次数增多，总的交易费用随之升高，甚至可能抵消分工带来的生产效率的改进，这种交易费用是因分工而产生的，因而是内生的。因此，能否降低内生交易成本就成了分工能否发生或扩大的关键。杨小凯（1998）认为，内生交易费用的产生是由于人们争夺分工的好处，这种机会主义行为使分工的好处不能被充分利用或导致资源分配产生背离帕累托最优的扭曲价。而以上我们所讨论的专业市场的五种优势，扩大了交易的可选择性，提高了信息流动的充分度，有效抑制了信息不对称所带来的机会主义行为。具体而言，由于场内大量经营户在空间上的聚集，形成了近于完全竞争的市场格局。同时，由于专业市场采用"坐商制"，卖者因其摊位固定而无形中向买者提供了信用保证和财产抵押。双方在议价过程中，要注重自身信誉的投资与长期交易收益预期的贴现，使得合作走向成功，降低了内生交易费用。同时，传统专业市场的有形性使主办者承担了威廉姆森（Williamson，1975）所描述的第三方规制结构中的仲裁者的角色，为交易双方提供了契约公正实施的保证与质量监督，大大降低了交易双方因信息互不相通而造成的内生交易费用。此外，专业市场的出现也有效地降低了交通运输、信息搜索、交易时间等一系列的外生成本。除了空间距离上的减少，交易的次数也因专业市场的存在而大为减少。这些都有助于分工的扩大，而分工进一步提高了生产的效率，使参与者的收益增加。

专业市场规模增加后产生的以上两种报酬递增机制叠加原有的五种效率优势的结果，是使专业市场的资源配置能力呈几何级数级放大。这进一步吸引周边甚至更远地区的经济主体参与专业市场的交易网络，参与者的增加促使专业市场的规模进一步扩张，然后专业市场的规模效应进一步放大，新的参与者加入，……专业市场规模和效率的良性互动循环形成。以上就是我们对专业市场高速成长之源的回答。

2.2 专业市场的主导作用因子

由上可知，就纯理论层次的分析而言，专业市场在整体上具有效率优势，这为空间范围内的高效率要素交换或资源配置提供了可能。不过，仅仅停留于对其效率优势的判定尚不足以具体展开如何影响区域经济的分析。这是因为，任何事物对其他事物的影响都是通过自身的若干因子作用来实现的，专业市场同样如此。有鉴于此，解决上述困难的办法是，比较现实中的专业市场，找出它们的相同和不同之处，以此作为相应的作用因子。

经济学研究的常规告诉我们立论基点的假设或抽象只要能获得经验的支持，同时逻辑上说得通，便可以作为分析的基础。因此，基于对不同专业市场的观察，我们可以将对影响因子的筛选锁定在专业市场的内在制度和结构等方面①。①就制度而言，新制度经济学派（威廉姆森，1975；格兰诺维特，1985；等等）认为正式和非正式的制度存在规定了微观经济主体的行为范围和空间，如果将其应用于本书的分析对象，即专业市场的各项管理制度和安排，以及非正式的习惯、传统合作关系等约束着买卖双方的行为，进而影响到交易的效率，最终波及对产业集群的商品需求。②就结构而言，商品供给结构、参与者数量或经营主体结构也会影响到专业市场的交易效率，进而影响其辐射的范围，甚至决定了专业市场的萎缩或消亡。

基于以上分类和梳理，我们可以尝试建立本书的分析支点，构建如下的区域经济发展的函数模型。

---

① 需要强调的是，笔者对这些影响因子的锁定并非主观臆断，而是建立在诸多学者大量的论证基础上的，从相关的经济学期刊、著作等文献中不难看出这一点。参阅张仁寿（1990）、陆立军（1999，2007）、史晋川（2002）、郑勇军（2004）等，这些学者的论述或多或少涉及了该方面；或参阅拙作《区域经济发展中的专业市场与产业集群互动》，《上海经济研究》2011年第1期。

$$Y = f(I,Q) = f[I(S),Q(S)] = f(X_1,X_2,X_3,X_4,X_5,X_6,X_7,\varepsilon) \qquad (2-1)$$

Y 即区域经济所达到的状态水平或阶段，其决定于产业集群 I 的规模和地区专业化 Q 的程度[①]，二者进一步受制于专业市场 S 的发展状况，将专业市场继续分解，最终可以追溯到如下的决定因子[②]，为了便于读者理解以及笔者行文的需要，本书先在这里直接给出了各因子与区域经济发展状态的相关关系判断，关于这种关系的详细论证将在以后各章具体展开，因此，本书其余部分的讨论可以被视为给出这些影响因子的理由。

X_1 表示专业市场的制度供给因子。这里指专业市场创新政策的制定。该因子对经济发展的拉动作用取决于制度创新是否符合区域微观经济主体的发展要求，如果用"好""坏"来粗略衡量满足微观主体要求的程度，那么，"好"的专业市场制度推动区域经济的增长，反之，"坏"的专业市场制度会阻碍区域经济的发展。显然，自下而上的诱致性制度变迁比自上而下的强制性制度变迁能够包含更多的微观主体的需求信息，更加有利于经济的发展。该方面的一个典型证据，即在经济发展绩效较好的浙江，专业市场中许多制度的确立都是经营主体自下而上诱致性制度变迁推动的结果。

X_2 表示专业市场的技术供给因子。随着现代信息技术的发展，我国部分地区的专业市场不断加快市场的信息化建设，电子计算机与信息网络

---

① 产业集群和地区专业化是两个既有联系又相互区别的概念。前者可以是几个相邻地区共同生产相同或相似的产品，后者则是指不同地区专注于生产不同的产品，是一种"你有我无，我有你无"的区域之间的专业化分工状态。关于前者向后者转化的论述，详见本书第 4 章。

② 这里影响因子的提出不完全等同于主流经济学的做法。在主流学界，历史、制度和事实这些在亚当·斯密的著作里得到突出描述的东西都淡化为一种背景，因之而建立的理论丧失了以亚当·斯密的方法为特征的经验倾向而变得严格和抽象，这种删繁就简的做法使经济学变成在黑板中演绎的空中楼阁，即它基本上不依附于除了从它本身的思想体系的内部逻辑中产生的原则以外的任何原则。本书有意避免这一做法，在因子中考虑了制度等因素，以拉近理论演绎和具体现实之间的距离，后面的理论和案例表明，本书提出的这些变量对专业市场主导的区域经济发展是富有解释力的。或许有读者会对上述六个因子之间的相关性提出质疑，例如，制度供给和网络组织在很大程度上影响到交易规模。的确，相关性会给精确的计量分析带来诸多麻烦，不过，本书所要讨论的问题和采用的研究方法，是以具体的案例分析为主的，并不涉及过多的计量实证，因此，这个瑕疵无关宏旨。

等现代交易技术将不断应用到专业市场建设、运行的整个过程中。电子商务、网上数字化市场、支付系统和新型物流系统不断发展，并建立了网上"信息中心"和"配送中心"等专业市场的网络发展平台。交易技术和方式正在由传统的现金、现货、现场交易，向洽谈订单、电子商务、物流配送等现代交易方式转变。

X_3表示专业市场的网络组织因子。网络组织是法律上独立的一群数量有限的主体，它们之间有较为稳定的合作关系，这种关系受到习俗和传统的影响，进而导致这些主体之间相互影响、相互依赖、相互锁定。本书这里指专业市场中的经营户之间结成的合作交往关系，该因子可以根据主体间关系的疏密、稳定与否来衡量，与区域经济发展水平呈正相关。

X_4表示专业市场的商品结构因子。具体分为商品的技术结构和种类结构，商品技术含量和种类的变动会影响到消费者对其的甄别度，进而降低或提高专业市场的交易效率，因而可以用甄别难度的高低来间接衡量。在没有相应遏制机会主义行为的管理制度的配套下，该因子将促使专业市场萎缩进而对区域经济产生负的影响。

X_5表示专业市场的主体结构因子。随着时间的推移，专业市场中经营企业的规模差异将逐渐显现，具体表现为成长起来的大型企业将积累的商业资本投入在生产方面，逐渐打破原有的竞争格局，撇开专业市场建立起大企业主导型的分工协作体系，同时出于创牌的考虑，销售重心逐渐脱离原来依靠的专业市场，建立属于自身的专卖店和连锁机构，从而削弱专业市场对区域经济的拉动。

X_6表示专业市场的功能拓展因子。伴随着电子商务、现代物流、会展经济等新兴业态的出现和发展，专业市场面临的竞争也越来越激烈，能否与时俱进地开展功能创新将在很大程度上决定其对周边企业参与买卖的吸引力，完善的功能无疑更有利于推动地区的经济要素交流。就目前可以预见的趋势来看，专业市场正在由传统的商品交易、价格形成等功能向信息汇集、产品创新、商品展示等功能方向拓展。

X_7表示专业市场的交易需求因子。表现为一定时间内的交易量、交易商品的来源和销售范围。市场规模的变化直接影响对企业产品的需求，进而影响企业在专业市场所在地的集聚数量，并且一个足够大规模的市场可以提高交易的可靠性，这是跨区域分工协作网络得以建立的前提。因此，该因子与区域经济的发展水平呈正相关。

如果我们将目标函数式（2-1）进一步细化，还可写为：

$$Y = aX_1 + bX_2 + cX_3 + dX_4 + eX_5 + fX_6 + gX_7 + \varepsilon \qquad (2-2)$$

式（2-2）是一个抽象的理论计量模型，它可以作为计量区域经济演进阶段变化的一般函数式，但由于一些变量在现有的统计体系内难以得到统计数据的支持，因而相关的系数很难通过线性回归来确定具体数值。不过，系数的权数比重通常会因不同区域的文化传统、习惯、商户和企业主的素质、信息和市场环境因素等的变动而变动，至于随机变量ε的界定，与一般的经济计量模型没有很大区别，它是泛指那些决定或影响演进水平的不确定性变量，如一些偶然性的因素、相邻区域的变化等。

下面，我们就上述作用因子对区域经济的推动机理做出概要性的分析。

2.3 专业市场主导性机理概析

2.3.1 基础性分析框架

为了在有限篇幅内向读者展示全景式的机理图景，这里着重于概念性的描述，以便为以后章节的具体分析、模型推导和案例实证提供一个相对完整的理论背景。首先，区域共享的专业市场有助于提高辐射地区的一体化水平，这是由专业市场固有的属性特征（X_1）决定的。在专业市场中，采取何种方式经营，均由不同经营者根据自身条件和经营需要而定。经营者可以自营、联营，也可以代购代销；可以批发，也可以零售；可以长途贩运，也可以短途运销；可以现货交易，也可以看样订货；可以现金成交，也可以托收承付。这些灵活的经营方式向所有的商品生产者、经营者、购买者开放，不受行政区域的限制。由此可见，专业市场是从降低区域间贸易成本的角度提高地区的一体化水平的。

在地区一体化问题上，学术界达成的共识之一是，地区一体化水平的提高有助于商品和生产要素的跨区域流动①。在这一有利条件下，专业市场带来的较低交易成本吸引了越来越多的买卖双方聚集，聚集本身又会成为进一步集聚的原因（Arthur，1990），不断增加的交易者数量创造出专业市场对相关商品的强需求（X_7）。如果我们仔细审视现实经济中的专业市场，则会发现它的另外一大特点——市场中交易的商品（X_4）大多具有生产上的规模报酬递增②特征。例如，在专业市场比较集中的浙江省，其经营的产品主要集中于服装、鞋帽、五金、玩具等各种轻工业产品，相应的劳动密集型企业在产品上规模之后的边际生产成本很小。这是实现产业地方集聚的两大前提。

于是，专业市场低交易成本所带来的强需求和交易商品在生产上的规模报酬递增一旦被市场中的商户所察觉，那么，出于追逐更多利润的目的，它们便会把积累的商业资本逐渐转向工业生产。由于空间运输成本③的存在，商户或企业主们会首先将生产选择在接近市场的区域，当越来越多的工业资本与当地劳动力结合，围绕专业市场的产业集聚区就慢慢形成。例如，近10年来，义乌本地的企业中涌现出许多国内外同行中的佼

---

① 对于这个问题，李嘉图（Ricardo，1817）曾指出，在完全一体化条件下各地区专门生产自己机会成本最低的产品，从而实现完全专业化和产业集聚，它与各产业相互之间的上下游联系、运输成本大小没有直接关系。但这是一种简单的一体化与产业分布的关系，即只要是在完全一体化条件下，各地区就有可能根据机会成本高低选择适合自己的产业进行专业化生产。瑞典经济学家赫克歇尔和俄林（Heckscher and Ohlin，1933）进一步认为，地区之间的贸易流量实际上取决于各自的资源禀赋差异，即进口自己稀缺要素的产品而出口自己富含要素的产品，从而通过商品的流动达到两国之间的要素报酬均等。在这种情况下，市场一体化是地区专业化和要素流动的前提条件，各地区根据要素禀赋选择产业分工。但是，这些见解由于建立在规模报酬不变的假定之上，很难解释现实经济中产业集聚和扩散的真正机制。

② 规模经济和专业化经济是报酬递增的两种表现形态，学术界对两者关系的认识分歧较大：有观点把专业化经济与规模经济并列，或用规模经济包含专业化经济；但也有学者持反对意见，认为规模经济已包含在专业化经济中，因为较之规模经济，专业化经济是更为根本的一种收益递增形态，许多看上去是规模经济的东西实质上是专业化经济。本书认为，就产业在地方的集聚而言，无论是规模经济还是专业化经济，都存在一个共同特征——专注于某一种或某一类相似产品的生产，目的都是获得地区竞争优势。

③ 这一运输成本是广义的，它既包括看得见的运输网络形成的有形运输成本，也包括地方保护引起的贸易壁垒等因素，因此，运输成本不但是市场一体化的反义，而且对地区专业化、产业集聚来说始终是外生的。

佼者，如梦娜、新光、能达利、浪莎、真爱、伟海等集团公司。它们在发展初期大都得益于义乌小商品市场的平台和窗口作用，以较低的交易成本与各地客商建立了商贸合作关系，正是依托这些合作关系，企业的生产规模才不断扩大。追根溯源，小商品市场作为公共交易平台所提供的强需求和小商品在生产上的规模报酬递增特性，是许多产业集聚区企业成长的关键条件。在产业集聚区，企业可以共同利用基础设施，减少分散布局所需的额外投资，节省相互间物质和信息流的运输费用。同时，同行业的地理集中有助于促进区域技术创新、人力资本积累以及企业间的相互合作与竞争，从而形成较大的规模。这种由产业集聚所带来的企业在生产规模和成本上的优势，促使其向专业市场输送低价格的商品，于是在二者之间形成了一种正反馈循环。由于上述作用，初始阶段的产业分布呈现围绕专业市场的"制造业中心－农业外围"格局，大多数制造业集中在以专业市场为中心的地带，这一地区的产业平均集中率、制造业中心值、地区间专业化指数都处于极高的水平。

不过，"中心－外围"格局很难一直维持下去。这是因为，随着专业市场的扩张（X_7），地区间的一体化水平进一步提高，极化效应弱化，扩散效应开始显现，地区的产业集聚状况将发生变化。具体而言，产业集聚到一定程度后产生的诸如非贸易品价格居高不下、环境污染等拥挤成本，会逐渐超过集聚的向心力，此时依托专业市场的各经营户和生产商等主体出于利润最大化的考虑，必然要求在更广阔的空间内合理配置和使用资源，于是众多的微观趋利行为在宏观层面上便集中体现为产业空间布局的变化。

其实更加深入的经济学机理是简明而易于理解的。市场规模扩大导致的交易效率提高和交易的可靠性增强，在市场规模到达临界点之前，产业集聚所获得的收益大于因此而付出的成本，作为微观经济主体的企业由于利润的驱使，进一步向市场核心区域集聚。由于集聚的循环累积效应，产业在区域集中的速度往往会超过市场规模拓展的速度，在两者不相匹配的情况下，当市场规模的拓展超过某一临界点时，集聚所引致的成本增加便可能超过集聚所带来的收益与市场拓展所节省的交易费用之和，表现为集聚不经济。此时作为微观主体的企业出于自身利益最大化的考虑，会向外围输出资本、技术，与当地廉价的劳动力结合，以此种方式实现生产基地的转移；这一微观主体行为的集合体现在宏观层面，便是产业从市场核心层区域向外围区域扩散。

就产业扩散的先后顺序而言，首先是部分技术含量低的劳动密集型产业将不得不率先从原制造业中心向周边地区转移，而原制造业中心可能会衰落，或者发展成为技术或资本密集型产业中心，或者纯粹成为技术创新中心或者贸易、金融服务中心等。与此同时，周边区域会根据自身的比较优势有选择地承接来自专业市场所在地转移出的产业。因此，可以想象此时地区之间实现了产业梯度转移和分工协作。如果将地区间市场一体化水平推进到一个极致的情况，即达到完全一体化的理想状况，那么，地区专业化分工将是根据各自的要素禀赋差异来选择生产，真正实现了"你有我无，我有你无"的完全专业化分工格局（Fujita & krugman，1999；范剑勇，2004）。

需要着重指出的是，上述地区之间分工格局的形成，在很大程度上得益于专业市场的网络组织（X_3）特性。这是因为，尽管大规模的专业市场为跨区域的大规模商品生产提供了巨大的需求前提，但是，跨区域分工仍然面临分工所带来的好处与其所增加的交易费用之间的权衡（杨小凯，1998）。当前者大于后者时，分工就会演进；否则，既定的分工水平将保持不变。因此，在分工利益给定时，通过降低分工所带来的交易费用就可以不断促使分工深化，而正是微观主体在经营中结成的网络关系在此发挥了作用。专业市场内的市场经营户在采购、销售、展示等交易活动中，趋向于有重点、有选择地与市场中其他行为主体结成相对稳定的合作关系。例如，市场经营户与商贸企业、生产企业之间的商品交易合作关系，市场经营户与金融机构之间形成的资金借贷合作关系，市场经营户与物流中心、行业协会等中介机构之间建立的相互合作关系，市场经营户与政府相关管理部门之间建立的网络关系等。除了市场经营户与其他主体之间的合作网络关系外，专业市场内的经营主体也会不断建立各自的交易合作关系网络。例如，产地型专业市场中的现代物流中心与市场产品供应商之间形成的服务交易合作网络；各类商贸企业与现代物流中心等中介机构之间的合作关系等。这种正式的网络关系具有相对稳定和长期性等特点，往往通过某种载体表现出来，例如，通过达成某项合作契约以实现长期合作。正式合作网络有利于在专业市场内传递与扩散编码化的市场信息与知识①，使各个主体能有效地获得相关的市场信息与知识，然后做出及时的市场反应，这对于产业集群中的企业根据市场的信息变化及时安排生产，进而推动生产的稳步增长具有重要作用。从更深层的理论实质来讲，这是由于成熟的网络组织水平降低了契约不完全时的交易费用，有利于解决空间扩大而产生的分工经济和交易费用之间的两难冲突，促进分工的演进，带来更大的分工网络正效应和递增的聚集效益。从这个意义上来看，成熟的网络组织直接推动了跨区域分工网络的形成。

2.3.2 演进阶段的划分

科学分析要求逻辑和历史的统一。如果把以上理论的逻辑机理还原为现实的历史过程，还可以发现其带有阶段性的演进特征。就哲学层面的抽象含义而言，演进是指各种因素之间相互影响、相互促进以共同推动事物向前运动的过程。如果宽泛地理解上述定义，那么凡是客观上人们能感受到的事物发展过程在一定程度和范围内都带有演进的特征。历史地考察以专业市场和产业集群为支撑的区域经济发展，演进往往体现为市场和集群的相互拉动、支撑，动态地表现为专业市场的扩张和萎缩、产业集群区位的改变、区域分工网络的形成等，这些演进形态根源于销售和生产之间天然具有的各种联系。典型的如浙江义乌，从最初的马路市场、引商转工、工商联动，逐步发展为以小商品市场为核心的大规模跨区域的分工协作网络；山东临沂也是由最初的服装、板材、五金等专业市场，逐步发展为围绕市场的相关企业集群生产基地，再到专业批发市场与相关产业的有机结合共同推动当地的经济增长。本书在这里基于历史事实的演进阶段划分，

---

① 关于这一点，经济合作与发展组织（OECD）在《以知识为基础的经济》中提出，当代创新活动是由厂家和用户在交流显性知识（Explicit knowledge）和隐性知识（Tacit knowledge）的过程中相互作用所推动的。因此，知识大体上可以分为可编码化的知识和隐含经验类的知识。前者是可以通过磁盘、文字、图像等直接交流与学习的知识，后者是指存储在人类大脑中，只可意会不可言传的，只有通过非正式的面对面交流才能传递的知识。

有助于读者对专业市场之于区域经济的重要性有一个更加感性的认识。不过，由于区域经济演进通常都是在包含市场和政府等多种因素的作用下进行的，人为的划分自然也很难做到精确，因此，我们不妨将其作为本书分析链条构建的一种尝试。

追根溯源，初级阶段的专业市场是以"集贸市场"的形式存在的。作为对国营流通渠道的补充，我国20世纪70年代末集贸市场产生的区域一般都是农村集体工业基础较差因而从发展小规模家庭工业起步的地区。这一阶段，专业市场发展的主要特点包括以下几个。

（1）在市场规模方面，无论是摊位数量还是交易规模都比较小。许多专业市场都是在集市贸易的基础上通过划行规市后分离出来的；有些即使单独形成，但规模也不大，一般只有几十个摊位，最大的只有几百个摊位。如浙江温州苍南宜山的新西河腈纶纱市场、湖州织里的机绣品市场、嘉兴田乐乡头纱巾市场等。由于规模小、容量不大，而且辐射力不强，因此，市场的覆盖面较小。市场总量上三类农副产品较多，且一般都是批零兼营，有许多市场批发比重不是很大，处于萌芽状态。如浙江杭州市的环北小商品市场、慈溪白沙针织品市场等。

（2）在商品结构方面，市场的专业化程度较低，商品的门类较多。多数以产品大类形成专业市场，如小商品类，农副产品类；而以一个品类或一个商品形成的专业市场则很少。永嘉桥头纽扣市场，以纽扣为主，同时也上市各种表带、手表零件等。武汉汉正街小商品市场、沈阳的五爱小商品市场等都包含许多门类的小商品。

（3）在基础设施方面，市场设施往往比较简陋，处于自发形成的状态。一般都是露天市场，少数是棚顶市场，占用街道马路交易情况比较突出。许多市场处于无设施、自发形成的状态。如当时石家庄市的南三条小商品市场，场地由一条170米长的胡同扩大到8条街。江苏吴江丝绸市场、浙江诸暨珍珠市场等，都是从简陋的设施逐步改造而来的。因此，这一时期出现的市场，总体上属于初级市场，处于起步阶段。

（4）管理制度供给不足。由于全国没有统一的专业市场法规，许多专业市场组织化程度和管理水平不高，而且相当一批交易市场不注意对进驻商家的资质审查，市场进入没有门槛，入市人员素质参差不齐，强买强卖现象时有发生，商业欺诈行为屡禁不止，缺乏商业信用、偷税漏税、欺行霸市，使专业市场给人一种散、小、乱、差的印象。另外专业市场对经营者的进货渠道难以控制，个别专业市场甚至成为假冒产品藏污纳垢的庇护所。

此时专业市场在区域经济发展中的作用主要表现在为当地的家庭工厂提供销售渠道。随着交易关系的扩散和农村改革的深入，集贸市场对家庭工业和集体企业发展的作用日益显著，越来越多的日用品和原材料产品进入交易网络，市场的规模因此而扩大，但管理上存在不同程度的混乱，制度处于不断的试错完善中。这一时期生产和销售间的资金流、信息流比较小，"前店后厂"的经营模式已经使市场和生产之间建立了相互依存的联系，但正式的专业市场和专业化的产业集群尚没有形成，我们可将其称为演进的初级层次或萌芽阶段。

中级阶段是演进的过渡过程。由于政府部门的积极介入和推动，大量的新生中小企业纷纷进入专业市场的共享销售渠道，这一阶段的专业市场进入快速成长期，其主要特点包括以下几个。

（1）在市场规模方面，20世纪90年代以后，少数实力雄厚的大市场采取发展连锁式分市场的形式，跨地区、跨行业兼并市场；另一些市场则走强强联合之路，产生了市场的联合效应。大型综合性跨区域的批发市场和具有产业依托的特色专业市场继续发展，逐渐形成了全国性的专业批发市场。例如，义乌中国小商品城、绍兴中国轻纺城、江苏东方丝绸市场、河北白沟市场、永嘉桥头纽扣市场、四川成都荷花池市场、辽宁西柳棉布市场、河北石家庄南三条市场等从区域性市场发展成为全国性的大市场，产品销往全国各地。这一时期甚至有许多市场的商品通过边贸或外贸公司销往周边国家和地区。

（2）在市场商品结构方面，主要有两个方面的变化。一个变化是市场专业化程度迅速提高，市场商品细分明显。这一时期，出现大类商品市场向小类商品市场细分，小类向品类、品类向单个商品细分的配套成龙趋势。许多市场以其专业化程度高、品种全为优势，吸引全国客商，市场容量和辐射力大大加强。如浙江上虞市伞件市场专业经营由当地家庭工业生产的和来自全国各地的伞件，有两折伞、三折伞、直柄普通伞、笆莆伞等上千种。另一个变化是交易品种范围不断扩大，其中农副产品除了少数当时尚未放开的棉花及蚕茧、茶叶等重要出口创汇产品外，其余基本上都进入市场。而工业品由小商品发展到服装、布料、丝绸及重要生产资料。

（3）在基础设施和制度建设方面，市场更加重视进一步改善经营的硬环境和配套设施，完善市场的综合服务功能。在一些市场发育较早的地方，一大批具有现代化商业设施条件、多功能的专业批发市场或汇集几个专业批发市场的商城脱颖而出。市场设施建设进入退路进厅、退厅进室的发展阶段。例如，在浙江义乌、绍兴等地一些市场发育较早的地方，出现了市场建设向高层次、强辐射的大型市场发展的势头。同时，交易环境日趋规范、公平、高效。经营秩序、市场管理、交易规则、制度以及政策逐步规范，竞争条件日趋公平。

（4）在市场组织结构方面，一些专业市场出现了由小商小贩经营向批发企业规模经营转变的趋势。一批经营大户凭借掌握若干企业货源和一大批稳定客户的优势，积极扩大经营规模，生意日渐向大户集中。20世纪90年代以后，市场投资主体多元化，一批新创办的市场一开始就由股份制企业创办，市场组织出现企业化、股份化的趋势。市场实行管办分离后，一些早期由工商部门等创办的市场，纷纷实行股份制改造，市场组织向企业化、实体化方向发展。一批以大型生产场地为依托的专业市场迅猛发展，这些市场凭借与当地产业紧密结合、商品成本低、花色品种多、更新快的优势，成为全国一类产品的一级批发市场。与此同时，一些原属集散型性质的市场及其经营者，为了增强竞争力，提高经营效益，在完成资本的原始积累后，纷纷兴办实业，走"前摊（店）后厂""前市场后产业（基地）"等产销一体化的路子。

（5）在市场功能方面，逐渐趋于多元化，但尚处于萌芽阶段。市场的作用和地位从过去拾遗补阙的补充渠道，发展成为必不可少的重要流通渠道。20世纪90年代以后，随着经营品种、规模、条件的变化，商品批发市场开始从摊位式集合向批发企业集合方向发展，一些大型专业市场的形态已从过去单一的摊位式向摊位、商店、专业街相结合的形态转变。一批大型专业市场积极进行市场功能创新，不少市场开始从单一商品交换功能向产品展示、信息交换、价格形成、生产引导、商品配送、资金结算等多功能方向发展。

此时，专业市场的主导性作用主要体现在带动当地产业集群的形成。在这一阶段，在许多市场发展较快的地方，专业批发市场成为"兴一门产业，带一方经济，富一片群众"的区域经济发展的龙头和依托力量。例如，1997年浙江上虞松厦镇有5000多人修伞，以这个市场为"大本营"，伞件辐射全国各地，年市场成交额达1亿多元。由于这一阶段全国总体上处在短缺经济条件下，市场先发地区的资本积累非常迅速，企业主和经商户的逐利本性促使他们较大规模地向商业和工业领域渗透。分散的"前店后厂"演变为正式的"前市场后产业"，专业市场的管理逐渐规范化在区域经济中的地位明显提高，周边区域形成了特色的产业集群，但尚存在一定程度的同构，地区之间竞争优势的定位尚处于试错中。同时，专业市场中累积的商贸资本、市场信息、经商人才与区域特色产业相结合，不断地推进工业的规模扩张和产业升级，逐渐形成与专业市场紧密联动的工业产业体系，专业市场在区域经济中的地位明显提高，但该阶段尚未完成一个标志性的转换——建立整个跨区域层面的以市场为核心的生产网络分工协作体系，从空间活动格局看，尚处于"产业高集聚、地区低专业化"的阶段，或者处于"工业集群在中心、农业集群在外围"的状况，因此，我们将其看作演进从低级向高级的过渡阶段。

演进的高级阶段也可以说是区域经济运行较为成熟的阶段，此时的专业市场虽然交易额的增长率有所下降，但在市场规模、结构、管理、效益等方面有了大幅度提高。具体表现为以下几点。

（1）投资主体的管理模式向多元化转变。随着规模扩张，初级阶段单一投资主体的管理模式已不能适应专业市场发展的要求，必须进行转变。在高级阶段，一些注重品牌化、连锁化、优质化管理的规范专业市场竞争力和辐射能力将不断加强，逐渐兼并和淘汰一批管理不规范、市场环境和秩序混乱的中小市场，实现跨所有制、跨行业、跨地区的联合，以及专业市场的战略性重组，并通过股份制形式引进现代企业管理制度来经营管理专业市场，增强市场的竞争能力和批发辐射力，并培育出一批全国性的大批发商、大代理商。

（2）商品结构高度专业化。市场竞争日趋激烈将迫使很多商品交易市场不断向生产领域延伸，以利于畅通供应渠道，掌握优质货源，减少流通成本，依托产业基础，确立价格竞争优势。这导致市场之间在经营范围和产品种类上的分化和区别越来越细，有实力的专业市场集中销售某一类别或某一区域甚至是某些品牌的商品，以求通过特色经营，获得最大的辐射广度和强度，占据最好的区位优势，这已成为相当多的商品专业市场的发展方向。从珠三角、长三角等地区的专业市场的发展情况已可以明显看出，除了传统批发市场外，许多只是内地综合市场或零售市场中一小类的商品，如纺织、五金、玩具、酒店用品、包装机械、农产品、美容化妆品、眼镜等的市场，在珠三角、长三角已发展成为非常专业、规模庞大的产业集群链专业批发市场。

（3）经营方式和交易方式更加多样化。在经营方式上，高级阶段的专业市场经营方式不仅表现为传统的摊位制交易、现货交易、买断交易、批发交易、单个市场经营，而且已经开始表现为较为现代的交易所制交易、信用交易、零售交易（专业市场与零售店的"嫁接"）、租赁交易、代理交易、连锁市场经营等。在交易方式上，随着信息网络建设的推进，高级阶段的专业市场正在把连锁、代理、配送、拍卖等现代营销方式引入进来，网络交易、仓单经营等现代交易方式已开始占据主流。

（4）市场功能的多样化趋于定型。这有两个层面的含义。第一，市场的批发功能仍占有重要地位。随着专业市场的规模日益发展壮大，中小企业和经营者的快速增长，以及交通条件的不断改善，全国已经形成数十个像义乌中国小商品城、绍兴中国轻纺城、永康中国科技五金城、武汉汉正街、郑州粮食批发市场、安庆光彩大市场等年交易额超过百亿元的航母级重点专业市场，规模化的发展促使大型或超大型专业交易市场发挥着重要的商品集散枢纽、进出口基地和批发辐射中心功能。第二，市场新功能的辐射力强劲，传统的专业市场演变为一种新型的模式。批发市场与会展业务得到空前发展，电子商务在批发市场中的应用也越来越广，展示性卖场功能开始突现，逐渐具备了集散功能、价格功能、信息功能、配送功能、展销功能等，因此，这一阶段的专业市场不再是简单的商品中转站，其已具备了商品集散、财务结算、信息传播和形成价格四大功能，实际上已经演变为区域商品的集散中心、信息中心、价格形成中心和统一结算中心。

此时专业市场的主导作用主要体现为推动形成跨区域的分工网络体系。在迅速的工业化和城市化进程中，区域间的竞争最终体现为组织生产的规模大小和效率高低的竞争。对于专业市场带动型的区域来说，经济的增长和扩张必然要求专业市场向产品展示、信息交换、价格形成、生产引导、商品配送、资金结算等多功能方向发展，这些功能通过多种渠道将辐射范围内的周边区域相互连通，把相关的产业集群卷入以专业市场为核心的区域分工协作网络中，大规模、高效率地组织生产和参与竞争。在这一阶段中，专业市场和产业集群各自演变为生产网络中的节点。从空间活动格局的角度来看，地区与地区之间的分工逐步深化，"产业高集聚、地区高专业化"或"服务集群在中心、工业集群在外围"的"你有我无，我有你无"的格局最终形成。

需要强调的是，相对于新古典经济学的"均衡"观，以上的阶段划分更多的是从"过程"角度看待专业市场与产业集群、地区专业化或区域分工的关系变化。对于经济过程现象的分析，奥地利学派的市场过程理论认为，在任何时刻，非均衡的力量都不可能完全消除，因此，研究经济现象除了对状态的分析以外，更重要的是要关注促使过程产生连续变化的力量以及产生这种力量的原因。综合本章的内容可以看出，无论是对效率根源的追溯，还是对逻辑机理的分析，抑或是对历史演进的考察，都把这一推动力量指向了专业市场。

2.4 案例：全球最大专业市场的主导作用

小商品市场坐落在浙江省金华市所辖的义乌市。自20世纪80年代初义乌县（市）提出"兴商建县"的总体发展战略以来，经过30多年的精心培育和发展，义乌市（1988年撤县改市）已形成以中国小商品城为核心，10多个专业市场，30多条专业街相支撑，运输、产权、劳动力等要素市场相配套的市场体系。2013年底，义乌小商品市场经营总面积400余万平方米，商位7万多个，经营人员30多万人，日客流量30多万人次，市场内展销商品已达46个行业，汇集了16个大类、4202个种类、170多万种商品，市场总成交额达683亿元，已连续23年位居全国同类市场之首，被联合国、世界银行、摩根士丹利等权威机构评价为全球最大的小商品市场[①]。凭借规模、信息、物流和中介服务优势，义乌吸引了全国20多万家企业直接向市场供货，作为浙江省最大的内陆港和全国最大的零担货运配载物流枢纽，义乌物流可直达国内260多个大中城市。全市有外来经商务工人员100万人，其中外商1万多人。义乌市场正从"买全国货、卖全国货"向"买全球货、卖全球货"转变。2010年，义乌外商入境达39.1万人次，外国企业常驻代表机构数3008家，市场外向度达65%以上，市场商品已辐射到220多个国家和地区。外销国主要以中东和欧洲的国家为主，全市拥有自营出口权的企业达264家，实现自营出口8.3亿美元。境外企业经登记批准在义乌设办事处（代表处）1232家，外商在义乌金融机构开设账户近万个。联合国难民署、家乐福亚洲总部分别在义乌建立采购中心，全球海运20强企业已经有18家在义乌建立办事处。2010年出口集装箱57.6万标箱，同比增长12.7%。由商务部和浙江省人民政府主办的每年一度的义乌中国国际小商品博览会（以下简称"义博会"）已成为影响力仅次于广交会、华交会的国内知名商业展会，2010年实现成交额125亿元，比上届增长12.3%。目前，一个以中国小商品城市场为核心的区域分工协作网络即"义乌商圈"已经初步形成[②]。

2.4.1 小商品市场的作用因子

较之其他的专业市场，义乌市场具有自己独特的优势，这是其能不断扩大对周边产业集群影响，进而拉动临近区域对接义乌加入分工协作网络的根源所在。首先是小商品市场的制度优势（X_1）。1982年初，义乌地方政府顶住上级和舆论压力率先制定了"四个允许"的政策，即"允许农民进城、允许农民经商、允许长途贩运、允许竞争（无论国营、集体和

[①] 蒋中意：《联合国的"红榜"称——"义乌市场"全球最大》，《浙江市场导报》2005年8月23日。

[②] 陆立军（2006）最早提出"义乌商圈"的概念，"义乌商圈"指的是国内外所有与义乌市场或企业有着紧密经济联系的经济主体和区域，既包括前向的产业支撑区域，也包括后向的产品销售区域，以及由此形成的区域经济分工合作与交流网络。这些可以纳入"义乌商圈"范畴的经济主体和区域的共同特征是：它们或借助义乌中国小商品城市场这一平台，把自身的产品销往各地；或通过义乌市场，采购来自全国各地乃至国外的小商品。

个体）"，确保了经商户的合法地位和正当权利，这一来自地方领导层的文件成为当时历史环境下的一个大胆制度创新，也使相对固定的市场得以产生。如果说政策的创新只是推动了市场的产生，那么管理上的"划行归市"则推动了小商品市场的快速扩张，即将种类繁多的商品品种按大类分别归口到不同的交易区经营，这使经营同类商品的众多经商户集中竞争，这不仅有助于价格水平和各种商品信息更加透明化，而且迫使批发商想方设法不断提高组织货源的效率和销售商品的档次，从而间接推动了专业化生产基地的出现、升级和转型。同时，实现对商户的分类监管，强化退出机制；对数万家市场经营主体进行信用评价，对有重大侵权违法行为的商户，收回市场商位使用权；对市场销售的注册商标商品进行备案；及时掌握质量情况，对重点商品加大检测力度，禁止不合格商品在市场中销售。这些措施遏制了市场中的机会主义行为。这些制度创新在当时为义乌小商品市场的发展创造了一个相对于其他地方政策更为宽松的"制度特区"，从而为商业资本的迅速积累并向制造业转移提供了便利。

除了正式的制度供给，非正式的"网络组织"（X_3）是义乌具有的另外一个优势，义乌历史上兴盛了上百年之久的专门从事小商品交换的"敲糖帮"在长期的商业实践中形成了较为稳固的分工、协作关系，这使义乌市场的社会信任基础较为坚实。非正式的网络关系有利于人们所具有的隐含经验类知识（经商和生产的经验、市场意识等）在专业市场和产业集群中迅速传播和扩散，从而有效地促进资本、知识和信息的积累。这种独特的区域商业网络关系，孕育了后来跨区域分工协作体系的组织要素。尽管网络组织的相关数据不易获得，但我们仍然可以从相关的问卷调查①结果中侧面反映当地较为稳固的网络关系，如表 2 - 1 所示。

---

① 这是笔者从义乌市场经济研究所拿到的一系列问卷调查数据。该研究所曾在 2011 年对义乌小商品市场的企业和经营户进行了问卷调查，共发放问卷 9000 份，回收有效问卷 6363 份，有效率为 89.1%，其中，对市场经营户发放问卷 6000 份，回收 5360 份，有效问卷 4980 份，有效率为 92.9%；对企业发放问卷 3000 份，回收 1780 份，有效问卷 1383 份，有效率为 77.7%。在对这些数据进行分析的基础上，笔者还于 2011 年暑假投入两个月的时间实地蹲点调查，在义乌市政府的帮助下，深入义乌的市场、企业和乡镇进行实地访谈，获得了大量宝贵的第一手资料。本章所运用数据与材料，均来源于这些问卷调查与访谈结果。

表 2 - 1　市场经营户和生产企业对义乌社会网络关系的评价

单位：%

融洽程度	很融洽	比较融洽	不太融洽	不融洽
受访者占比	18.99	68.26	10.10	1.05

资料来源：根据问卷调查数据汇总统计而得。

关于义乌小商品市场的"交易规模"特征（X_7）。最初的小商品市场分散在廿三里和稠城两个集镇，经过一段时间后，市场的集聚效应逐步显示出来，最终结果是廿三里市场并到稠城市场，此后发展迅猛，截至全球金融危机爆发前的 2007 年[①]，市场交易额已经连续 17 年位居全国专业市场之首。

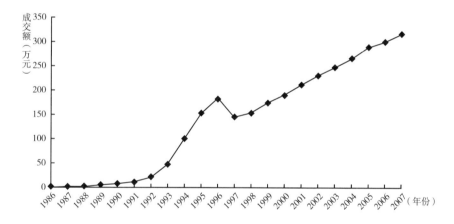

图 2 - 1　1986～2007 年市场年成交额走势

图 2 - 1 仅显示了 1986 年以后的小商品市场成交额的走势，实际上，小商品市场在 1980～1985 年建立最初的几年就有着不俗的表现（见

---

①　特别强调，本书各章案例的数据时间节点大多都选择在 2008 年全球金融危机之前。有必要对此做出说明：几乎所有的专业市场都是以区域之外的需求为主的，因此，比较重大的外部经济危机对专业市场的商品销售容易造成巨大冲击，例如，义乌市场中 64% 的商品是外销的，1997 年和 2008 年的金融危机导致市场成交额增幅比上年出现了较大幅度的回落，这些变化不可避免地通过直接或间接的途径对专业市场辐射圈的各产业造成冲击，因为各区县的主导产业不同，受到的影响程度可能并不相同。因此，笔者选取 2008 年作为时间节点，是为了尽量降低经济异常波动对案例之间进行比较分析的计算结果可能造成的影响。

表2-2），发展速度远远超出浙江全省集贸市场的年平均发展速度，这为市场内商户早期商业资本的积累并转向工业生产打下了重要基础。

表 2 - 2　20 世纪 80 年代初中期义乌小商品市场与浙江全省集贸市场的比较

单位：万元，%

年份	全省集贸市场平均年交易额	义乌小商品市场年交易额	义乌小商品市场发展速度（年增长率）	全省集贸市场年均发展速度（增长率）
1980	86.22	39.2	—	—
1981	88.65	114.6	195.35	2.82
1982	104.15	392.1	242.15	17.48
1983	121.09	1444.0	268.27	16.27
1984	120.17	2321.0	60.73	- 0.76
1985	187.63	6190.0	166.70	56.14

资料来源：陆立军、白小虎、王祖强著《市场义乌》，浙江人民出版社，2003，第 97 页。

市场规模的拓展为经商户集聚更多的信息、客户和赚取商业资本，并为以后转向制造业领域，进而形成与小商品相关的特色产业集群奠定了基础，从图 2 - 2 可以看出，市场规模扩张对集群制造业的拉动作用非常明显。

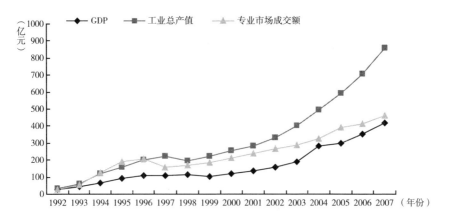

图 2 - 2　义乌 1992～2007 年的 GDP、工业总产值和专业市场成交额

资料来源：历年《义乌统计年鉴》，中国知网社科数值知识元数据库，以及笔者计算。

另一个值得重视的是小商品市场的"产品结构"（X_4），小商品市场经营的产品主要是服装、鞋帽、五金、玩具等各种轻工业产品，种类繁多，便于形成交易领域的信息规模经济、外部规模经济和范围经济，从而确立商品的低交易成本优势（白小虎，2004）。较低的交易成本吸引了越来越多的买卖双方聚集，聚集本身又成为进一步集聚的原因，不断增加的交易者数量创造出专业市场对相关商品的强需求，这是实现产业地方集聚的前提之一。加之小商品总体上对技术要求相对较低，大多具有生产上的规模报酬递增特征。相应的劳动密集型企业在产品上规模之后的边际生产成本很小，这也成为围绕小商品市场形成了许多专业化产业集群的重要原因（见表2-3）。

表2-3　义乌专业市场商品来源中本地产品所占的比重

单位：%

序号	产业	本地所占比重	序号	产业	本地所占比重
1	陶瓷水晶	100.00	15	毛线	64.71
2	相框	100.00	16	装饰工艺	63.72
3	充气玩具	86.76	17	纺织品	63.33
4	旅游品	84.31	18	针棉	61.98
5	镜梳	83.87	19	五金厨卫	61.21
6	饰品配件	83.02	20	花类配件	56.25
7	花类	82.74	21	化妆品	55.70
8	衬衫	82.35	22	箱包	55.36
9	喜庆工艺	76.92	23	小百货	54.65
10	头饰	75.74	24	线带	54.17
11	毛(巾)绒玩具	71.97	25	五金工具配件	54.14
12	伞具	68.75	26	纽扣拉链	53.59
13	针类	68.18	27	日用百货	53.54
14	珠宝首饰	65.68	28	领带	52.63

资料来源：根据问卷调查数据汇总统计而得，本表的数据来自另一份问卷。

义乌市场能发挥强大的带动作用，当然离不开以上提到的因素。不过值得说明的是，任何事物对其他事物的拉动都不是单方面的事情，必然也需要得到被拉动方的配合与呼应。就义乌商圈而言，在义乌小商品市场规模拓展的过程中，除了上面提到的大量小商品市场的经营户和中小企业建立了密切联系外，周边各地的政府也纷纷提出发挥自身优势、"接轨义乌"、"融入义乌"的发展战略。从主观方面来讲，作为微观主体的政府或企业的这些举措皆是在义乌市场所带来的强需求的利益刺激下进行的；从客观效果方面来讲，也加速了义乌与其周边县市的经济一体化进程。

表 2 - 4　周边地区向小商品市场所在地的集中或对接

县（区）	企业	劳动力	政府
义乌市区	全区 2300 多家企业，1/3 的在义乌设立分部	经纪人 351 人，月均加工人数近 3 万人	充分接受义乌市场辐射，主动承接义乌产业的转移
永康市	义乌首届五金电器博览会，永康有 170 多家五金企业过来参加	—	把永康作为五金制造基地，义乌则是五金产品的流通中心和外贸出口地
东阳市	数百家企业在市场设有窗口，涉及产品数千种	在义乌经商的已经有 1 万人，74 个行政村中有 60 个村、63% 的农户从事来料加工	让东阳主动接轨义乌，实现资源互补
兰溪市	600 家企业年产 6 亿条毛巾，50% 通过义乌市场销售，目前在义乌设有摊位的毛巾企业 20 家	25 个乡镇 4 万多人从事义乌的来料加工业	接轨义乌等于接轨财富，实现与义乌的对接，为兰溪的经济发展创造条件
浦江县	水晶、挂锁、衍缝等行业，在义乌市场都设有专摊，10% 的产品直接从义乌销往国外。义乌 30 多家衍缝店中，有 20 家由浦江人经营	在外经商的 3 万人中，在义乌的有 4000 多人	接轨义乌是重要战略举措，希望义乌企业家到浦江办厂，把先进的理念带到浦江
武义县	五金、文教、晴雨伞、体育用品、休闲旅游等通过义乌走向全国	全县 4000 多人从事来料加工	在市场和观念上接轨义乌，打义乌牌，借梯登高，借船出海，借力发展
磐安县	—	全县 1/3 的劳动力，计 3 万人围绕义乌市场从事来料加工业	接轨义乌，与义乌在项目、技术、资金、劳动力等方面实现对接

资料来源：义乌新闻网近年报道。

同时，义乌和周边区域的"历史基础"也为支撑小商品市场的发展和孕育相关的制造业集群提供了良好的土壤。例如，义乌从清乾隆年间就产生了具有一定规模的专门从事手工业产品交换的商人群体，逐渐积累起发展商贸服务业的优势；周边的东阳、永康自古以来就是百工技艺之乡，在小商品制造方面具有其他地方不具备的人力资本和行业技术优势；紧挨着的兰溪是新中国成立以来浙江的工业基地。在地方政府坚持"引商转工、工商联动"的战略带动下，许多经营户依托义乌小商品市场创造的强需求，将积累的商业资本投入制造业，已经形成饰品、拉链、玩具、工艺品、袜业、制笔、无缝服装、化妆品等十多个具有一定优势或者明显优势的产业，并呈现比较明显的产业集聚。

2.4.2　因子主导作用的问卷分析

"义乌商圈"经济发展的最大特点是从小商品市场起步，并一直以小商品市场为龙头，市场不仅是连接工业品生产与消费的一个桥梁或中介，更重要的还在于，小商品市场是义乌及其周边经济发展的发动机，因此，关于专业市场的管理体制（X_1）等方面的探索较早，也较为成熟和完善。问卷调查结果显示，61.7%的经营者认为，义乌的专业市场管理体制发育得很好或比较好，只有6.2%的经营者认为比较差或很差（见表2-5）。

表2-5　对本地专业市场制度供给（X_1）的评价

单位：%

市场管理发育程度	很好	比较好	中等	比较差	很差
比例	15.7	46.0	32.1	4.7	1.5

资料来源：根据问卷调查数据汇总统计而得，同表2-1。

良好的管理和大量的交易需求（X_7）促使大量企业向小商品市场所在地集聚，问卷调查结果显示，74.6%的企业表示，当初之所以在义乌建厂主要是因为小商品市场需求量大，产品销售方便，而并非由于政府优惠的招商引资政策或其他因素（见表2-6）。

表2-6　当初在义乌建厂主要的考虑因素

单位：%

当初在义乌建厂主要的考虑因素	市场需求量大，产品销售方便	市政府的招商政策比较优惠	对义乌比较熟悉，和政府打交道比较好	其他
比例	74.6	8.4	9.6	7.4

资料来源：根据问卷调查数据汇总统计而得，同表2-1。

正如理论部分所分析的，产业集群一旦形成，便会反过来支撑专业市场的进一步发展。产业集群和专业市场之间的互动发展，是义乌小商品市场低价格竞争优势形成的重要原因之一。应该说，义乌小商品市场之所以能连续十几年保持全国同类市场交易额的领先地位，当地和周边地区优势产业的支撑功不可没；没有强大的产业集群，就没有繁荣稳定的专业市场。二者互为依托、相辅相成，使一个地区产业发展同时获得销售上的规模经济和生产上的规模经济双重效应，从而进一步促进了集群整体的规模扩张、绩效提高和产业升级。问卷调查结果也显示，小商品市场与当地产业集聚的密切程度较高（见表2－7）。

表2－7　小商品市场与当地产业集聚的密切程度

单位：%

市场与区域产业集聚的影响程度	高	较高	较低	很低
比例	16.2	59.9	20.7	3.2

资料来源：根据问卷调查数据汇总统计而得，同表2－1。

关于专业市场的商品来源结构（X_4）对周边区域经济的带动。问卷调查结果表明，义乌小商品市场中有33.3%的商品来自义乌及其周边地区，有22.3%的商品来自浙江省其他地区，有39.9%的商品来自浙江以外的全国其他地区，有4.5%的商品来自国外（见表2－8）。借助义乌小商品市场这一平台，这些来自国内外的小商品又销往世界各地。问卷调查统计结果显示，其中有20.0%的商品销往浙江省内，有42.3%的商品销往浙江省外的全国其他地区，有37.7%的商品销往国外（见表2－8）。这说明，义乌小商品市场内的企业和经营户通过专业市场中的商品供给、销售、运输等手段对市场资源进行强有力的配置，义乌小商品市场的集聚功能和辐射功能变得很强，对全国各地生产者的支撑作用非常明显。全国各地的许多企业基于本地比较利益的考虑参与分工，组织生产，其产品通过义乌小商品市场销往全国及世界各地。

表 2 – 8   市场经营商品的主要来源和去向

单位：%

类别	义乌	义乌周边地区	浙江其他地区	华东地区	全国其他地区	国外市场
市场经营的商品主要来源比例	16.7	16.6	22.3	5.6	34.3	4.5
市场经营的商品主要去向比例	3.2	9.3	7.5	2.8	39.5	37.7

资料来源：根据问卷调查数据汇总统计而得，同表 2 – 1。

义乌小商品市场形成的这种巨大的覆盖全国、辐射全球的商品营销网络带动了周边地区企业集群的发展。一方面，各种原辅材料和生产要素借助义乌小商品市场的网络实现了充分高效的流通，使资源的配置效率大为提高；另一方面，同样借助小商品市场所提供的共享式销售网络平台，企业生产出来的各种小商品又源源不断地销售出去。调查统计结果显示，义乌及其周边地区 45.4% 的企业所用原材料及配件是从义乌市场采购的，它们对义乌市场作为国内外小商品生产原辅材料采购中心的认同感也比较强（见表 2 – 9、表 2 – 10）。

表 2 – 9   企业原材料及配件主要采购地

单位：%

企业原材料及配件主要采购地	义乌市场	浙江其他地区	华东地区	全国其他地区	国外
比例	45.4	23.7	13.2	16.2	1.5

资料来源：根据问卷调查数据汇总统计而得，同表 2 – 1。

表 2 – 10   对义乌市场是国内外小商品生产原辅材料采购中心的认同程度

单位：%

对义乌市场是国内外小商品生产原辅材料采购中心的认同程度	认同	比较认同	不认同
比例	35.5	49.1	15.4

资料来源：根据问卷调查数据汇总统计而得，同表 2 – 1。

义乌小商品市场发展到现阶段，正在由过去单一的商品交易向商品展示、信息汇集、价格形成、产品创新等方向（X_6）拓展，吸引了大量的国外客商，进一步为地区的专业化生产提供了需求上的保证。因此，这使广大民营中小企业能够依托义乌小商品市场，以国际贸易的形式参与国际分工和国际竞争，走以出口贸易为主导的国际化道路。调查统计显示，76.4%的国内民营企业认同或比较认同义乌小商品市场是企业走向国际化的重要载体，而只有4.8%的民营企业不认同（见表2-11）。

表2-11 对义乌市场是国内民营企业国际化重要载体的认同程度

单位：%

义乌市场是国内民营企业国际化重要载体的认同程度	很认同	比较认同	不太认同	不认同
比例	17.7	58.7	18.8	4.8

资料来源：根据问卷调查数据汇总统计而得，同表2-1。

义乌小商品市场是在较为宽松的政策环境中，通过较为充分、自由的竞争而发展起来的，因此，及时反映商品和投资需求变动的能力（X_6）也比较强，加之"义乌商圈"的经济是以个体、私营企业为基础，二者的共同作用使得商圈内的企业能够以市场为导向及时调整生产。问卷调查结果显示，72.6%的经营者认为小商品市场反映需求和投资变动的能力很强或比较强，对他们调节产品的生产起了重要作用，只有27.4%的经营者认为小商品市场反映需求和投资变动的能力很弱或比较弱（见表2-12）。

表2-12 小商品市场调节生产和投资的能力

单位：%

市场调节生产和投资的能力	很强	比较强	比较弱	很弱
比例	12.2	60.4	23.2	4.2

资料来源：根据问卷调查数据汇总统计而得，同表2-1。

前面的理论曾指出，专业市场的发展较快，会吸引大量的企业向市场所在地集聚，给基础设施、城市管理等带来压力，从而产生集聚不经济，这一点从以下的问卷调查中得到了印证。问卷调查结果显示，因为小商品市场交易需求（X_7）的迅速扩张，义乌生产要素的价格，尤其是房租和水、电、气等成本较高。表2-13显示，75.5%的被调查者认为义乌房租成本很高或比较高，63.4%的被调查者认为义乌水、电和气成本很高或比较高。适度的商务成本，反映了区域投资供应和经济竞争能力的增长，可以推动区域经济总量上升；而过高的商务成本则导致区域投资供应和竞争力下降①，从而迫使生产商将投资转移至其他地区。

表2-13　要素成本上升对厂商生产转移的影响程度

单位：%

程度 生产要素成本类型	很高	比较高	中等	比较低	很低
人力要素成本 （指工人、管理人员工资）	8.5	27.3	51.6	9.1	3.5
房租成本	32.7	42.8	20.6	3.1	0.8
水、电和气成本	20.6	42.8	32.8	3.3	0.5

资料来源：根据问卷调查数据汇总统计而得，同表2-1。

其他的如信息网络设施与服务（X_2），主要涉及信息采集、处理、发布等计算机信息网络服务，以及在全球性的公共网络上发展商务服务等。通过多年的探索，义乌小商品市场的企业和经营户创造出电子商务的"义乌模式"。早在1998年5月，义乌就在全国率先开通了中国小商品信息库——"商城信息"网站；随后，在2000年10月，又开通了集信息发布、搜索引擎、在线交易服务于一体的电子商务平台——"中华商埠网"，并推出了招商银行"一卡通"的网上支付体系和其他网上支付方式，为进场交易的市场经营户提供了宽带高速上网的最优化服务，初步实现了"义乌小商品，一网通天下"的目标，被广大经商户誉为"网上永不落幕的国际小商品博览会"。通过网络成交的大部分是外贸出口业务，许多小商品已通过网上交易这一平台走出了国门。问卷调查结果显示，有

---

① 这从义乌这个小小的县级市却屡屡成为全国楼市热点的现象中可见一斑。近年来，义乌多次出现高价楼市事件，就在2011年的8月11日，义乌诞生总价72.19亿元的地王，震惊全国，瞩目于业界；在更早的2011年6月15日，义乌一宗宅地因为39545元/平方米的全国宅地楼面价纪录而爆得大名。义乌是整个浙中地区的"价格高地"，市区房价普遍在20000元/平方米以上，远远高于地级市金华市。

79.5% 的经营户认为本地现有的信息网络设施与服务能或基本能够满足公司发展的需要；而只有 20.5% 的经营户则认为不能（见表 2-14）。

表 2-14　小商品现有信息网络设施与服务能否满足公司发展需要

单位：%

本地现有信息网络设施与服务能否满足公司发展需要	能	基本能够	不能
比例	22.3	57.2	20.5

资料来源：根据问卷调查数据汇总统计而得，同表 2-1。

在义乌，行业协会或商会（X_3）也在日益完善，调查显示，已经有 63.1% 的经营户认为本地市场的行业协会或商会很完善或较为完善（见表 2-15）。

表 2-15　小商品市场行业协会或商会的完善程度

单位：%

小商品市场行业协会或商会完善程度	很完善	较为完善	不完善	无此类组织
比例	9.8	53.3	28.5	8.3

资料来源：根据问卷调查数据汇总统计而得，同表 2-1。

甬金高速和金丽温高速公路的建成，大大缩短了义乌通过海港走向世界的"时空距离"，可以说为义乌增加了两个更为便捷的"出海口"；而且，浙赣铁路移线工程的成功实施，不仅使交通环境大为改善，也拓展了城市的发展空间。但是，要使义乌小商品市场从商品交易的场所转变为商品配送的中心，并且建设成为国际小商品物流中心，还必须进一步提高物流业的效率。问卷调查结果显示，尽管有 53.9% 的经营户认为目前义乌小商品市场物流的效率很高或比较高，但也有 46.1% 的经营户认为物流效率一般或很低，甚至没有效率（见表 2-16）。

表 2-16　对本地服务和商品的物流设施效率的评价

单位：%

本地服务和商品的物流设施的评价	效率很高	效率较高	效率一般	效率较低	没有效率
比例	13.4	40.5	39.9	4.8	1.4

资料来源：根据问卷调查数据汇总统计而得，同表 2-1。

　　以上便是问卷的调查结果。任何的理论分析和计量回归都没有众多直接来自经济实践第一线的微观主体的回答更有说服力，这是一个不争的事实。因此，从上面的分析结果不难看出，迅速成长的小商品市场随着自身功能不断创新、商品档次和交易方式规模容量不断提升，在引导商品、商人、市场和企业走向国际，带动周边区域经济发展中起了重要作用。我们将在以下部分更加一般性地针对专业市场的主导作用深入、具体地展开讨论。

第3章
专业市场与产业集群的关系

从本章开始，我们具体展开前述的作用机理论述。前文提到，在交易方式专业化和交易网络设施共享的基础上，专业市场的优势在于形成了交易领域的信息规模经济、外部规模经济和范围经济，从而确立商品的低交易成本或高交易效率优势。较低的交易成本吸引越来越多的买卖双方聚集，聚集本身又会成为进一步集聚的原因，不断增加的交易者数量创造出专业市场对相关商品的强需求，这是实现产业地区集聚的重要前提。不过，事物的形成往往不是单一原因促成的，就产业集群的形成而言，若要做出详细的解释还要求我们把专业市场的强需求与其他的影响因素结合起来。在此基础上，完整的分析还应对现实中专业市场和产业集群之间令人困惑的几种关系①做出解说。本章涉及的作用因子为专业市场的商品结构（X_4）、主体结构（X_5）和交易需求（X_7）。

3.1 专业市场推动产业集聚

产业集聚是众多微观主体在特定空间上表现出的一种收益最大化行为。虽然专业市场的低交易成本给交易双方创造了获利空间，但是，商业

---

① 笔者通过近几年对现实经济的观察，发现一种令人颇感困惑的现象：看上去经济发展条件相同或相似的区域，发展的结果却迥然不同。有些地方专业市场和产业集群相互促进；有些地方二者在初期呈良性发展，后期则陷于式微；有些地方专业市场的规模很大，却很难形成规模化的产业集群；有些地方具有有特色的产业集群，却没有专业市场的带动。这些现象背后的原因究竟是什么？迄今尚未引起学术界大范围的关注和讨论，笔者在这个问题上曾做过一些抛砖引玉的分析，参阅拙作《专业市场与产业集群互动：浙江案例》，《经济学家》2009 年第 8 期。

上的获益并不能保证生产上的获益，要促成在专业市场的周围形成产业集群，微观主体仍需受到一些其他方面的利益诱惑。如果我们仔细审视现实经济中专业市场和产业集群兼具的区域，则会发现它的一大特点——市场中交易的商品大多具有生产上的规模报酬递增特征。例如，在专业市场比较集中的浙江省，其经营的产品主要集中于服装、鞋帽、五金、玩具等各种轻工业产品领域，相应的劳动密集型企业在产品上规模之后的边际生产成本很小。

专业市场低交易成本所带来的强需求和交易商品在生产上的规模报酬递增一旦被市场中的商户所察觉，出于追逐更多利润的目的，它们便会把积累的商业资本逐渐转向工业生产。由于空间运输成本的存在，商户或企业主们会首先将生产选择在接近市场的区域，于是，当越来越多的商业资本与当地劳动力结合，围绕专业市场的产业集聚区就慢慢形成。例如，近10年来，义乌本地的企业中，涌现出许多国内外同行中的佼佼者，如梦娜、新光、能达利、浪莎、真爱、伟海等集团公司。它们在发展初期大都得益于义乌小商品市场的平台和窗口作用，以较低的交易成本与各地客商建立了商贸合作关系，正是依托这些合作关系，企业的生产规模才不断扩大。追根溯源，小商品市场作为公共交易平台所提供的强需求和小商品在生产上的规模报酬递增特性，是许多产业集聚区企业成长的关键条件。在产业集聚区，企业可以共同利用基础设施，减少分散布局所需的额外投资，节省相互间物质运输和信息流的费用。同时，同行业的地理集中有助于促进区域技术创新、人力资本积累以及企业间的相互合作与竞争，从而形成较大的规模。这种由产业集聚所带来的企业在生产规模和成本上的优势，促使其向专业市场输送低价格的商品，于是二者之间形成了一种正反馈循环①。

如果某产业是规模报酬递减的，则意味着边际机会成本上升，假设专业市场规模扩张带来需求的一个增量，除非市场价格上升才会有额外的本

---

① 这种正反馈循环也可以通过图3-1近似地解释。一方面，需求的扩大（表现为需求曲线的右移）推动产业集群实现了专业化生产；另一方面，专业化生产降低了产业集群的产品成本（表现为供给曲线的右移），进而使商品价格下降，反过来扩大了专业市场的需求。

地供给。如果市场价格没有提升，本地企业就不愿多生产，企业主将会考虑把资本投向利润更多的行业，那么额外的需求只能由其他在生产上具有比较优势的地区供给满足，这自然在专业市场周围不会形成专业化的产业集聚。即使我们进一步假定其他地区的边际生产也是上升的，价格也会随着需求的增加而提升。考虑到运输成本，其他地区供给价格的提升使本地商品价格也会在均衡中提升，于是专业市场需求增量的一部分由本地供给满足，另外一部分由其他地区供给满足。也就是说，在规模报酬递减的经济中，专业化的产业集聚不会在专业市场周围产生。

以上实际上指出了产业集群形成的两个前提，在此之下的具体形成过程还不甚清楚。下面通过一个简单模型，把这个过程揭示出来。在讲述模型之前，我们有必要重申产业集群的重要特征之一是企业间的分工协作，而分工的前提是需要一定的市场规模。现在假定某区域生产某种最终产品 D_0，根据经验，工业产品的生产可以通过两种方式进行：一种是 D_0 从原料到成品的所有环节都在企业 A_1 完成，在这个过程中企业 A_1 不与其他企业发生联系，完全是企业的内部纵向一体化生产；另一种是 D_0 由多家企业协作完成，每家企业专注于其中的一个或几个环节，整个生产过程中企业 A_1 与其他企业发生着频繁密切的联系。很显然，前者属于是传统的生产方式，哪怕以此种方式从事 D_0 生产的企业再多，严格来讲也不能被称为产业集群；而后者是具有效率优势的分工生产，如果在该区域有越来越多的企业加入 D_0 的生产协作，便可以将这种区域内企业集聚现象称为产业集群。可现在的问题是，对于最终产品 D_0 的大规模需求由谁来提供，

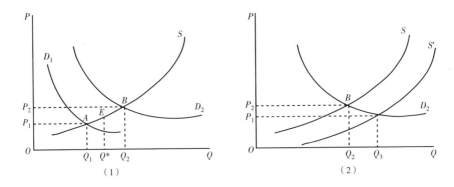

图 3 - 1　需求集聚促成的专业化生产

当 D_0 的市场需求很小时，对于其零部件加工的需求也会很小，所有的相关企业的生产规模达不到某一门槛值，就无法产生足够大的规模经济效应，以至于单位企业协作行为的成本很高，甚至出现成本大于销售收入的情况，这时就不满足赢利的目标，所以，专业化生产企业就不会产生，产业集群也不会产生。

图 3－1 中 S 曲线就代表了与专业化生产中间产品 D_1 的供给函数相对应的边际成本曲线[①]。与 E 点对应的产量 Q^* 就是"需求门槛"，即正好能收回投入生产的全部可变成本的产量规模。图 3－1－（1）中 D_1 代表的中间产品 D_1 的需求曲线与 S 曲线相较于 A 点，显然与 A 点对应的产量 $Q_1 < Q^*$，也就是生产最终产品 D_0 的企业 A_1 对中间产品 D_1 需求规模不足以使专业化生产中间产品 D_1 的企业盈利。所以，此时，企业 A_1 只能附带生产中间产品 D_1，以满足自身生产最终产品 D_0 过程中对中间产品的需求。

假设 A_1 企业所在地建起了一家专门从事 D_0 产品批发的专业市场。贸易的空间集聚导致更大区域内的需求集聚到专业市场，使企业 A_1 面对一个辐射半径和市场容量巨大的销售网络，这无疑有利于该企业迅速扩大生产规模。企业 A_1 生产规模的扩大引起对中间产品 D_1 需求的扩大，从而使专门创办一家为该企业提供中间产品 D_1 的生产企业 B_1 成为可能。图 3－1－（1）中的中间产品 D_1 的需求曲线从 D_1 的位置移动到 D_2 的位置反映了专业市场的需求集聚效应。需求集聚使得需求曲线与供给的边际成本曲线的交点从低于最小规模 Q^* 的 A 点移动到高于最小规模 Q^* 的 B 点，这就意味着这个需求集聚的过程使该中间产品 D_1 的专业化生产突破了"需求门槛"这一规模底线，从而使从事中间产品 D_1 的专业化生产有利可

[①] 我们分析的要点在于找出最低专业化生产技术条件下生产的最低产量规模，就是"需求门槛"，该门槛值对应于经济学的规范分析中的停止营业点，也即边际成本等于平均可变成本的点。图中 3－1 S 曲线即在最低专业化生产技术条件和短期（固定资本投入不变）及完全竞争假设条件下，追加可变成本引起的边际成本变化曲线。停止营业点 E 点以上部分（与大于等于 Q^* 产量水平相对应）的边际成本曲线就是供给曲线。只有在市场需求规模大于最低产量规模 Q^* 时才存在专业化生产技术改进（增加固定资本投入，改变最优固定资本投入与可变资本投入比率）以及供给曲线向右下方移动的现实可能。而这种供给曲线的向右下方移动是专业化产业区企业长期生产中的最普遍现象：由于专业化生产和分工深化而带来更进一步的成本结构和水平的变化。这里分析的问题是需求集聚是如何使专业化生产超过最低产量规模 Q^* 而有利可图的。

图。面对新的需求状况，进行这一专业化生产与按照原先企业 A_1 内部纵向一体化方式进行生产相比，生产效率大大提高，生产成本大为下降。

综上，我们可以理出一个比较完整的专业集群形成的逻辑链。因为专业市场的规模交易特征，单靠企业 A_1 并不能满足市场对最终产品 D_0 的需求，此时会有同类企业 A_2，……，A_n 的加入；最初为了追求生产效率和生产规模的扩大，生产 D_0 的 A 类企业逐渐将生产环节或工序标准化为中间产品 D_1，但随着专业市场需求的持续扩张，D_0 生产规模的不断扩大，对中间产品 D_1 的需求也迅速扩大，这种规模需求可能早已越过企业间分工生产所要求的某一规模经济"门槛"值，此时无暇兼顾和追求更大利润的 A 类企业便会有意将 D_1 的生产分包出去，于是一个专门生产 D_1 的 B 类企业便应运而生；依此类推，不断扩张的专业市场继续推动生产中间产品 D_2，……，D_m 的 C 类，……，M 类企业的出现，使得专业市场所在区域最终形成一条完整的产业链。因此，贸易集聚不仅吸引更多企业加入生产最终产品 D_0，而且可以推动产品的生产方式发生转变，由企业个体纵向一体化的传统生产转向企业群体大规模高效率的分工协作生产，随着在专业市场周围生产最终产品 D_0 以及与其相配套的上游产品的企业不断增多和集聚，最终形成一个集聚了大量生产产品 D_0 以及与其相配套的上游产品的企业的产业集群区。

3.2　三种关系模式假说

由上可见，专业市场推动了产业集群的形成，那么，随之而来的问题是，这种关系是否一直延续下去？后者对前者又会产生什么影响？[①] 本节就这一问题进行深化和扩展分析，并由此引出三种关系模式假说，以回答现实观察中的困惑。首先，我们继续考察专业市场。本书多次强调，传统

---

① 迄今为止的哲学思辨史提示我们，由甲事物带动衍生出的乙事物一旦获得形式上的独立，往往就不会再完全受到前者的操纵或摆布，反而在一定程度上会对前者产生反作用。具体到经济现象的研究，专业市场和产业集群分属于商业和生产的不同形态，二者在实际中的制度、主体和行为方面存在很大程度的差异。因此，可以合理地推测，二者间的关系也并非单向的。我们可以由此引出下文的分析。

意义上的专业市场是一种以现货批发为主，集中交易某一类商品或者若干类具有较强互补性或替代性商品的场所，是一种大规模集中交易的坐商式的市场制度安排。因此，专业市场的形成有赖于商品与交易的专业化程度以及市场的制度安排。由此，我们可以将专业市场的存在和扩张归结为专业禀赋与市场制度两个影响因子的作用。所谓专业禀赋主要涵盖了商品的专业化程度、竞争的专业化程度及交易的专业化程度等。商品的专业化程度，即经营商品种类的专业性或专门性，要求专业市场集中交易某一类商品或者是以某一类商品为主，譬如，国家颁发的商品管理目录中的二级目录以下的同一种商品。竞争的专业化程度要求专业市场中商户的数量必须达到一定的规模，接近于一个完全竞争的市场。交易的专业化程度则主要体现在专业市场主要以批发为主，兼营零售。就市场制度因子而言，形成专业市场的制度性标志有两个，一是交易自由，二是法治秩序。专业市场所在区域政府部门若能因地制宜，建立起健全的市场制度和公平诚信的交易环境，那么市场所在区域就更具吸引力，专业市场就容易形成并持续发展。

接下来，我们来看产业集群。如前所述，就产业集群而言，众多的微观主体在特定空间范围的集中在很大程度上也是集群共同的经济利益驱动使然。那么，集群的经济利益还来源于何处呢？古典区域经济理论认为：丰裕的要素禀赋、相对低廉的运输成本与劳动力成本、便利的交通和丰富的自然资源是工业集聚的重要因素，换言之，要素禀赋的丰裕度是产业集群形成的重要条件。然而，古典区域理论认为，产业的空间秩序是先天形成的，属于外生变量，这就使其理论研究脱离了制度、社会、文化、历史等区域产业制度层面的因素[①]。事实上，区域的制度供给明显对产业的空间布局起到了至关重要的作用。因此，笔者将产业集群的影响因子归结为集群自身内源性的产业禀赋和产业制度两个维度。所谓产业禀赋因子是相对于产业集群的产业制度因子而言的，该范畴涵盖了集群内所有非制度的内源性因子，主要包括集群所处区位的要素禀赋与经营禀赋等条件。要素

---

① 传统的产业集群演进理论对产业集群演化机理的研究基本都借助于外生因素来加以解释，甚至将内生因子外生化。如此一来就使其理论缺乏微观基础，从而不能很好地解释企业的区位选择问题。

禀赋涵盖了区位的生产要素、地理环境等条件；经营禀赋则指向区位的生产者，即集群内企业基本围绕统一产业，或紧密相关产业，或有限的几个产业从事产品开发、生产和销售等经营活动。就产业制度因子而言，区域内形成产业集群之前的初始制度存量是区域内交易制度演进的起点，而区域制度供给则是产业集群赖以形成并持续发展的根本保障。如果集群所在地政府部门能提供优良的公共物品，建立起健全的法制，公平诚信的创业环境、就业环境和市场竞争环境等有利的制度保障，那么集群区域不仅消除了进入障碍，而且区域内还存在更多的获利机会，如此一来，区域对企业就更有吸引力了，该区域就获得了形成产业集群的向心力。显然，就制度属性层面而言，前面的市场制度与这里的产业制度均存在相似的演进机制，即二者的初始制度存量是演进的逻辑起点，而所在区域当地政府的制度供给将会促使区域内市场制度的进一步演进。

引入上述影响因子后，接下来我们分析相关因子的作用机理，进而为后文 2×2 交互模型分析奠定基础。为了将问题空间约化在专业市场与产业集群的二维度量以内，我们假定二者互为外环境集，从而抽象掉其他外生影响因素，并假定区域总投入处于某一约束水平，不考虑区域投入不虞匮乏的状态①。

基于上述假定，我们引入如下解释变量。

产业集群（C）影响因子：产业禀赋因子（E_1）和产业制度因子（I_1）。

专业市场（M）影响因子：专业禀赋因子（E_2）和市场制度因子（I_2）。

考虑产业集群与专业市场的互动关系后，二者不仅受到各自影响因子的作用，还受到对方相关因子的作用。换言之，二者的互动关系表现为相关影响因子的交互作用。基于上述分析，我们可以将二者的交互作用关系表述为如下笛卡尔乘积形式。

---

① 上述假定源于这里致力于产业集群与专业市场二者之间的互动分析框架，就其他外在影响因素的考察不在本书的研究范围之内。此外，基于区域经济行为的理性假设，即便是区域投入不虞匮乏的状态，若能采取基于匮乏状态的理性选择，也必然能赢得更多的区域经济利益。

$$C \times M = \{(E_1 E_2), (E_1 I_2), (I_1 E_2), (I_1 I_2)\}$$

相应笛卡尔乘积元素的含义分别为：$E_1 E_2$，产业禀赋与专业禀赋的相互作用；$E_1 I_2$，产业禀赋与市场制度的相互作用；$I_1 E_2$，产业制度与专业禀赋的相互作用；$I_1 I_2$，产业制度与市场制度的相互作用。

由此，二者在交互作用条件下的区域总收益将取决于各自影响因子及其交互积 C × M 综合作用的结果。下面我们分三种情形来讨论二者的互动机理。

情形 1：产业集群与专业市场均处于增长状态，为 $MR_1 > MC_1$ 且 $MR_2 > MC_2$ 的情况[①]，即对二者的边际投入均小于其带来的边际收益。此时，二者通过微观因子的相互交换、渗透而相得益彰。具体表现为各自禀赋的相互补给（$E_1 E_2$）、各自禀赋与制度的相互支撑（$E_1 I_2$、$I_1 E_2$）以及各自制度的相互扶持（$I_1 I_2$）等互动作用实现了二者各自收益的增加，从而促进区域总收益的增长。显然，在该情形下区域应对产业集群与专业市场均采取积极发展的策略。最终，专业市场与产业集群在该区域得以并存。该情形为区域经济增长中产业集群与专业市场共生并相互促进的现象给出了一种理论解释。

情形 2：产业集群与专业市场均处于萎缩状态，为 $MR_1 < MC_1$ 且 $MR_2 < MC_2$ 的情况，即对二者的边际投入均大于其带来的边际收益。此时，二者的禀赋与制度因素相互弱化，均呈现每况愈下的境地。退出既定产业与市场至少可以规避投入损失，而开辟新的可带来正收益的项目将使区域总收益增加。因此，在该情形下，应对既定产业集群与专业市场均采取果断退出的策略。

情形 3：产业集群与专业市场其中一个处于增长状态，另一个处于萎缩状态，即 $MR_1 > MC_1$ 且 $MR_2 < MC_2$，或 $MR_2 > MC_2$ 且 $MR_1 < MC_1$ 的情况。此时，我们可以通过萎缩者对增长者的转移支付来实现区域总收益的增加。这一转移支付过程对应于笛卡尔乘积 C × M 各元素内部相关禀赋与制

① 这一情形符合 Edgeworth 盒状图的分析框架。我们以二者的初始状态作为 Edgeworth 盒状图的禀赋点，依据上述假设，二者此时尚未达到 Pareto 最优状态，存在 Pareto 改进的可能。我们可以通过二者的相互交换来实现这一 Pareto 改进，从而促使区域总收益得以增加。

度因子的相互转换作用。具体而言，当 $MR_1 > MC_1$ 且 $MR_2 < MC_2$ 时，对产业集群采取扩展策略而对专业市场采取收缩策略；反之则采取相反的策略。该情形解释了区域经济发展过程中出现的只存在专业市场或只存在产业集群的现象。

上述影响因子的分析相对抽象，为了形成一个相对简洁直观的分析架构，我们引入图 3 - 2 所示的交互象限来进一步探讨。图 3 - 2 中 C（E_1，I_1）、M（E_2，I_2）分别为内嵌了各自影响因子的产业集群与专业市场的综合表征量，而 " + "" - " 两个度量则分别测度了产业集群与专业市场增长与萎缩的两种状态属性，其具体度量值由前文所述各自影响因子及其笛卡尔乘积 C×M 综合作用的结果加以确定。

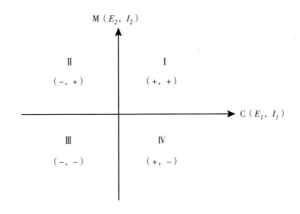

图 3 - 2　交互象限分析

图 3 - 2 中第 I、III 象限为同向状态属性的交叠，其中第 I 象限中交互值（C，M）∈（ + ， + ），为正向交叠，表明二者均处于增长状态，可以通过相互交换、渗透来实现二者各自收益的不断增加，形成良性互动。对应于情形 1，我们不妨称之为优势互动情形，此时应对二者均采取积极发展的策略。相反，第 III 象限中交互值（C，M）∈（ - ， - ），为负向交叠，表明二者均处于萎缩状态，二者相互弱化，形成劣势互动。对应于情形 2，我们称之为劣势互动情形。此时，对二者的投入均得不偿失，应果断退出，转而开发新的盈利项目。

第 II、IV 象限为异向状态属性的交叠，交互值（C，M）∈（ - ， + ）

或（＋，－），即二者其中之一处于增长状态，而另一个处于萎缩状态。对应于情形3，我们不妨称之为优劣互动情形，此时我们可以通过退出处于萎缩状态者，同时扩展处于增长状态者的策略来实现区域总收益的增加。

基于上述分析，我们归纳得出表3－1所示三种专业市场与产业集群的关系模式。

表3－1　产业集群与专业市场的互动演化模式

		专业市场	
		＋	－
产业集群	＋	产业集群与专业市场共生	有产业集群无专业市场
	－	有专业市场无产业集群	——

模式1：专业市场与产业集群共生。在该模式下，二者均处于增长状态，区域特色产业集群为专业市场提供产业基础，反过来，专业市场为区域特色产业集群提供了资源配置的内在机制与产品辐射网络，二者通过相互作用扬长避短，实现各自收益的不断增加，形成良性互动。

模式2：有产业集群无专业市场。该模式表明产业集群处于增长状态，而相应专业市场处于萎缩状态。基于区域经济利益的权衡，既定专业市场将最终消亡而只存在产业集群。

模式3：有专业市场无产业集群。此模式表明专业市场处于增长状态，而产业集群却处于萎缩状态。最终，在总收益的驱动下，区域将退出既定产业集群而只发展专业市场。

至此，我们基于2×2交互模型分析框架论证了产业集群与专业市场的关系。大致可以归纳出的结论为以下几点。①如果产业集群与专业市场的交互值（C，M）∈（＋，＋），即二者均处于增长状态，形成优势互动情形；此时产业与市场互为依托，相得益彰。②如果产业集群与专业市场的交互值（C，M）∈（－，－），即二者均处于萎缩状态，形成劣势互动情形；此时产业与市场相互弱化，对二者的投入均得不偿失。③如果产业集群与专业市场的交互值（C，M）∈（＋，－）或（－，＋），即二者其中之一处于增长状态，另一个处于萎缩状态，形成优劣互动情形；

此情形下两者在区域经济利益的驱动下，最终优胜劣汰。

上述结论的现实指导意义在于，我们实质上将区域产业集群与专业市场的互动演化划分为（+，+）、（-，-）、（+，-）或（-，+）这几种情形，决策者只需根据二者所在区域相关影响因子的度量，判断出两者交互值处于某一情形后，就能相应做出决策。①产业集群与专业市场处于优势互动情形时，对二者均采取积极发展的决策，实现二者优势互补，促进区域经济持续稳定增长。②产业集群与专业市场处于劣势互动情形时，对二者均采取果断退出的决策，规避损失，转而开发新的盈利项目。③产业集群与专业市场处于优劣互动情形时，则应采取退出处于萎缩状态者，而扩展处于增长状态者的决策，以实现区域总收益的增长。这些分析为决策者提供了一个理性决策的基本方法：在做出决策前，首先收集相关数据对产业集群与专业市场的影响因子进行测度；其次基于交互象限分析确定二者的优劣属性；最后基于二者的交互结果参照上述结论选定最终决策。

3.3　进一步的补充分析

第 2 节从理论上初步回答了市场和集群演进的几种可能情形，但出于篇幅和平衡章节内容的考虑，笔者以上的论述存在两个不足：一是对专业市场萎缩原因及其对区域经济负面影响的讨论不足，前面的分析更多的着重于专业市场的良性发展和对区域产业的正面带动方面；二是并未深入涉及微观主体行为的分析，三种关系模式的结论是通过抽象度较高的偏向宏观层面的分析而得出，诚然，抽象分析可以使我们迅速地把握事物总体变化的可能趋势或走向，却难以回答是什么样的微观主体行为变动导致这种趋势，就政策制定而言，具有微观逻辑支撑的宏观结论或许更有指导价值。下面的讨论将力图避免以上不足。

众所周知，在区域发展的初始阶段，专业市场中的商品具有很大的同质性，在种类和技术特点上差别不大，也就是说，商品结构（X_4）是非常单一的，专业市场中的经营者也多是一些处于早期创业阶段的商户或企业，各自的实力相当，就是说从主体结构（X_5）看，具有较强市场势力的企业尚未出现，市场彼时类似处于经济学所界定的最原始的初级竞争阶段。不过，伴随着专业市场的规模扩张和相关产业企业规模的壮大，商户与商户之间、企业与企业之间的竞争将变得更为激烈，此时的专业市场往往因此发生以下两方面的变化。

变化之一是专业市场内的商品甄别难度增加。为获得同类产品的市场竞争优势，企业不断提高自身产品的技术含量，而在产品质量信息方面处于劣势的消费者或采购商对有着诸多不确定性的产品则难以进行有效甄别。阿克洛夫（Akerlof，1970）特别强调质量的不确定性是市场机制发挥作用的重要障碍。在质量不确定且对消费者来说难以甄别的情况下，卖家比买家显然拥有更多的信息，两者之间的信息是非对称的。买者唯一的办法就是压低价格以避免信息不对称所带来的风险损失。买者给出的过低价格使卖者不愿意提供高质量的产品，从而使低品质充斥市场，高质品被逐出市场，这进一步降低买者对专业市场的商品需求，最后导致市场萎缩。

我们来简单说明这一点。假定专业市场中的商品质量存在差异且高质量商品需要付出更多的生产成本，进而质量越低，市场均衡价格越低，那么在信息充分时，商品可以根据质量分别定价，高质量商品定价 P_A，低质量商品定价 P_B，且 $P_A > P_B$，因为信息充分，买者根据质量自然接受不同的定价，交易也容易达成，此时市场正常运行。而在信息不对称条件下，买者并不能事先对商品质量做出判断，故而不能接受差别化定价，只愿意给出统一的价格，即买者根据若干次购买体验而对市场中高质量商品的存在概率形成一个预期，进而形成对市场总体商品质量的判断，并据此调整与目标商品相对应的购买价格。假定最初买者对专业市场中高质量商品的概率估计为 a，那么低质量商品的概率则为 $1-a$，于是在买者心目中会形成一个加权的市场价格 $P = P_A \cdot a + P_B \cdot (1-a)$。很显然，$P_B < P < P_A$，即这一预期加权价格高于低质量商品 B 的市场均衡价格 P_B 而低于高质量商品 A 的市场均衡价格 P_A，买者就是根据这个预期的加权价格进入市场交易的。例如，在交易之前，如果买者对市场上高质量与低质量商品的概率预期各为50%，那么，买者在购买时会将专业市场内的所有商品都视为"中等"质量，根据消费行为理论，买者也将会给出一个相应的心理价位。不难推测，买者对总体商品质量的评价越低，愿意支付的价格

就越低。因此，在不完全信息条件的市场价格水平 P 上，高质量商品的卖者愿意出售的商品量将减少，或者是一部分高质量商品的卖者将退出市场，进而导致市场中高质量商品所占的比重减少；同时，对低质量商品而言，此时价格高于完全信息下的价格水平，这将吸引一部分低质量商品的卖者进入市场，进而提高低质量商品的销量，由此将进一步导致买者向下调整对市场中总体产品质量水平的概率预期判断，即该市场的产品越来越差，故而所形成的总体加权价格继续降低，于是市场进入对高质量商品的第二轮"驱逐"，……如此反复，低质量商品充斥市场。由此可见，由于信息不对称，专业市场上高质量的商品被低质量的商品驱逐出市场，从而导致专业市场上次品、假冒伪劣产品盛行，市场被"柠檬问题"所困扰。

不过，问题的真正严重性并不是低质量伪劣产品的盛行，而是这种"盛行"的不可持续，或者说，由这种劣质量、低价格支撑的交易繁荣只是昙花一现，市场交易量迟早会萎缩。这是因为，区域性的专业市场从诞生之初就伴随着两个挑战：一个是同类专业市场的商品价格和品质竞争压力，买者在面对多个同类专业市场时，在同等价格条件下往往是根据商品质量而选择采购地，质次廉价的专业市场将逐渐为采购商所抛弃，而转向有信誉、质量有保证的专业市场；另一个是由居民收入增长而推动的消费产品结构升级，根据马斯洛的心理需求理论，随着收入的增长，人的消费需求逐渐由低级迈向高级，这意味着当收入已不构成强约束时，人们对于低质商品的消费偏好或意愿将会降低，即随着专业市场中高质量商品概率 a 的逐渐减小，商品的需求曲线将逐渐向左平移，如图 3-3 所示。假定最初市场中只是存在少量低质量商品，即供给处在 S_1 位置时，买者对高质量商品的概率判断是 90%，进而对整个市场此类商品不加甄别时的需求处在 D_1 的位置，再假定由某些机会主义原因导致劣质品的供给增加到 S_2，于是买者将上述市场上的高质量商品预期概率调整为 50%，即认为专业市场上的一半商品的质量是低劣的，此时，买者无法甄别，因此对市场此类商品的整体需求必定下降，在专业市场上新的需求曲线就开始生成，如图 3-3 所示的曲线 D_2。如果劣质品增加的状况得不到遏制或改善，这种市场预期就会持续下去，最终导致买者倾向于认为市场中仅仅存在低质量商品，市场将走向萎缩。

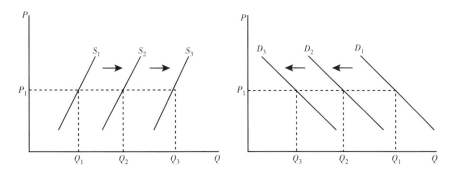

图3-3　市场劣质商品的供给增加导致市场总体商品的需求萎缩

以上两个因素必然导致原有专业市场的成交量下降，进一步使产业集群的生产企业失去大量需求的拉动，最终导致区域经济的萎缩。例如，温州柳市的低压电器在产品不断升级的过程中，质量甄别的难度不断加大，买卖双方信息的不对称使一部分生产劣质产品的小企业也可以借助专业市场这个低成本的共享式平台出售自己的商品，一些质量低劣的产品混入市场内使低压电器市场中的商品质量变得参差不齐，这直接导致了后来的"柳市危机"①。义乌的小商品市场则与柳市的低压电器市场不同，这是因为小商品一般是技术含量较低的劳动密集型产品，花色、款式、价格等对采购商和消费者来说甄别难度不大，通过简单比较就可以分辨出商品的质量高低，因此，采购商和生产企业之间通过专业市场这一平台比较容易达成交易，这也是义乌小商品市场持续繁荣的一个重要原因②。可见，商品的质量是否容易甄别直接影响到市场的正常运行乃至兴衰存亡。

变化之二是领导型企业的出现。在专业市场的成长阶段，经营企业的产品几乎是同质的，没有国企和外企参与的市场竞争也大体上类似于完全

---

① 20世纪90年代初，柳市低压电器因严重的质量问题导致市场销售急剧下降，广大的中小企业因需求不足和恶性竞争而无法生存，这直接导致了媒介所称的"柳市危机"。如果不进行治理整顿，肯定会是"死路一条"。http://soufun.com/2008/2007-11-12/1327971.htm。

② 事实上，义乌市政府在小商品市场发展中推出了一系列管理创新举措，比如，"划行归市"、设置企业"进入门槛"，有效地降低了采购商的搜寻甄别成本和企业在生产销售中的机会主义行为，采购商和生产企业之间更容易达成交易，这是义乌经济持续繁荣的另一个重要原因。参阅拙作《区域经济发展中的专业市场与产业集群互动》，《上海经济研究》2011年第1期。

竞争状态。然而，经济发展的历史表明完全竞争不可能是经济的常态，在市场由卖方逐渐转向买方的过程中，专业市场中大大小小的企业在市场需求、技术创新等不确定因素的冲击下，必然会发生一系列的分化、组合，在此过程中往往产生掌握着行业技术标准或者具有成本优势的领导型企业，而难以与之抗衡的众多小企业只能选择作为追随者。例如，饰品行业的新光集团，袜业中的梦娜、浪莎等企业，低压电器行业的正泰、德力西等集团公司都是从与同行的竞争中成长起来的，它们对专业市场的威胁体现在两个方面。首先是对专业市场分工职能的取代。科斯（Coase，1937）认为，经济中的分工由市场组织还是企业组织协调取决于二者协调交易成本的权衡，当企业协调生产中的分工更有效率时，市场必然由企业所取代，这是众多微观经济主体理性选择相互碰撞的结果。显而易见的是，在缺乏领导型企业的产业集聚区内，企业与企业之间面临着烦琐的利益纠葛和讨价还价，此时若达成一个各方面都能满意的联合生产方案，所需付出的谈判成本很高，而众多的上下游厂商通过专业市场自由交易的成本则会低许多。一旦专业市场中出现了掌握"话语权"的领导型企业，同类产品的生产便可以由这些大企业来组织，这既可以利用分工的优势，又大大降低了交易成本，于是由市场协调的分工转向领导型企业协调的分工①。其次，市场结构由完全竞争走向垄断竞争，不仅会逐渐取代专业市场的分工功能，而且大型企业构建自身的营销网络对专业市场也是一个"蚕食"过程。对具有准公共品性质的专业市场而言，成长起来的大企业固然可以继续利用专业市场交易集中的优势，更多地节省自己用于开拓市场的费用；不过正如前文所分析的那样，专业市场的"悲剧"也来自其准公共品的特征，市场中大大小小的商户没有激励去维护专业市场的品牌形象。一旦专业市场被采购商和消费者锁定为低端、劣质商品聚集的场所，其辐射力和影响范围必然会不断缩小，从这个意义来看，大企业将专业市场作

---

① 科斯认为，市场与企业的边界在于市场协调生产和企业协调生产的效率相等的那一点，专业市场之所以在一国工业化初期时大量存在，一方面是由于广大中小企业没有资金自建营销体系，需要借助专业市场这一共享的营销平台；另一方面还由于工业化初期人们对企业层面上大规模生产的协调还缺乏制度和经验上的准备，而企业家配置资源、协调分工技能的获得，是一个干中学的过程，因而，当时需要发挥专业市场协调生产的功能。

为自身的销售主渠道与创牌战略并不相容。

我们可以将以上论述总结为：交易商品的技术含量增加导致商品质量甄别的难度增加，这将诱致机会主义行为的出现，柠檬市场效应因之产生，由此造成的专业市场交易效率下降将降低对买卖双方的吸引力。如果消除机会主义行为的管理制度不能及时跟上，专业市场就会萎缩，对区域经济的拉动作用也限于式微。在此情况下，一个可能的趋势是，竞争中成长起来的领导型企业出于追逐更多利润和创立品牌的需要，逐渐绕开专业市场而由自身协调企业间的分工，并建立相应的产品营销体系或渠道，因此，专业市场的销售和分工功能逐渐被取代，趋向消亡。

3.4 案例：浙江的专业市场和产业集群

下面我们来看浙江省专业市场与产业集群的实践情况。必须强调的是，由于前面理论分析给出的双方的相互影响因子尚存在衡量的困难，还不能做变量与结果间的回归分析。即便如此，实践结果与理论预测的高度吻合在相当程度上支持了我们的上述分析。

3.4.1 三种关系模式的经验支持

专业市场与产业集群是浙江改革开放 30 多年来区域经济实践的两大新兴经济现象，浙江区域经济的高速增长正是由众多的专业市场与以中小企业为主体、以特色产业为支撑、以区域集聚为基础的产业集群的发展共同推动的。我们可以从图 3-4 以及表 3-2 中窥见一斑。

进入 21 世纪以来，浙江商品交易市场开始由量的扩展转向质的提升，全省亿元商品市场的数目与成交额均得以大幅提高，图 3-4 直观描述了浙江商品市场的这一成长轨迹。就专业市场而言，2000～2009 年，浙江亿元以上专业市场数量从 114 个增长到 458 个，成交额从 1641 亿元增加到 7379 亿元，并且呈现持续稳定增长的态势。总体而言，浙江专业市场的发展在 21 世纪出现了分化、整合、转型与提升的趋势。一些大型专业市场成为我国地方产业参与国际分工的重要平台，同时也有了一些专业市场的地位与功能出现了逐渐萎缩的现象。

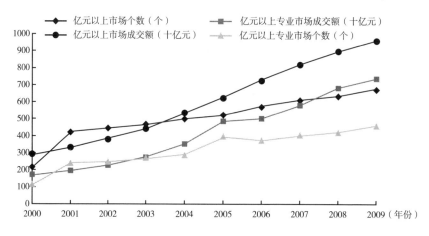

图 3-4　2000~2009 年浙江亿元商品市场及其成交额构成

资料来源：据历年《中国商品交易市场统计年鉴》整理绘制。

同时，浙江是我国产业集群最集中的地区之一，集群经济在全省经济发展、参与国际竞争、扩大就业等方面均起到了至关重要的作用。调查显示，2008 年浙江省年销售收入 10 亿元以上的集群经济共有 312 个，实现销售收入 2.81 万亿元，出口交货值 6122 亿元，从业人员 831 万人，分别占全省工业总量的 54%、62% 与 56%。表 3-2 列举了浙江 2008 年销售收入规模超过 200 亿元的集群经济分布状况。不言而喻，浙江产业集群不仅数量众多，而且实力强大。

表 3-2　浙江 2008 年销售收入规模超过 200 亿元的集群经济

集群经济	销售收入（亿元）	集群经济	销售收入（亿元）
1. 萧山纺织	1396.30	11. 北仑装备制造业	427.49
2. 绍兴纺织	1066.50	12. 北仑石化	412.48
3. 镇海石化和新材料	1058.85	13. 宁波保税液晶光电	412.44
4. 永康五金	835.00	14. 余姚家电	400.00
5. 义乌小商品	822.22	15. 诸暨袜业	373.60
6. 慈溪家电制造	570.00	16. 余姚机械加工	369.16
7. 萧山汽配	564.37	17. 鄞州纺织服装	324.73
8. 乐清工业电器	489.00	18. 绍兴化纤	310.60
9. 鹿城服装	445.12	19. 温岭汽摩配	305.00
10. 诸暨五金加工	432.42	20. 玉环汽摩配	260.00

集群经济	销售收入（亿元）	集群经济	销售收入（亿元）
21. 长兴纺织业	248.00	24. 富阳造纸业	216.00
22. 瑞安汽摩配	230.00	25. 温岭鞋业	201.85
23. 秀洲纺织业	225.70	26. 温岭泵与电机	200.00

资料来源：浙江省块状经济向现代产业集群转型升级课题调研组《2009 年浙江省块状经济调查报告》。

浙江强大的专业市场与特色的产业集群紧密联动共同推进了浙江工业规模的扩张以及产业的升级，形成了浙江"小产业、大集群；小企业、大市场"的发展格局。考察浙江不同区域专业市场与产业集群的发展历程我们不难发现，二者的演进不外乎市场与产业共生、有市场无产业以及有产业无市场三种发展模式（见表 3-3）。

表 3-3   浙江专业市场与产业集群互动演化模式

<table>
<tr><td colspan="2"></td><td colspan="2" align="center">专业市场</td></tr>
<tr><td colspan="2"></td><td align="center">有</td><td align="center">无</td></tr>
<tr><td rowspan="4">产业集群</td><td>有</td><td>专业市场与产业集群共生模式：义乌小商品、绍兴与萧山纺织、永康五金、乐清电器、秀洲纺织、大唐袜业、店口五金、海宁皮革、温州鞋业、嵊州领带、台州塑料、南浔木业、余姚塑料、织里童装等</td><td>有产业集群无专业市场模式：余姚家电、诸暨贡缎、慈溪家电、萧山羽绒、温岭汽摩配件、温岭泵与电机、龙港印刷、桐乡化纤、玉环汽摩配件、平湖服装、杭州软件、富阳造纸、萧山钢构等</td></tr>
<tr><td>无</td><td>有专业市场无产业集群模式：苍南县副食品批发市场、萧山商业城、嘉善商城、瑞安商城、长兴金陵商城、杭州物资城、宁波华东物资城、温州浙南农副产品中心、浙东农副产品批发市场、义乌农贸城、嘉兴农产品市场、浙东南副食品批发市场、杭州汽车东站小商品市场、杭州环北小商品市场、杭州通信器材市场、浙江省家电市场、杭州陶瓷品市场、新时代装饰材料市场等</td><td></td></tr>
</table>

资料来源：盛世豪、郑燕伟《竞争优势：浙江产业集群演变和发展研究》，浙江大学出版社，2009。

1. 专业市场与产业集群共生模式

如前所述，在共生模式下，专业市场与产业集群形成良性互动。浙江许多专业市场与特色产业集群互为依托，相辅相成。温州的专业市场与家庭工业集群的结合就是该模式的典型。"专业市场""产业集群"曾是温州经济高速增长的两大驱动因素，被学术界看作"温州模式"的主要特征（费孝通，1986；袁恩桢，1987；张仁寿，1990；马津龙，1998；史晋川，2002）。又如，义乌小商品市场与周边地区相关产业的良性互动形成了享誉海内外的"义乌商圈"（陆立军，2006）。此外，杭州、宁波、温州等城市的专业市场也与周边地区的特色产业集群形成优势互补，共同推进了区域经济的发展。显然，专业市场与产业集群这一良性互动的共生模式在浙江屡见不鲜。然而，浙江专业市场与产业集群的互动演化也存在一些只有专业市场或只有产业集群的现象。

2. 有专业市场无产业集群模式

处于该模式下的浙江专业市场包括杭州汽车东站小商品市场、杭州环北小商品市场、杭州通信器材市场、浙江省家电市场、杭州陶瓷品市场、新时代装饰材料市场等城市专业市场，这是由于城市专业市场的盈利能力较强，对当地产业的依赖程度较小。又如，杭州物资城、宁波华东物资城等中心城市的一些生产资料市场也没有依托相应的产业集群。此外，农贸市场大多属于集散地市场，本地形成种类繁盛的特色产业集群不具备成本优势。譬如，温州浙南农副产品中心、浙东农副产品批发市场、义乌农贸城、嘉兴农产品市场、浙东南副食品批发市场等农产品批发市场大都是集散地市场，往往没有相应的特色产业集群相伴生。

3. 有产业集群无专业市场模式

该模式下，发展专业市场带来的经济利益相对较弱，在区域利益的驱动下，专业市场最终消亡而只存在产业集群。宁波注塑机、台州缝纫机、温岭泵与电机、温岭汽摩配件、萧山钢构等产业集群就处于该模式下，这是由于注塑机、缝纫机、泵与电机、汽摩配件以及钢构等产业对专业市场的依赖程度相当低,形成相应专业市场带来的经济利益较弱①。此外,浙江一些以出口为导向的产业集群直接受益于国际市场,对本地专业市场的需求也相对较弱。譬如,上虞灯具、龙泉太阳伞、临海礼品与休闲用品、桐庐针织、慈溪草帽、平湖服装、路桥灯具、临安节能灯、诸暨纺织业、云和木制玩具、仙居工艺品等出口比重达90%以上的特色产业集群都没有相应的专业市场伴生。但是,出口导向的集群往往容易受到国际市场的冲击,进而影响到其互动演化模式。譬如,近年来受世界经济不景气的冲击,国内许多出口导向的产业集群纷纷转向国内市场的开拓。浙江平湖服装产业为应对国际市场的收缩,近年来开始兴建平湖中国服装城以开拓国内市场就是一个很好的例证。

3.4.2　义乌的繁荣和柳市的衰落

从以上的理论和经验分析中不难判断,"共生模式"是我们最希望看到的结果,不过由于市场管理制度等方面的影响,业已形成的共生关系并非一直稳固,也可能朝着两个方向发展。一种是走向繁荣,另一种是走向衰落。这一点可以从两个典型区域——义乌和柳市的对比中得出。

纵向审视义乌及其周边区域30多年的发展历程,在以上各因素的相互作用下,从年成交额、客流量、从业人员、商品种类和出口商品数量等指标所反映的一系列数据可以看出,义乌小商品市场每年创造的需求非常大。就义乌本地而言,在义乌市政府的引导下,依托小商品市场,许多经营户将积累的商业资本投入制造业,至全球金融危机前的2007年底全市已培育出2.5万家工业企业,发展了20多个特色鲜明、创新能力强、引领国内外消费潮流、具有世界市场影响力的小商品制造业,同时还创立了中国拉链产业基地、中国制笔工贸基地、中国化妆品产业基地等多个国家级基地,"小商品、大市场,小企业、大集群"的特点更加突出。此外,

---

① 研究表明,如果需求多样性程度比产品供给多样性程度小,则对专业市场的需求不强烈(金祥荣、柯荣住,1997)。

对市场信息的灵敏反馈，催生了一批新兴优势行业，如无缝内衣行业、化纤原材料行业、清洁用品行业等，使义乌成为世界第二大无缝内衣产业基地。义乌小商品市场造就了庞大的中小企业群，初步形成了义东北、义西南两大产业带。以对义乌相邻地区的影响而论，义乌市场的持续繁荣，不仅推动了义乌本地产品不断走向全国、走向世界，也带动了周边县市乃至全省、全国许多地区小商品制造业的快速发展。截至金融危机前的2007年底，在义乌市场经商的周边地区经营户超过1万家，其占义乌市场经营户总数的比重大约在20%。例如，浦江水晶、磐安仿古相框、兰溪毛巾、永康五金产品、黄岩塑料制品、温州眼镜、仙居木制玩具、诸暨珍珠、武义文体用品、上虞雨具、东阳服装纺织品等区域产品，都通过义乌市场源源不断地销往国内外市场。同时，周边的特色产业集聚区为其提供的低价格、多种类的产品也推动了小商品市场的持续繁荣。专业市场和产业集群的联系日益密切，引发了小商品生产企业与销售企业之间的产业组织重构，促使义乌小商品集散中心向小商品制造中心、信息中心、研发中心方向发展，产业集群企业间的分工协作进一步细化。迄今为止，周边县市已有数十个产业集群的6万多家中小企业与义乌市场建立了密切的业务联系，逐渐形成一个围绕以义乌小商品市场为龙头的跨区域分工协作网络，即"义乌商圈"。

温州乐清市柳市镇的低压电器生产最早发生在20世纪70年代，在初期，生产低压电器的企业规模都很小，没有足够的资本建立独立的营销体系，不得不借助于自发形成的柳市低压电器专业市场（正式的"低压电器城"成立于1992年）来销售产品。这一阶段对小企业的成长极为重要，现在的正泰、德力西等大企业都是在这一时候借助专业市场和供销员队伍逐渐成长并完成原始资本积累的。

柳市的专业市场遭遇重创发生在1989年。当时，一些小企业生产的低压电器出现了严重的质量问题。国家有关部门检查了近7000个经销单位，共查出伪劣低压电器170多万件，其中大多数来自柳市。1990年5月，国务院办公厅单独为柳市镇"发文"，随后由国家7个部委联合牵头，省、市、县三级政府配合，组织200人的工作组进入柳市，展开了全国少有的打假行动。当时，全镇1267家低压电器门市部全部关闭，1544

家家庭工业户歇业，359 个旧货经营执照被吊销。柳市低压电器的销售因此急剧下降，广大的中小企业因需求不足和恶性竞争而无法生存，如果不进行整合，肯定会是"死路一条"，从而形成了媒介所称的"柳市危机"。与此同时，同处柳市镇的正泰、德力西等大型企业则凭借过硬的质量免遭一劫，为日后的扩张保存了实力，并趁势开始了对中小厂商的兼并。1994 年 2 月 2 日温州正泰集团经温州市人民政府批准组建，成为温州地区第一个低压电器集团，先后有 38 家企业以各种形式加盟正泰；也就是在这一年，正泰开始对旗下 48 家加盟企业开始了第一次大规模的产权改造。通过出让正泰的股份，控股、参股或者投资其他企业，正泰以品牌为纽带，以股权为手段，完成了对 48 家企业的兼并联合。正泰集团现已拥有六家核心子公司和 50 多家分公司，成为全国最大的低压电器生产销售企业。

柳市低压电器行业的另一龙头德力西集团通过对同行小企业进行兼并联合，于 1993 年成立了浙江德力西电器实业公司，按总厂模式进行管理；1994 年 5 月，经省有关部门批准，组建了浙江德力西集团公司，成为浙江省第一个省级股份合作制电器企业集团；1996 年，经国家工商行政管理局核准注册，晋升为全国大型乡镇企业、全国无区域企业集团；1998年，集团在上海注册成立了上海德力西集团有限公司，并与西安高压电器研究所联合，生产高压电器和成套设备；1999 年，主动参与国企改革，整体并购了杭州西子（集团）公司，建成了各具特色的温州、上海、杭州三大电气产业基地。公司以电气为主业，同时涉足综合物流、交通运输、金融服务、环保工程、再生资源、矿产资源等产业，以多元专业化支持电气主业更快发展。

经过企业间持续的兼并联合，目前，柳市低压电器产业集群已拥有大型企业集团 26 家，中型企业近百家，小型企业上千家，还有数以千计的家庭作坊式的小工厂。大型企业集团通过分包制把大量的中小企业及家庭小作坊凝聚在自己的周围。大型企业集团主要从事关键零部件生产、产品组装及销售，许多中小企业为其提供原材料及配套的零部件。一些小型的零部件供应商只对某一家大企业供货；稍大一点的零部件供应商可能对两家以上的大型企业供货，同时也拥有自己的小外包厂和小代工厂。大小企业之间相互依存，相互合作。

与义乌小商品市场不同的是，在后期，柳市专业市场的规模远远赶不上企业大量产品销售的要求，加上一些成长起来的大型集团出于创立品牌的考虑纷纷绕开当地市场，开始建立自己的销售体系，而大量从事配套生产的小企业自然加入其中。于是，主导集群企业的不再是专业市场，而是成长起来的领导企业。大集团拓展了集群的市场空间，给乐清电器产业的发展带来了更多机会。例如，正泰集团生产的低压电器共有 100 多个系列、4000 多个品种，这些产品都是由 1000 多家中小企业协作完成的，零配件外购率平均在 60%～70%，集团自制加工的平均只有 30%，正泰集团总部主要负责组装和销售。德力西集团的市场不仅覆盖到全国各地，而且还辐射到国际市场。德力西首开网络营销之先河，建立了总部营销中心、省级销售总公司、地市级分销公司三级销售和管理体系，在全国各地组建了 18 个物流中心，设立了 1500 多个营销网点，其中省会城市覆盖面达 100%，地级城市覆盖面达 95%，县城覆盖面达 60%。近年来，德力西又进一步把开发的触角向经济发达地区的乡镇延伸，目前已在全国设立了 100 多家经销网点。德力西积极开辟国际市场，频繁参与全球性交流，先后在香港地区成立了贸易公司，在美国成立了投资公司，在 50 多个国家和地区设立了总代理。领导型的行业龙头企业正是以这种方式逐步实现了对传统专业市场的"蚕食"。专业市场曾在柳市低压电器业发展阶段，给它带来了生机与繁荣，而今天却被日新月异的销售网络和日益强大的企业所代替。

实际上，通过前面的理论分析和案例比较，我们也可以对专业市场和产业集群的关系做出另一个角度的理解，即专业市场和产业集群之间既存在竞争关系，又存在合作关系。竞争关系可以理解为专业市场和产业集群相互削弱或排斥，例如，专业市场的低端形象或管理不善不利于产业集群内的企业转型、提升和创牌，反过来产业集群内的企业壮大之后也容易脱离专业市场建立自己的营销渠道；合作关系可以理解为专业市场和产业集群的相互支撑、共同提升。基于以上理解，运用演化动力学理论和模型框架，我们尝试建立反映专业市场和产业集群竞争合作关系的计量模型，联立方程①如下。

$$
\begin{cases}
\mathrm{d}M/\mathrm{d}t = v_1 M\big[(C_1 - M_t - \delta_{12}I_t + \lambda_{12}I_t)/C_1\big] \\
\mathrm{d}I/\mathrm{d}t = v_2 I\big[(C_2 - I_t - \delta_{21}M_t + \lambda_{21}M_t)/C_2\big] \\
\delta_{12} + \lambda_{12} = \delta_{21} + \lambda_{21} = 1 \\
C_1 = \mathrm{Max}(M_0, M_1, \cdots, M_t) \\
C_2 = \mathrm{Max}(I_0, I_1, \cdots, I_t)
\end{cases}
$$

其中，M 是专业市场的年成交额，用以表示专业市场的发展水平，I 是工业总产值，用以表示产业集群的发展水平；v_1 和 v_2 分别表示 M 和 I 的年平均增长率；δ 表示市场和集群的竞争系数，δ_{12} 表示产业集群产品质量、企业行为变化对专业市场可能带来的抑制、削弱和阻碍效应，δ_{21} 表示专业市场的战略、制度、措施等变化对产业集群可能带来的束缚和阻碍效应；λ 表示市场和集群的合作系数，λ_{12} 表示产业集群的创新、转型、提升等对专业市场的支撑和促进效应，λ_{21} 表示专业市场的规模扩张、交易方式演变等对产业集群的带动效应。由于现实中的微观行为主体在一定时间内总是受到有限精力和有限认知的约束，我们可以推测，当市场和集群间的竞争效应较强时，合作效应就比较弱，反之则反是，因此我们假定 $\delta_{12} + \lambda_{12} = \delta_{21} + \lambda_{21} = 1$；此外，$C_1$ 和 C_2 分别为专业市场与产业集群在观察期中的最大水平值，我们用其来表示二者的环境容量。

根据方程式的特点和我们对每个变量的定义，如果专业市场和产业集群处于良性互动的情形，那么二者的合作效应必定大于竞争效应，即 $\lambda > \delta$；如果专业市场和产业集群的任一方出现萎缩或者衰落，那么二者的竞争效应必定大于合作效应，即 $\lambda < \delta$。现实果真与这个推论一致吗？下面我们就利用"义乌商圈"的有关数据定量检验这种竞合关系的实际存在。样本资料来源于历年《义乌统计年鉴》和《中国商品交易市场统计年鉴》。样本数据的范围是 1982～2012 年。考虑到 1992 年全面确立市场改革取向，这对义乌市场的发展影响比较大，在现实观察中义乌经济也确有阶段性特点，因此我们将样本期划分为 1982～1992 年、1993～2002 年和 2003～2012 年三个阶段。

———————————

① 本方程根据 Lotka – Volterra 演化动力学模型构建而得。

表 3 - 4 义乌历年市场成交额和工业总产值

单位：亿元

年份	市场成交额	工业总产值	年份	市场成交额	工业总产值
1982	0.04	0.67	1986	1.00	4.21
1983	0.24	0.99	1987	3.56	6.21
1984	0.69	1.09	1988	5.70	8.23
1985	0.90	2.34	1989	7.37	14.20
1990	8.95	16.65	2002	289.46	319.40
1991	10.25	18.27	2003	297.68	409.82
1992	30.65	20.34	2004	321.32	499.24
1993	60.65	65.23	2005	391.37	696.23
1994	120.31	110.23	2006	409.89	701.20
1995	196.26	176.32	2007	460.10	858.00
1996	209.65	207.45	2008	492.30	928.10
1997	170.25	217.26	2009	556.10	972.00
1998	191.36	200.23	2010	621.10	1174.90
1999	199.28	221.45	2011	677.85	1411.20
2000	215.37	270.46	2012	758.80	1533.70
2001	245.87	296.34			

资料来源：历年《义乌统计年鉴》和《中国商品交易市场统计年鉴》。

我们运用统计分析软件 SPSS19.0 对上述联立方程模型分别进行整体回归和分阶段变量控制回归，结果如表 3 - 5 所示。从中可以看出 $Adj - R^2$ 的值较高，这表明联立方程模型的拟合程度较高，同时大多数系数都通过了 T 检验，表明回归系数能较好地解释各内生变量的动态变化。

表 3 - 5 互动联立方程多阶段回归分析结果

回归阶段	整体回归 （1982~2012 年）	萌芽形成期 （1982~1992 年）	成长发展阶段 （1993~2002 年）	成熟再发展期 （2003~2012 年）
竞争系数 δ_{12}	0.446(2.993)***	0.218(3.276)***	0.434(2.432)*	0.491(4.292)***
竞争系数 δ_{21}	0.397(2.012)*	0.297(2.374)**	0.458(3.276)**	0.483(2.334)*
合作系数 λ_{12}	0.554(2.993)***	0.782(4.528)***	0.566(3.872)***	0.509(2.564)**
合作系数 λ_{21}	0.603(3.976)***	0.703(2.387)**	0.542(3.902)***	0.517(3.498)***
$Adj - R^2$	0.7483	0.7735	0.8801	0.7644

注：括号内数值表示系数的 T 统计量，***、**、* 分别表示变量估计系数在 1%、5% 和 10% 水平上的显著性。

　　进一步观察样本数据的回归结果，通过竞争系数与合作系数的比较，发现专业市场对产业集群产生的合作效应始终大于竞争效应，同样，产业集群对专业市场产生的合作效应始终大于竞争效应，这表明合作是专业市场与产业集群良性互动的主要决定因素，同时启迪政府决策者应尽力给市场和集群中的微观行为主体创造一种有利于彼此开展合作的外部环境与支撑体系。这对于专业市场主导型区域的发展具有至关重要的意义。

第4章
专业市场推动的地区专业化

第3章我们讨论了专业市场在产业集群形成中的重要作用。实际上，就空间经济分布而言，此时仍然处于"产业高集聚、地区低专业化"的状态，也就是说，外围地区尚未分享到专业市场的强需求带来的好处。理论上讲，这样一种非均衡的发展状态对其他区域的发展是不利的，往往形成空间经济上的黑洞或极化效应。而专业市场的好处在于，其结构演变和交易规模的进一步扩大可以加快市场所在地的产业集群向外围转移，最终形成"产业高集聚、地区高专业化"的局面。同时由于专业市场规模扩张后增强的分工协调可靠性，外围地区大大避免了交易的风险，大规模的专业化生产启动，快速的经济增长成为可能。这一章和下一章将详细展开这个分析。本章涉及的作用因子为专业市场的制度供给、技术供给、功能拓展和交易规模。

4.1　专业市场的扩张演变

本节的分析非常有必要，是下一节模型分析得以展开的前提。专业市场的演变是对周围经济社会环境变化不断做出反应的过程，为产业集群向外围地区转移、组织协调更大空间范围的生产提供了各方面的支持。

4.1.1　技术供给的演变，提高了跨地区的商品和要素流动效率

随着现代信息技术的发展，我国部分地区的专业市场不断加快信息化建设，电子计算机与信息网络技术等现代交易技术将不断应用到专业市场

建设、运行的整个过程中。随着电子商务、网上数字化市场、支付系统和新型物流系统不断发展，网上"信息中心"和"配送中心"等专业市场的网络发展平台不断建立。与此同时，部分专业市场利用现代交易技术积极发展会展经济、现代商业物流等新型业态，促进专业市场交易方式的创新。专业市场对信息技术与网络技术的应用大大促进了我国专业市场业态的创新和市场空间的扩大。依托专业市场这个有形市场大力发展电子商务、网上"虚拟专业市场"，网上市场与网上交易逐渐成为市场交易的重要方式，从而拓展了专业市场的发展空间。

4.1.2 交易需求的扩大，为外围的地区专业化生产提供了需求基础

21世纪以来，我国许多专业市场适应经济全球化和新技术革命的时代要求，纷纷将触角伸向世界，开始走专业市场的国际化道路，努力提高国际化水平，逐步从地区性、传统型、封闭型的纯国内专业市场发展成为国际性、创新性、开放性的商品流通中心、价格形成中心与信息的展示和发布中心。以义乌中国小商品城为例，据统计，2006年有20328家市场经营户开展了外贸业务，市场商品外销比例达到58.7%，超过内销17个百分点。义乌已在国外开办了数十个义乌小商品市场分市场，常年在国外经商的义乌人达数万之众。这些都表明，我国的专业市场在国际化的道路上走出了重要的一步。市场交易范围和容量的扩大为地区间的专业化生产提供了尽可能大的空间。这是因为，根据比较利益原则进行区域间的专业化分工，是中国农村工业向纵深发展的一种必然选择。但区域间专业化分工格局的形成，以存在较大的市场空间为必要条件。市场的范围和容量决定着分工所能达到的水平。如果每一个地区的产品市场都仅仅局限于本地，那么，由于市场空间和容量有限，区域间的专业化分工就难以形成。而正是专业市场的兴起，才使各个地区商品生产的市场范围向周边地区和全国延伸成为可能。

4.1.3 市场功能的逐步拓展，为外围地区的制造业生产提供了多样化服务

从理论上讲，专业市场有着诸多功能，包括价格发现、商品集

散、物流配送、信息传递、展示展销等，但专业市场自身逐步成熟的过程特点决定了其现有功能的充分发挥也需要有一个过程。发展初期的专业市场表现出的主要是商品集散和物流配送功能；而成熟期的专业市场就会更多地表现出信息发布、价格形成和商品展销等功能。从效率的角度而言，要充分发挥现有的专业市场的作用，应做到多种用途的结合，即网络交易与配送中心相结合、批发交易与展销会相结合、零售与批发相结合、租赁与销售相结合。1998年以后，随着我国东部沿海的专业市场进入调整、重组、改造和功能创新阶段，以及电子商务在批发市场的广泛应用，传统的专业市场正悄然向一种新型的模式演变，开始产生一些批发、展示与会展功能相结合的复合型专业市场。

4.1.4 专业市场的交易组织和管理方式的变化，使集中交易的功能增强

专业市场的交易组织系统是当前我国专业市场内部组织结构的核心，其效率的高低在很大程度上决定着专业市场的成败。随着专业市场本身规模的不断扩张、单位营业面积成交额的提高以及信息网络技术的广泛应用，专业市场内将出现一种批发企业的集合，这种集合并不是一般的各种形式摊位的简单组合，这种集合将成为专业市场内主要力量，从而逐渐改变我国专业市场交易组织系统内交易主体的存在形式，进一步丰富我国专业市场交易组织系统的内涵，提升其档次。与此同时，随着交易组织系统内各种行业性市场协会的建立，专业市场内部管理部门的功能将趋于弱化，甚至退出。一部分专业市场中原先具有管理职能的部门也将逐渐剥离其管理职能，而向专业市场的服务部门转型，完成从专业市场管理组织系统组成部分向专业市场服务组织系统组成部分的转变。另外，在专业市场交易组织与管理组织系统发生动态调整的情况下，服务组织系统将不断完善，组成元素将不断增加，信息咨询、会计、物流等生产性服务机构将成为专业市场服务组织系统的主要组成部分，服务组织系统的"生产力"将显著提高。

4.2 地区专业化的形成

从以上分析可以看出，对组织协调更大空间范围内的生产而言，专业市场的技术供给、交易需求和管理组织上的演变提升是不可或缺的。在此基础上，产业集群的转移便开始启动。这是因为，以上所分析的专业市场各因子的演变和扩张最终表现为交易规模的扩大，这将持续吸引各种生产要素向专业市场所在地集中，从而形成经济聚集与要素流动互为因果的循环过程。越接近市场的区域，经济活动的强度和密度越大。在企业集聚程度很高的专业市场所在地，企业之间强度很大的竞争限制了企业获利能力的提高，并且经济活动集中于某一区域内也会带来其他一些后果，如交通堵塞、土地紧缺以及各种环境问题，如空气污染、垃圾和污水处理等。所有这些因素都会降低市场所在区位的吸引力，促使经济活动在空间上向外围转移，呈分散化分布。

产业扩散的另一个原因是市场核心区工资成本的持续上升。在初始时期，产业集聚的自我强化[①]优势，使该市场所在区域较其他区域可以支付较高的工资。同时因产业集中在某一区域而产生的聚集力具有很强的惰性[②]，力度较小的区域政策无法改变这种格局。但是随着时间的推移，不断拓展的大规模市场对工业品的需求增长，这就提高了工业区的产出水平，使生产活动更加活跃，从而在强化产业聚集的同时进一步提高工资水平。这一过程的循环积累，使得区际工资差距过大而难以维持，此时对厂商而言，在另一个区域设厂进行生产是有利可图的，于是产业逐渐扩散到该区域。接着第二个区域也开始自我强化的优势积累，而后也出现了高工资的情况。然后第三个区域也经历同样的过程，如此等等。图4-1和图4-2表明了市场规模与产业转移的关系。我们可以从微观经济主体对集聚收益和集聚成本的权衡中来理解这种关系。由于市场规模扩大导致交易效率提高和交易的可靠性增强，因之带来的需求增加吸引生产企业在专业

---

① 这种强化来自产业集聚的规模经济效应。
② 惰性或者说黏性是由于聚集租金的存在。这些租金可以由工人所遭受到的损失来度量，也就是当聚集是稳定均衡时，工人从核心区转移到边缘区时遭受的损失。

市场所在地集中，在市场规模到达 B 点之前，产业集聚所获得的收益大于因此而付出的成本（见图 4－1），作为微观经济主体的企业由于利润的驱使，进一步向市场所在区域集聚。由于集聚的循环积累效应，产业在区域集中的速度往往会超过市场规模拓展的速度，在两者不相匹配的情况下，当市场规模的拓展超过某一临界点（B 点）时，集聚所引致的成本增加便会超过集聚所带来的收益与市场拓展所节省的交易费用之和（见图 4－1），表现为集聚不经济。此时作为微观主体的企业出于自身利益最大化的考虑，会向外围输出资本、技术，与当地廉价的劳动力相结合，并以此种方式实现生产基地的转移；这一微观主体行为的集合体现在宏观层面，便是产业从专业市场所在地向外围区域转移或扩散。

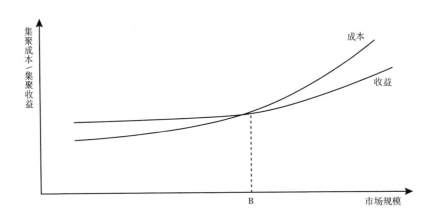

图 4－1　市场拓展中集聚的收益成本变化

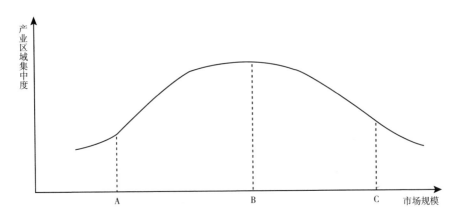

图 4－2　市场拓展中产业向外围的扩散

关于产业转移的次序，依据各产业的劳动要素密集度以及投入产出结构等特征，产业转移的先后次序不尽相同。劳动密集型产业、消费指向的产业、中间投入较少的产业易于从专业市场所在地转移出去，其中对工资成本较敏感且关联度较弱的产业对原来聚集区的依赖程度最弱，因而最先转移出去。关于产业专业市场转移的落脚点，在多区域情况下，产业由专业市场所在地向其他外围区扩散，至于最先向哪类外围区扩散，则可能取决于某些外围区因外生因素而获得的初始工业化优势，具有这种优势的外围区迅速吸纳从核心区转移出来的产业并超越不具备初始发展优势的其他外围区，因而成为专门生产该类产品的地区。例如，在浙江中部地区，作为全球最大的小商品市场所在地——义乌的土地成本日益增加，当地政府的扶持政策也越来越多地转向金融和创意、研发行业，而生产型企业的负担越来越重，迫使他们不得不向外转移，此时，外围的东阳、永康、浦江利用转移出的资本和技术，结合自身已有的工业基础，迅速发展起独具特色的产业集聚区，城市和城市之间形成了专业化生产的局面。

上述过程形成的地区专业化可以分为比较优势下的地区专业化和规模经济下的地区专业化两种情况。为了说明这一点，我们假设有两个区域 A 和 B，两种生产要素资本和劳动力，且二者皆可以自由流动；两个行业制造业和商贸业，其中制造业是相对资本密集型产业，商贸业需要人力资本（企业家才能）的投入。再假设 A 区域有更高的资本积累和丰富的企业家资源，B 区域有大量的劳动力和制造业的技术基础。这种比较优势下的地区专业化模式如图 4-3 所示，区域 A 会专注于从事商贸业，为区域 B 的产品打开销路；区域 B 选择从事制造业，形成对区域 A 的产业支撑。比如，在"义乌商圈"覆盖的区域中，义乌历史上就有经商的传统，应该说具有"企业家潜质"的人力资本比较丰富；紧邻的永康和东阳等地则自古以来被誉为"技艺百工之乡"，能工巧匠相对较多[①]。现实的区域分工事实上已经发展为"永康制造"、"东阳制造"和"义乌销售"的格局。

---

① 根据新经济地理学的观点，这种地域间不同传统或文化的产生，是由偶然性因素导致的。从这个意义上来说，义乌的经商文化和永康的手工业传统是可以被理解为一种先天优势的，退一步来说，是由先天因素引致的地域群体不自觉而获得的优势。

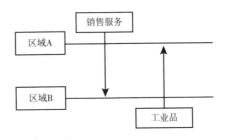

图 4-3 比较优势下的地区专业化模式

如果两个区域都从事制造业，各厂商的产品均具有一定差异性，再假定消费者具有多样化的偏好，由于规模经济的存在，没有一个区域愿意生产所有的制造品。区域 A 的一些消费者会偏好区域 B 的制造品，区域 B 的一些消费者也会偏好区域 A 的制造品。因此，双方在出售商品的同时，也会购买一些对方的制造品，从而促进了区域间贸易的发展。这样在规模经济条件下的地区专业化模式为行业内的分工，如图 4-4 所示。规模经济使资源环境和生产条件相同的区域也能从贸易中获利，这种获利不仅指纯经济层面，更重要的是指自身生产效率或竞争能力的提升，这也被称为后天获取的比较优势。与不能演进的先天比较优势相比，后天比较优势依赖于正确的决策，更能推动生产率的进一步提高，因此，后者可以用来解释经济增长，而前者不能。实际上，基于规模经济推动的区域贸易将越来越成为时代的主流。

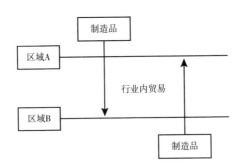

图 4-4 规模经济下的地区专业化模式

需要指出的是，上述过程的完成必须以运输成本的下降为前提。这是因为，地区专业化分工格局的经济活动空间结构的形成最终要取决于聚集力和分散力之间的权衡。在我们不考虑运输成本的情况下，前一类因素主要包括某一产业单独集中在某一外围地区的规模生产效应、低廉的劳动力成本以及各种外部经济效应等；后一类因素主要包括专业市场所在地的各种上升的地租、拥挤成本等外部不经济。但是，这种不考虑运输成本的分析是很不完善的，例如，当运输成本较高时，即便地方专业化生产的经济效应很明显，厂商也不会将经济活动集中在一个地区进行，因为高额的运输成本会使该地区的厂商在与其他地区分工协作进行中间产品传递的时候得不偿失，最终导致经济活动仍然集中在专业市场所在地，只有当运输成本降低到一定程度时，地区之间的专业化分工协作才会有收益。这意味着运输成本存在一个门槛值，如果初始状态为聚集，随着运输成本的提高，聚集动力越来越小，直到超过门槛值，理论上经济活动空间布局会出现"瞬间突变"，专业市场所在地的制造业集群会迅速向外围地区转移，至于什么产业转移到哪个外围地区，则取决于历史因素或某些偶然因素。

下面，我们通过数理模型推导的方法详细揭示地区专业化的形成。

4.3 关于上述过程的模型分析

考虑两个地区，分别记为地区 1 和地区 2。其中，地区 1 为专业市场所在地，地区 2 为某个外围地区，其他外围暂不考虑。除了本地之外，两地还面临外部的商品需求，商品可以在两地间完全流动，但是存在运输成本；资本、劳动力等生产要素在两地间的转移成本忽略不计。分析中涉及的变量为：①P_i表示各地区产品的市场价格，市场价格等于交易成本、运输成本和生产成本之和；②E_i表示各地区商品的市场交易成本，$E_i > 0$；③T用来表示两个地区间的单位运输成本（或者是冰山成本），此变量可以间接反映不同地区间的经济一体化融合程度，$T > 0$；④C_i表示地区i的产品的生产成本，可以用来间接表示当地制造业的生产效率，$C_i > 0$；⑤S_i表示各地区的要素或产品的供给量，D_i表示各地区的要素或产品的需求量。

4.3.1 厂商分析

用R_{mn}表示m地区的生产商将产品运往n地区经销获得的收益，则地区 1 的生产商在地区 2 经销产品所得的收益为：

$$R_{12} = P_2 - E_2 - T \qquad (4-1)$$

地区 1 的生产商在本地专业市场的经销所得为：

$$R_{11} = P_1 - E_1 \qquad (4-2)$$

假定专业市场是完全竞争的，厂商不存在垄断利润，所以：

$$P_1 = E_1 + C_1 \qquad (4-3)$$

将（4-3）式代入（4-2）式可得地区 1 厂商的收益等于其生产价格，即

$$R_{11} = C_1 \qquad (4-4)$$

同理，对于地区 2，为分析方便计，也假定其所在的厂商没有垄断利润，所以存在如下等式。

$$R_{21} = P_1 - E_1 - T, R_{22} = P_2 - E_2, P_2 = E_2 + C_2, R_{22} = C_2$$

综合考虑上述等式，显然，当下述情形：

$$R_{12} > R_{11} \Rightarrow E_2 + C_2 - E_2 - T > C_1 \Rightarrow T < C_2 - C_1 \qquad (4-5)$$

此时地区 1 的厂商将把产品转移至地区 2 销售，本地区内经济活动的重心转向生产。

同理，当下述情形：

$$R_{21} > R_{22} \Rightarrow E_1 + C_1 - E_1 - T > C_2 \Rightarrow T < C_1 - C_2 \qquad (4-6)$$

此时地区 2 的厂商将把产品运至地区 1 销售，本地区内经济活动的重心转向生产。

由上可见，厂商的行为取决于两个地区的生产成本和贸易成本方面的差异，不过，式（4-5）和式（4-6）所给出的情形不可能同时出现，也就是说，两地间厂商的行为方向是单向的，众多单向行为在宏观层面表现为：要么地区 1 增加贸易，减少生产；要么地区 2 增加生产，减少贸易。

4.3.2 采购商分析

用 BC_{mn} 表示 m 地区的采购商在 n 地区进行采购所需花费的总支出，则地区 1 的采购商在地区 2 进行采购的总支出为：

$$BC_{12} = P_2 + T \tag{4-7}$$

考虑到完全竞争市场的假定条件，则采购商在本地采购同样商品的总支出为：

$$BC_{11} = P_1 \tag{4-8}$$

同理，对于地区 2 的采购商，也有下述等式：

$$BC_{21} = P_1 + T, BC_{22} = P_2$$

综合考虑上述（4-7）、（4-8）等式，显然，当下述情形：

$$BC_{12} < BC_{11} \Rightarrow P_2 + T < P_1 \Rightarrow T < (E_1 - E_2) + (C_1 - C_2) \tag{4-9}$$

此时地区 1 的采购商将前往地区 2 购买产品。

同理，当下述情形：

$$BC_{21} < BC_{22} \Rightarrow P_1 + T < P_2 \Rightarrow T < (E_2 - E_1) + (C_2 - C_1) \tag{4-10}$$

此时地区 2 的采购商将前往地区 1 购买产品。

由上可见，采购商的行为取决于两地间的生产成本和贸易成本的差异，不过，式（4.9）和（4.10）给出的情形也不可能同时出现，也就是说，两地间的采购商的行为方向也是单向的，众多单向行为在宏观层面表现为：要么地区 1 的贸易增加，要么地区 2 的贸易增加。

4.3.3 均衡分析

假设由于某些偶然或必然的原因，这些原因在第 1 节中已经阐述过，地区 1 的专业市场发生演变，市场规模迅速扩张，因此导致交易成本下降至低于地区 2，即 $E_1 < E_2$。下面我们主要以地区 1 为分析对象，探讨在两个地区的生产成本 C_1、C_2 和交易成本 E_1、E_2 并不相等的情况下，随着两地一体化程度的加深，即当运输成本 T 逐渐下降时，两个地区的采购商

和生产商的行为变化对整个大区域经济活动重心所产生的影响，进而判断地区专业化的方向。

1. 情形一：地区 1 在生产方面具有成本优势

即 $C_1 < C_2$，又因为 $E_1 < E_2$，所以（$E_2 - E_1$）+（$C_2 - C_1$）> $C_2 - C_1$。再分三种情况考虑。

（1）当 $T >$（$E_2 - E_1$）+（$C_2 - C_1$）时。不难判断必然存在 $T > C_2 - C_1$，与地区 2 相比，虽然地区 1 在生产方面和交易方面都具有优势，但是此时的运输成本非常高以至于完全抵消了地区 1 在生产和交易方面的成本节约之和，考虑到这一点，地区 2 的采购商显然不会到地区 1 采购商品，同样，地区 1 的生产商也不可能将产品运往地区 2 销售。此时，过高的运输成本隔绝了两个地区之间的经济交往，双方的贸易和生产等经济活动都在各地区内部进行，处于一种自给自足的状态，集聚程度很低。

（2）当 $C_2 - C_1 < T <$（$E_2 - E_1$）+（$C_2 - C_1$）时。此种情况的运输成本也很高，仍然大于两个地区的生产成本之差，但与上一种情况相比已经有了比较明显的下降，即地区 1 在生产和交易方面的高效率足以抵消较高的运输成本，因此，地区 2 的采购商将会到地区 1 采购商品，但由于此时 $T > C_2 - C_1$，地区 1 的厂商仍然不会将产品运抵地区 2；地区 2 的厂商因本地的需求减少，而地区 1 的需求增加，也开始转移一部分投资至地区 1。两地的市场均衡对比开始发生变化，地区 2 的需求将向地区 1 转移，地区 2 的厂商将减少对地区 2 的供应量，以满足其在地区 1 的销售需要，因此地区 2 的销售向地区 1 转移，同时地区 2 的生产向地区 1 转移。这个阶段处于一种过渡期，很快将发展到下面一种情况。

（3）当 $T < C_2 - C_1$ 时，由于 $E_1 < E_2$，显然有 $T <$（$E_2 - E_1$）+（$C_2 - C_1$），此时，地区 1 的厂商将前往地区 2 并通过地区 2 销售产品，同时，地区 2 的厂商将把投资转移至地区 1 进行生产，而地区 2 的采购商将前往地区 1 并通过地区 1 采购产品。这意味着，生产和贸易都将往地区 1 转移，地区 2 产业完全空心化，"核心 - 外围"式空间经济布局形成。如图 4-5 所示，最终均衡的结果是，地区 1 的商品交易由 OE_1 大幅增加到 OF_1，而地区 2 的商品交易由 OF_2 大幅度减小到 OE_2，交易几乎全部

转移至地区1。同时，地区1的生产由OE_1'大幅增加到OF_1'，地区2的生产由OF_2'大幅减少到OE_2'，生产几乎全部转移至地区1。

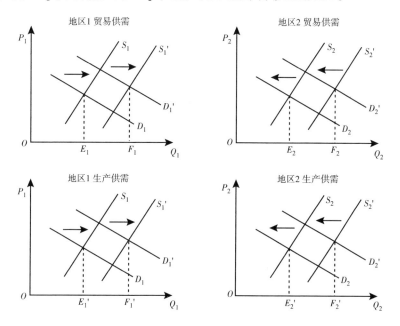

图4-5　生产和贸易都在向地区1集中

综上分析的结论为：如果专业市场所在地在生产成本和交易成本方面都具有优势，那么随着两个地区之间运输成本的逐渐下降，周边区域的生产和交易将向该地区集中，进而形成周边区域的核心。

2. 情形二：地区1在生产方面处于劣势

当地区1的产业集聚度过高时，拥挤成本的增加使得地区1在生产方面处于劣势，比地区2的生产成本高，即$C_1 > C_2$，又因$E_1 < E_2$，所以有$C_1 - C_2 > (E_1 - E_2) + (C_1 - C_2)$。同样分三种情况考虑。

（1）当$T > C_1 - C_2$时，考虑到$E_1 < E_2$，那么显然有$T > (E_1 - E_2) + (C_1 - C_2)$。此时的运输成本过高，尽管地区2在生产上具有优势，但过高的运输成本也使其显得捉襟见肘，难以补缺。根据前面对微观主体行为的分析，过高的运输成本将隔绝两个地区间的经济往来，地区1的采购商既不会在地区2采购产品，地区2的生产商也不会在地区1经销产品。此时两个地区分别处在各自孤立的均衡状态，即地区 1 的价格 P_1 使得 $S_1 = D_1$，市场地区 2 的价格 P_2 使得 $S_2 = D_2$，生产和销售自给自足，地区的专业化程度很低。

（2）当 $C_1 - C_2 > T > (E_1 - E_2) + (C_1 - C_2)$ 时。地区一体化程度提高，运输成本有所下降，但是由于两个地区间的运输成本仍然大于地区 2 相对于地区 1 的生产成本和交易成本的优势之和，显然地区 2 的采购者将不会在地区 1 进行采购，仍将在本地采购产品；不过此时地区 2 的生产成本优势足以弥补两个地区间的运输成本，地区 2 的生产商将在地区 1 销售其产品，同时地区 1 的厂商开始将投资转移至地区 2，即销售在地区 1 进行，生产在地区 2 进行；因此，这将打破两个地区原有的均衡，如图 4-6 所示，地区 2 的生产商增加对地区 1 的供给，同时减少在地区 2 的销售，即地区 2 的贸易活动在向地区 1 转移，同时地区 1 的生产活动向地区 2 转移。最终均衡的结果是，地区 1 市场的交易量由 OA_1 增加到 OB_1，而地区 2 市场的交易量由 OB_2 减小到 OA_2，交易向地区 1 集聚；同时，地区 1 的生产由 OB_1' 减少到 OA_1'，地区 2 的生产由 OA_2' 增加到 OB_2'。地区专业化的趋势开始形成，但进展较慢。

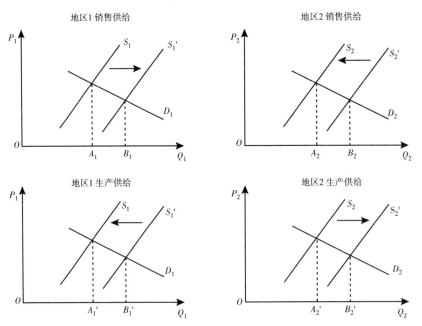

图 4-6 地区 2 的商品交易向地区 1 转移，地区 1 的生产制造向地区 2 转移

（3）当 $T < (E_1 - E_2) + (C_1 - C_2)$ 时。地区间的运输成本大大降低，地区一体化水平达到一个很高的程度，这意味着地区 2 的采购者也愿意前往地区 1 购买商品，而不用担心运输成本。由于 $E_1 < E_2$，显然有 $T < C_1 - C_2$，也说明地区 2 的厂商愿意前往地区 1 销售商品，并且要远超过第二种情形中的转移力度，这意味着地区 2 贸易市场空心化，买卖双方都向地区 1 发生了转移，同时地区 2 吸引了外来的大量生产投资，成为专业化的生产基地，以利用其低廉的生产成本，由此销售和生产的原有均衡受到了较大的冲击；与此相反，地区 1 成了贸易中心，而生产方面空心化。如图 4-7 所示，最终均衡的结果是，地区 1 的商品交易由 OE_1 大幅度增加到 OF_1，而地区 2 的商品交易由 OF_2 大幅度减小到 OE_2，交易几乎全部转移至地区 1。同时，地区 1 的生产由 OF_1' 大幅度减小到 OE_1'，地区 2 的生产由 OE_2' 大幅增加到 OF_2'，生产几乎全部转移至地区 2。

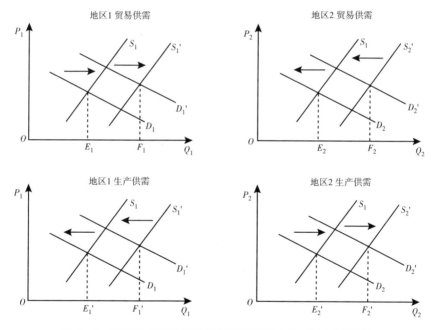

图 4-7 地区 2 的商品贸易完全转移至地区 1，地区 1 的生产
制造完全转移至地区 2

综上所述，得到以下结论：对某制造产业而言，当地区 1 具有交易方面的优势，而在生产方面处于劣势时，随着两个地区之间运输成本由高变

低，或者说随着一体化程度的加深，交易将不断向地区 1 转移，生产则向地区 2 转移，最终形成地区 1 专业从事贸易，地区 2 专业从事生产的"你有我无，我有你无"的地方专业化格局。

4.4　案例：两大专业市场辐射圈的比较

当前国内最为引人注目的两大专业市场主导型区域是"义乌商圈"和"临沂商圈"，"南有义乌、北有临沂"彰显出二者的典型性。下面实证分析了义乌、临沂两大专业市场辐射地区①的专业化和产业集中率的变化情况。研究发现，随着专业市场的扩张，义乌、临沂等各自相关市（县）间的专业化水平和产业布局已发生较大改变，但由于两大市场完善程度的不同，各自辐射区域也处在不同的分工水平上。相比较而言，义乌市场辐射圈已开始"产业扩散和地区间更深层次的分工"阶段，而临沂市场辐射圈相对处于"产业集聚和地区专业化的形成"阶段。同时，本节也可理解为新经济地理假说②在较小空间范围内适用与否的经验证据。

---

①　义乌、临沂作为国内两大商贸流通基地，从宽泛意义上讲，它们的辐射范围相当广。例如，义乌市场中的商品来源地已经覆盖除台湾以外的全国所有省（区、市），销售地已经扩展到中东、欧洲、东南亚、拉美等海外的广大区域；临沂市场虽以内销为主，但辐射面也非常大，覆盖周边的 26 个省（区、市）。但是，就辐射的强度而言，由于受信息、交通、分工网络等的影响，专业市场对周围区县的影响要远远大于对较远省（区、市）的影响，为了使分析对象更为集中，同时出于获取详细可靠数据的考虑，如同导言中对义乌商圈的界定一样，"专业市场辐射圈"也仅限定于专业市场周围的区县，地理范围上大致等同于两个专业市场各自所在的地市。

②　笔者想在这里提出思忖许久的理论直觉。新经济地理假说始于国外学者（Krugman，1991；Venables，1996；Fujita & Thisse，2002；等等）对国际经济活动规律的探索，这暗示了理论大师们是在较大的空间范围内探讨经济运行规律的。尽管该理论得到了不同国家甚至是跨国数据分析的支持，例如，欧盟的一体化与产业分布，美国和墨西哥交界的经济活动分布，以及中国自改革开放以来的东、中、西部的产业分布等，但是对于较小空间尺度的经济活动，新经济地理假说是否成立，这是一个值得深思的问题。因为相对较小的空间范围往往在自然条件、人文历史背景、文化传统、要素禀赋以及经济发展的初始条件、制约因素等方面都相当类似，当面临一个不断扩张的大规模需求时，各区域在选择符合本地区资源禀赋和要素结构的发展战略和主导产业时，理论上容易出现明显的产业结构趋同，并且可以推断，只要外界的需求持续增长，这种结构趋同很可能处于锁定状态。也就是说，小尺度空间能否出现新经济地理意义上的集聚和扩散是值得进一步深入探讨的，但就本节的实证结果来看，是支持新经济地理假说的。

笔者在下面的计算中选择的时间节点为 2000 年和 2007 年。这里有必要对此做出说明：义乌市场中 64% 的商品是外销的，临沂市场虽然以内销为主，但外销的比例也在 20% 左右。因此，1997 年和 2008 年的两次金融危机对两个专业市场辐射圈的商品生产和销售都造成了冲击，对义乌的影响尤其严重，例如，1998 年义乌市场成交额比上年大幅下降（2000 年恢复到危机前的水平），2008 年底的市场成交额增幅比上年也出现了回落，这些变化都有可能通过直接或间接的途径对专业市场辐射圈的各产业造成冲击，并且，因为各区县的主导产业不同，受到的影响程度可能并不相同。因此，笔者选取这两个时间点，是为了尽量降低经济异常波动对于计算结果可能造成的影响[①]。

4.4.1 "义乌商圈"的地区专业化特征

为了准确说明"义乌商圈"的这种产业集群和地区专业化的特征，同时考虑到数据的可获得性和分析处理上的方便，我们将该方面的实证考察限定在商圈的核心层，即义乌和紧邻的县市，在地理上大体相当于目前金华市所覆盖的行政区域，即金华市区、义乌、永康、东阳、浦江、兰溪、磐安、武义八个区块。需要强调的是，考察范围的这种同心圆式的缩小，带有地理上的不加选择性，对本书的最终结论并无影响。

笔者选择目前比较常用的区位商系数作为衡量区域制造业集群和地区专业化程度的指标，区位商是长期以来得到广泛应用的衡量地区专业化水平的重要指标。其计算公式为：

$$LQ_{ij} = \frac{L_{ij}}{L_i} / \frac{L_j}{L}$$

其中，LQ_{ij} 为区位商或专业化率；L_{ij} 为 i 地区 j 部门的就业人数；L_i 为 i 地区的总就业人数；L_j 为全国 j 部门的就业人数；L 为全国的总就业人数。一般认为，如果 LQ_{ij} 大于 1，表明该部门的产品除区内消费外，还可以向外输出，属于专业化部门；若小于 1，表明该部门的产品不能满足区内需

---

① 也是考虑到这个原因，本书第 7 章案例中凡涉及时间纵向对比的表格中数据同样计算到 2007 年。

要，需要从区外调入，属于非专业化部门；若等于1，表明该部门产品供需平衡。所以，只有 LQ_{ij} 大于1的部门才能构成地区的专业化部门。具体计算结果如表4-1所示。

表4-1 义乌与周边区域制造业的专业化指数（2007年）

指标	金华市区	兰溪	义乌	东阳	永康	武义	浦江	磐安
农副食品加工业	2.52	0.50	1.53	1.06	0.14	0.02	0.86	1.59
食品制造业	3.47	0.77	1.55	0.13	0.07	0.22	0.03	0.39
饮料制造业	1.56	0.82	1.39	0.27	0.81	1.74	—	1.01
纺织业	0.42	1.65	2.57	0.53	0.07	0.21	1.69	0.47
纺织服装、鞋、帽制造业	0.49	0.32	2.44	1.95	0.05	0.17	1.61	2.71
皮革、毛皮、羽毛（绒）及其制品业	1.06	0.40	1.06	2.67	—	—	2.91	2.95
木材加工及木、竹、藤、棕、草制品业	0.30	0.12	3.53	1.14	0.00	0.56	—	5.76
家具制造业	0.80	0.00	0.34	0.25	1.26	4.90	0.21	2.10
造纸及纸制品业	1.81	0.57	0.92	0.31	0.43	1.34	2.45	0.08
印刷业和记录媒介的复制	0.49	1.05	3.32	0.09	0.28	0.82	0.20	—
文教体育用品制造业	0.28	0.03	2.06	0.32	1.48	1.87	0.06	0.61
石油加工、炼焦及核燃料加工业	1.54	—	—	—	2.90	0.88	—	—
化学原料及化学制品制造业	1.15	1.36	0.47	1.92	0.56	1.81	0.57	1.44
医药制造业	0.98	1.34	0.36	5.48	0.01	0.29	0.04	0.58
化学纤维制造业	0.53	0.02	1.49	0.50	0.00	0.15	6.44	—
橡胶制品业	1.91	1.29	0.42	1.05	0.72	—	1.66	2.35
塑料制品业	1.36	0.61	1.58	1.43	0.10	0.86	0.79	5.59
非金属矿物制品业	1.74	2.79	0.23	0.39	0.22	0.27	2.61	0.10
黑色金属冶炼及压延加工业	1.63	—	0.20	0.56	1.04	2.35	2.10	0.45
有色金属冶炼及压延加工业	0.40	3.90	0.04	0.08	1.66	0.71	0.07	0.01
金属制品业	0.59	0.22	0.30	0.20	2.27	2.25	0.79	0.17
通用设备制造业	1.62	0.56	0.08	0.80	1.47	2.29	0.13	1.16
专用设备制造业	1.14	0.30	0.20	1.60	1.51	1.74	0.30	2.61
交通运输设备制造业	2.88	0.09	0.03	0.13	1.66	0.84	0.54	0.08
电气机械及器材制造业	0.57	1.16	0.14	0.78	2.10	0.80	1.06	0.54
通信设备、计算机及其他电子设备制造业	0.44	0.04	0.30	4.99	1.26	—	0.23	1.83
仪器仪表及文化、办公用机械制造业	3.98	—	0.74	0.39	0.25	0.89	0.00	2.68
工艺品及其他制造业	0.23	0.23	3.00	0.78	0.11	0.22	2.25	2.43
废弃资源和废旧材料回收加工业	4.71	—	0.43	1.57	—	—	—	—

资料来源：根据《金华统计年鉴2008》、义乌统计信息网的相关数据计算整理。

表4-1根据分行业的产值计算，表中数据大于1，表明该部门的产品除区内消费外，还可以向外输出，属于专业化部门。综合考察上面表格中的指数计算结果，我们大体上可以发现，金华市区在食品制造、通用和专用设备制造、橡胶制品等行业的专业化指数较高；义乌在纺织制造、文教体育用品制造、工艺品制造等行业较为集中；东阳在医药制造、木材加工和通信设备制造等行业的专业化指数较高；永康的产业集聚主要集中在金属制品、相关设备制造业。这些表明围绕专业市场的区域产业集群之间的分工特征已经非常明显。

有趣的是，即便我们把统计的口径放宽，视野从制造业内部扩展到国民经济各行业，地区专业化的特征仍然是相当明显的。计算结果如表4-2所示，本表数据根据各行业就业人数计算所得。

表4-2　各产业在空间上的集聚分布Ⅰ（2007年）

指标	金华市区	兰溪	义乌	东阳	永康	武义	浦江	磐安
1. 农、林、牧、渔业	1.81	1.99	0.54	0.24	0.97	2.96	1.96	0.73
2. 制造业	1.46	0.00	0.38	0.75	0.52	1.01	0.11	0.81
3. 电力、燃气及水的生产和供应业	1.79	1.39	1.04	0.28	1.38	2.35	1.38	0.78
4. 建筑业	0.58	0.18	0.06	1.85	0.11	0.03	0.41	1.59
5. 交通运输、仓储和邮政业	1.79	0.66	2.32	0.31	1.28	0.95	1.19	0.06
6. 信息传输、计算机服务和软件业	2.14	0.98	1.10	0.17	0.89	3.53	0.92	0.66
7. 批发和零售业	1.09	1.60	1.93	0.55	1.57	1.30	0.91	0.27
8. 住宿和餐饮业	1.37	0.38	1.61	0.57	2.38	2.38	0.00	0.56
9. 金融业	1.60	0.48	1.91	0.28	1.90	1.23	1.97	0.52
10. 房地产业	1.62	1.36	2.98	0.19	1.04	0.79	0.59	0.07
11. 租赁和商务服务业	0.18	0.16	1.58	1.76	0.59	0.15	0.47	0.02
12. 科学研究、技术服务和地质勘查业	1.60	0.71	1.67	0.19	1.46	1.37	5.23	0.17
13. 水利、环境和公共设施管理业	0.25	1.47	3.19	0.32	3.87	2.61	0.65	0.40
14. 居民服务和其他服务业	0.98	2.49	2.54	0.37	1.33	0.00	1.75	0.00
15. 卫生、社会保障和社会福利业	1.25	1.20	1.60	0.35	2.31	2.03	1.90	0.68
16. 文化、体育和娱乐业	1.76	1.17	1.08	0.40	0.85	0.79	2.58	1.21
17. 公共管理和社会组织	0.97	0.94	2.25	0.30	2.24	2.11	2.29	1.40

资料来源：根据《金华统计年鉴2008》、义乌统计信息网的相关数据计算整理。

由表4-2中可以看出，金华市区和义乌的产业集聚主要集中在以下几个产业：交通运输、仓储和邮政业，信息传输、计算机服务和软件业，批发和零售业，住宿和餐饮业，金融业，房地产业等。永康的产业集聚主要集中在批发和零售业、住宿和餐饮业等。东阳的产业集聚主要集中在建筑业等。武义、浦江在农、林、牧、渔业等产业中的专业化指数较高。

考虑到表4-2根据各行业就业人数计算，当人口在各县（市）分布不均匀且流动受到户籍等制度因素阻碍时，人口较多的县（市）有可能在并不占优势的行业中集中相对过多的劳动力。为了消除这个误差，我们根据各行业产值重新计算，结果如表4-3所示。很显然，当县（市）间劳动生产率相等时，某行业的产值较大，说明该区域的该产业越占有优势。

表4-3 各产业在空间上的集聚分布 II （2007 年）

指标	金华市区	兰溪市	义乌市	东阳市	永康市	武义县	浦江县	磐安县
1. 第一产业	1.29	1.82	0.51	0.92	0.53	1.76	1.10	2.98
2. 工业	0.86	1.15	0.85	0.97	1.31	1.07	1.22	0.94
3. 建筑业	1.01	0.87	0.89	1.67	0.58	1.02	0.80	1.57
4. 交通运输、仓储及邮政业	1.28	0.81	1.34	0.70	0.79	0.53	0.54	0.69
5. 信息传输、计算机服务和软件业	1.10	0.69	1.30	0.71	0.87	0.80	0.95	0.94
6. 批发和零售业	0.72	0.41	1.85	0.69	0.83	0.56	0.49	0.46
7. 住宿和餐饮业	0.92	0.60	1.37	1.13	0.55	1.13	0.84	0.68
8. 金融业	1.51	0.60	1.13	0.95	0.67	0.77	0.61	0.58
9. 房地产业	1.12	1.58	0.77	1.08	0.76	1.34	1.15	0.54
10. 租赁和商务服务业	0.85	0.13	1.51	1.85	0.55	0.33	0.51	0.36
11. 科学研究、技术服务和地质勘查业	2.17	0.67	0.77	0.53	0.78	1.11	0.56	0.60
12. 水利、环境和公共设施管理业	1.33	0.74	1.00	1.33	0.67	0.30	1.08	0.53
13. 居民服务和其他服务业	1.02	0.77	1.34	0.70	0.70	0.91	1.28	0.75
14. 教育	1.53	0.73	0.72	1.09	0.82	0.97	1.06	1.39
15. 卫生、社会保障和社会福利业	1.38	0.79	0.86	0.96	0.90	0.89	1.02	1.34
16. 文化、体育和娱乐业	1.34	0.49	0.95	1.52	0.58	1.09	0.62	0.71
17. 公共管理和社会组织	1.26	1.04	0.86	1.07	0.79	1.04	1.03	1.05

资料来源：根据《金华统计年鉴2008》和义乌统计信息网的相关数据计算整理。

比较表4-2和表4-3可以看出，两个表格的计算结果大致相同，基本可以说明义乌商圈的地区专业化现状。这里还有一个问题需要说明，即为什么大口径的国民经济行业也表现出明显的集聚特征，这可能跟各县

（市）的历史基础和自然条件约束有关，例如，金华市区原本就是文化和教育中心，东阳是建筑之乡，永康是技艺百工之乡，武义、磐安因地理条件所限以第一产业为主。因此，当小商品市场推动产业扩散时，相似或相近的产业便发生选择性集聚。

4.4.2 临沂商圈和义乌商圈的比较

本章理论分析指出，专业市场成长演变将导致其交易效率和组织协作生产的能力提高，因此，我们可以合理推断其所辐射地区间的分工程度是随着专业市场成长而不断深化的，或者说，在初级阶段，专业市场辐射区域处于产业的"高集聚、地区低专业化"的状态，而到了高级阶段，则处于产业的"高集聚、地区高专业化"的状态，即产业将进一步细化分布到最适合其高效率生产的亚区域。为了佐证这个推论，我们引入临沂市场作为比较的对象。

在比较之前，首先对临沂专业市场辐射圈做一个简要的介绍。与小商品市场类似，临沂市场也是在政府的引导和推动下，其商贸物流不断升级发展，在30多年里历经地摊式农贸市场、大棚市场、专业批发市场、临沂批发城、中国临沂商品城等阶段，迄今发展为包括128个专业批发市场的全国最大的专业市场集群（而义乌小商品市场是单体最大的），从业人员19万人，日客流量30多万人次，覆盖6万种生产资料和生活资料主要门类的商品，被中国商业联合会评为中国市场名城。日益繁荣的商贸物流，拉动了临沂经济的快速发展。目前，临沂商品批发城已培育出70多个利税过千万元的大型企业集团，这些企业集团的产品都是通过商品批发城这个窗口走向国内外市场的。商贸物流已成为一个龙头，拉动着周边区域产业结构的调整。近10年间，围绕临沂商品批发城，诞生了"服装专业镇""陶瓷专业村""小五金专业村"等70多个专业镇和1400多个专业村，牵动着周边区域成千上万的农民投入第二、第三产业的生产中，依托市场发展的生产服务人员达230万人，再次显示了共享的大规模专业市场在推动区域经济发展方面的巨大作用。

二者的不同在于，相对于义乌商圈，临沂市场辐射圈尚处在一个相对低的发展阶段，这可以从两者的市场交易规模、管理制度、配套设施的比较中看出，也可以从两个地区内部专业化程度的比较中看出。所以，用二者比较的结果佐证推论的正确与否是比较合适的。

这里选取的地区专业化水平指标是地区相对专业化指数和地区间专业化指数，两个公式如下。

$$K_i = \sum_k |s_i^k - s_i^{-k}| \qquad (4-11)$$

其中，$s_i^k = E_i^k / \sum_k E_i^k$，$s_i^{-k} = \sum_{j \neq i} E_j^k / \sum_k \sum_{j \neq i} E_j^k$

$$K_{ij} = \sum_k |s_i^k - s_j^k| \qquad (4-12)$$

其中，i、j、k 分别表示地区 i、地区 j、行业 k，E_i^k 为地区 i 行业 k 的产值数。式（4-11）表示地区相对专业化指数，即某一地区各行业的专业化系数与其余地区相应行业的专业化系数差的绝对值之和，测度的是第 i 地区与其余地区平均水平的产业结构差异程度，或称第 i 地区的专业化程度。式（4-12）表示地区间专业化指数，直接衡量的是两个地区间产业结构的差异程度，取值范围为 0~2，数值越大代表两地区的产业结构差异越大①。地区相对专业化指数与地区间专业化指数是从两个不同角度描述地区间的产业结构差异程度，可以相互佐证②。

表 4-4　按国民经济行业计算的各区县相对专业化指数变动（临沂专业市场辐射圈）

年份	兰山	罗庄	河东	沂南	郯城	沂水	苍山	费县	平邑	莒南	蒙阴	临沭	全市
2000	0.35	0.31	0.64	0.34	0.18	0.10	0.25	0.16	0.33	0.22	0.18	0.31	0.28
2007	0.47	1.06	0.76	0.37	0.50	0.28	0.48	0.26	0.28	0.35	0.20	0.39	0.45

资料来源：笔者根据《临沂统计年鉴》（2001 年、2008 年）计算。

---

① 对式（4-12）需略加说明的是，地区间专业化指数不仅与地区间一体化水平有关，还与行业层次 k 取值有关。从本书的分析框架看，当地区间一体化处于较高或很高水平时，产业从原制造业中心转移到周边地区，用大口径的国民经济行业衡量的地区间专业化指数可能会下降，但用二位数行业衡量的地区间专业化指数仍会很高，因为从专业化生产或产业分布看，一个更细的行业往往是一个地区独家生产。

② 需要强调的是，从式（4-11）式（4-12）来看，在制造业两位数水平上，地区 i 专业化指数在下述情况下应该引起注意：地区 i 的专业化指数处于较高水平，有可能是地区 i 的确实现了与别的地区较大差异的专业化生产，即"我有你无，我无你有"的格局；但也有可能是地区 i 集聚了所有产业，而别的地区一无所有。

表 4 - 4 是根据式 (4 - 11) 计算出的 2000 年与 2007 年临沂专业市场辐射圈各主要地区相对专业化指数。表 4 - 4 显示，2007 年除平邑外的其他地区的专业化指数比 2000 年都有了提高，从 2000 年的均值 0.28 提高到 2007 年的均值 0.45。因此，从地区的专业化指数提高这一指标上反过来推测，随着临沂专业市场的扩张，其辐射区域的一体化水平已有了较大的提高。但是单从表 4 - 4 我们无法区分地区的专业化指数提高是由于所有产业都集中到少数地区还是由于各地区实现了有差异的产业结构，也就是说，我们还无法判断其是处于产业集聚的倒 "U" 形曲线的前半段还是后半段。另外，表 4 - 4 还显示，2007 年位于辐射圈核心地区的罗庄和河东的地区专业化指数显著高于边缘地区的蒙阴、平邑和沂水，因此我们初步推测临沂专业市场辐射圈的大多数制造、服务等现代产业都集中在核心地区，而距离核心较远的边缘地区则沦为农业外围。这一推测从以下证据 (见表 4 - 5) 中得到了印证：2007 年临沂市最重要的 15 个产业集群主要分布在兰山、罗庄、河东、郯城、临沭等辐射圈的核心或距核心较近的地区；较边缘的沂南、沂水和莒南等地几乎没有产业集群的分布。因此，伴随着专业市场的扩张，临沂的现代产业极有可能都已转移或正在转移到市场核心地区，即处于倒 "U" 形曲线的前半段。

表 4 - 5 临沂专业市场辐射圈的集群分布状况 (2007 年)

集群名称	兰山	罗庄	河东	沂南	郯城	沂水	苍山	费县	平邑	莒南	蒙阴	临沭
木业产业集群	√	√						√				
蔬菜加工集群			√				√					
水果罐头制造集群									√			
陶瓷加工集群		√										
服装生产集群	√				√							
草柳编织品加工集群					√							√
石材加工集群									√		√	
塑料品生产加工集群	√		√									
油顶加工集群											√	√
小五金制品加工集群			√		√							√
石膏制品加工集群							√		√			
纺织业加工集群								√			√	
复合肥产业集群												√
食品制造业集群						√						
废旧金属加工集群	√											

资料来源：临沂市统计信息网。

而义乌专业市场辐射圈的情况正好相反，表4－6为根据式（4－11）计算出的2000年与2007年义乌专业市场辐射圈各主要地区相对专业化指数。表4－6显示，2007年除永康和磐安以外的其他地区的专业化指数比2000年都有了显著的下降，义乌专业市场辐射圈的专业化指数从2000年的均值0.66下降到2007年的均值0.57。

表4－6　按国民经济行业计算的各区县相对专业化指数变动（义乌专业市场辐射圈）

年份	市区	东阳	永康	义乌	兰溪	浦江	武义	磐安	平均值
2000	0.44	0.59	0.45	0.95	0.61	0.73	0.89	0.65	0.66
2007	0.31	0.44	0.74	0.58	0.47	0.55	0.47	1.03	0.57

资料来源：笔者根据《金华统计年鉴》（2001年、2008年）计算而得。

为什么义乌市场辐射圈的相对专业化指数下降了？笔者在第2章的分析框架中曾经提到，无论是传统理论还是现代空间经济理论都认为一体化程度会对产业空间分布产生重要影响。据此，我们可以从一体化推进速度的不同来寻找两大辐射圈专业化指数变动差异的根源。也就是说，随着时间的推移，如果义乌市场辐射圈的一体化程度下降了，那么这个疑问至少表面上有了一个合理的解释。

但两个辐射圈一体化推进程度的事实究竟如何呢？这首先要看各自专业市场的完善程度，因为市场完善度往往直接影响专业市场的交易效率，进而影响到各自辐射区域的要素和商品交换效率，也即地区一体化程度。在义乌，专业市场虽然一开始是由民间力量诱致的，但在后来的发展进程中，政府的引导、调控、规范、服务发挥了决定性作用（陆立军，2008）。义乌市政府充分发挥市场在资源配置中的主导性和基础性作用，形成有利于资金、土地、人才、能源等资源要素合理配置的体制，政府全面退出了竞争性领域，但对于关系发展全局和国计民生的重大事项，政府根据本地区实际情况采取了强有力的调控手段，牢牢掌握了发展的主动权。例如，在市场建设、摊位租金、联托运业、划行规市、打假治劣等方面，政府保持着强有力的权威，有效地避免了区域内商户相互之间的恶性竞争。而在临沂，政府对专业市场的控制力相对较弱，鼓励和支持群众自谋职业、自主发展，引导社会各方支持市场发展，引导村民、企业投资办市场，总体上奉行的是政府指导和多元主体协作共同发展的政策（许汝贞、卢中华，2010）。因而临沂的市场制度在系统性和规范化方面表现得相对滞后，例如，直到2005年，《中国临沂商城总体规划》才明确提出将城区的90多个专业市场整合提升为13个商品交易功能区。显然，两地政府的因势利导和支持力度是不一样的，不难看出，义乌专业市场的完善程度更高。

同时，金华①和临沂两地在一体化相关配套措施上的力度也是不同的。例如，早在2005年，义乌和周边县市就出于对接小商品市场的考虑，明确提出构建"大金华公路网"战略，并且为了加快专业市场与周围产业集群间的要素流动，专门建立了"共建大金华"专项发展资金，即按各县（市）地方财政体制分成收入的1.5%统筹，用于一体化建设。针对境内交通等级不高、封闭运行收费公路较多等问题，金华市确立了"城际通道、疏港通道、出省通道"布局，积极构筑连接长三角经济区、温台沿海和四省九方经济协作区腹地的立体综合交通网络。目前义乌专业市场辐射圈内便捷、高效、网络化的高等级快速交通雏形已经显现，将进一步拉进各县（市）之间的时空距离，为加速生产要素流动、整合提供强有力的支撑。临沂尽管也是一个交通枢纽，但是多体现在与外部省（市）的铁路和公路联系上，本辖区内的各县（市）之间的交通建设，无论在投资还是协调力度上都与金华存在不小的差距。例如，截至2010年底，虽然临沂全市公路通车总里程达到22316.4公里，但是，其中，63.5%的是2005年之后实现的，即2005年只有不到8000公里，而同期金华已超过10000公里。两相比较后同样不难看出，金华的一体化措施更加有力。

通过以上两方面的事实比较之后，基本上能够推断出义乌专业市场辐射圈的一体化程度更高。可令人困惑的是，为何在一体化程度提高的情况下，义乌商圈的相对专业化指数反而下降了？我们的疑问并没有得到解决。

是不是指数计算公式带来的问题呢？为了进一步展示两个辐射圈经济

---

① 本书的义乌专业市场辐射圈在地理范围上大体与浙江金华的行政区域范围一致。

空间分布的变化，根据式（4-12）我们得到表4-7、表4-8的计算结果。表中的数值是每个县（市）与其他县（市）间专业化指数的算术平均值，详细的计算结果见附录C。从两个时间横截面看，按国民经济行业计算的地区间平均专业化水平在两个辐射圈的表现仍然不同。临沂专业市场辐射圈的指数是上升的，从2000年的0.38上升到2007年的0.56[①]。

表4-7　按国民经济行业计算的地区间专业化指数的平均值比较

（临沂专业市场辐射圈）

年份	兰山	罗庄	河东	沂南	郯城	沂水	苍山	费县	平邑	莒南	蒙阴	临沭	全市
2000	0.41	0.39	0.64	0.41	0.32	0.28	0.34	0.30	0.42	0.32	0.34	0.38	0.38
2007	0.62	1.12	0.75	0.51	0.52	0.42	0.50	0.41	0.46	0.47	0.45	0.47	0.56

资料来源：笔者根据《临沂统计年鉴》（2001年、2008年）计算而得。

而义乌专业市场辐射圈的指数仍然是下降的，从2000年的0.73下降到2007年的0.72。

表4-8　按国民经济行业计算的地区间专业化指数的平均值比较

（义乌专业市场辐射圈）

年份	市区	兰溪	义乌	东阳	永康	武义	浦江	磐安	全市
2000	0.69	0.78	0.61	1.09	0.60	0.66	0.79	0.63	0.73
2007	0.63	0.62	0.74	0.75	0.62	0.67	0.62	1.14	0.72

资料来源：笔者根据《金华统计年鉴》（2001年、2008年）计算而得。

通过两个计算公式得到的指数变动趋势一样，显然，基本可以排除计算公式的原因。那么，原因究竟是什么呢？现在能解释这个悖论的只有一种可能：义乌专业市场辐射圈的分工已经深入同一产品内部，也就是说，同一产品的不同环节是分布在不同的区域进行生产的。该推论正确与否，可以从近年来义乌饰品行业的生产中看出端倪，该行业的产品

---

① 全市的平均专业化水平是通过计算各县（市）的平均专业化水平的算术平均数得出，而各县（市）的平均专业化水平是它与其余各县（市）的专业化指数的算术平均值，为了使对比更加清晰直观，表4-7和表4-8显示的皆是平均值。

通常是先通过来料加工等方式分散在各相邻县（市）生产出零部件，然后运回公司总部完成组装。或许这种生产方式已经普遍存在于其他行业。如果这一判断成立的话，表4－8中按大口径国民经济行业计算的义乌专业市场辐射圈专业化指数的下降，恰恰是产业由集聚到扩散过程中的区域分工深化的反映，进一步也可以推测该辐射圈内地区间的专业化指数在较小口径的两位数水平上也很可能是下降的。经过计算，实际的结果与我们的推测十分吻合（见表4－9）。

表4－9 按制造业二位数计算的地区间专业化指数的平均值比较

（义乌专业市场辐射圈）

年份	市区	兰溪	义乌	东阳	永康	武义	浦江	磐安	全市
2000	1.42	1.34	1.25	1.16	1.40	1.31	1.23	1.28	1.30
2007	1.06	1.20	1.20	1.14	1.23	1.12	1.05	1.11	1.14

资料来源：笔者根据《金华统计年鉴》（2001年、2008年）计算而得。

经验的观察也的确如此，目前，金华市要着力做大做强的六大特色产业集群，无不是商圈核心层各个城市实行产业协作的结果。医药化工产业群以市工业园区医药区、临江分区为龙头，以市区、东阳、兰溪、永康等地一批骨干企业为依托；汽摩配产业集群以市区、永康的整车企业为龙头，以市区、永康、武义等配件生产企业为依托；轻工产业集群以义乌中国小商品城市场为龙头，以东阳、义乌、浦江、兰溪、市区为依托；五金工具产业集群以永康中国科技五金城为龙头，以永康、武义、市区为依托；食品工业产业集群以婺城、金东的食品加工企业为龙头，以金东、东阳、武义、磐安等地的生态农业产业区为依托；建材产业集群以兰溪的建材企业为龙头，以东阳、浦江、婺城、永康为依托。在以义乌中国小商品城市场为核心的基础上，周边县市通过来料加工等多种协作形式，已经或正在成为义乌小商品市场重要的产品加工和制造基地。本章的比较分析，一方面说明了专业市场扩张对产业空间转移的推动，另一方面证实了两个辐射圈因一体化水平的不同而处于不同的产业转移阶段。

第5章

专业市场拉动的经济增长

通过上一章的分析我们得到如下结论：在专业市场的扩张阶段，围绕专业市场的产业集聚达到一定程度时也会产生集聚不经济，产业集聚的区位将随着市场规模的扩张而发生转移，转移后的产业集聚在空间分布上具有部门集聚特征①。这种由专业市场所在地产业转移引致的地区专业化使地区间形成了一种分工格局。不过，地区专业化部门大规模生产的持续增加是在与其他地区的经济交换中实现的，因此，微观主体是否能以较低的费用迅速找到交易的对象就是地区专业化部门生产持续增长的关键。本章的分析指出，正是大规模专业市场具有的分工可靠性②，不断把外围地区的专业化部门卷入整个分工网络，进而带动当地的经济增长。本章涉及的作用因子为专业市场的制度供给、技术供给、网络组织和交易规模。

---

① 在本书中，部门集聚也可以理解为地区间按比较优势发生的专业化分工集聚。

② 有必要做出解释的一点是，笔者在前面第3章和第4章的研究基本上采取了基于规模报酬的"核心－外围"模型作为基础来演绎，而在本章中又采用以专业化经济和网络经济为基础的新兴古典经济学模型，乍一看，似乎在对同一问题的论述上存在不一致，因为这两种报酬递增的思路截然不同。其实，规模经济和专业化经济并没有严格的界限，学术界仍然存在分歧，有观点认为规模经济包含专业化经济，但也有观点认为规模经济已包含在专业化经济中，许多看上去是规模经济的东西实质上是专业化经济，比如，产业集群的企业规模虽然很小，但是它们在分工协作中进行生产，当每个中小企业只专注于产品某个环节或工序时，单一行为（产品）的工作量便会大幅增加，进而导致产品成本下降，生产效率提高，这既符合规模化经济的定义，也可以理解为专业化经济。同时，从完成经济活动的最终目标考虑，无论规模经济还是专业化经济，都只是一个中介传导变量，前提是必须有一个专业市场提供大规模的市场需求。基于此，我们在研究中并未将二者严格区分，用"核心－外围"模型解释第一阶段产业集聚的产生和扩散，用新兴古典经济学模型解释第二阶段产业集群外迁后的地区间分工，在区域实现发展的过程中，两种机制同时发挥作用，只是在不同阶段各自的能量和比例有所不同。再次强调，所有这一切的持续进行都需要大规模专业市场的存在。

5.1 专业市场的分工可靠性

下面通过一个新兴古典经济学的模型[①]（杨小凯，1998）说明专业市场在提高分工可靠性方面的优势。微观主体之间分工行为决策的目的是预期效用的最大化[②]。我们可以将其表示为如下形式。

$$\text{Max}\, U = xy^{d}P$$

该函数面临三个约束条件：①$l_x + l_c + l_s = 1$（时间约束）；②$P_x x^s = P_y y^d$（预算约束）；③$x + x^s = l_x^a$（$a > 1$，生产约束）。其中，l_x为用于生产 x 产品的劳动费用；l_c为保持现有贸易的劳动费用，如果我们用 N 表示网络参与者的数量（$N \geqq 2$），用 c 表示平均发展一个商务关系的劳动费用，则有 $l_c = cN$；l_s为拓展贸易的劳动费用，如果我们用 r 表示每个参与者获得交易的概率，用 s 表示使 r 每增加1%所需要的费用，则 $l_s = sr$，如果用 q 表示每次交易的交易费用率（$0 < q < 1$），则有 $r = 1 - q$；P 为交易的可靠性，$P = 1 - (1 - r)^N$（$0 < r$，$P < 1$）。

根据以上模型和设定条件，我们可以解出含有 r 的如下方程。

$$2[1 - (1 - r)^N] = (1 - cN - sr)N(1 - r)^{N-1} \qquad (5-1)$$

其中，

$$N = -(s/c)(1 - r)\ln(1 - r) \qquad (5-2)$$

而且，

$$P = 1 - q^N \qquad (5-3)$$

由（5-3）式可知，由于 $0 < q < 1$，当 N 增大时，P 增大。这意味着网络参与者数量的增加可以提高交易的可靠性，这可以由分工网络的投资协同效应进行解释。对于专业市场而言，这意味着贸易关系中存在一种"大数原则"，即如果市场中的采购商和供货商数量增加，那么将会降低

---

① 该模型推导过程借鉴了陆立军和杨海军（2007）的成果，在此表示感谢，但笔者在推导结果的解释上做了进一步的修改。

② 正如克鲁格曼（Krugman，1991）以及藤田昌久等（Fujita，Krugman，Venables，1999）所指出的，"经济现象是从家庭或厂商决策的相互作用中产生的"，任何的区域模型都要有微观基础，微观主体趋利的行为导致了可以模型化的区域经济现象。参阅 Fujita, M., P. Krugman, A. Venables, *The Spatial Economy*, MIT, 1999。

分工导致的不确定性，或者说增强交易的确定性，而当交易的双方数量为小数目时，即 N 减少时，在 q 给定的条件下，P 变小，即交易的可靠性下降。举例来说明这个问题，我们不妨考虑一种极端的"单对单"的情况：企业 A 只与企业 B 发生贸易①，也就是说，企业 A 的原料来源或产品流向只能是企业 B；而企业 B 的原料来源或产品流向也只能是企业 A，这相当于 A 和 B 的资产产生具有很强专用性的双向锁定，这种情况将造成最低的交易可靠性。这是因为，它们各自的利润函数既是对方决策的函数，也是自身决策的函数，一旦双方意识到这一点，便很容易诱发旨在获取额外经济租的机会主义行为的出现。根据博弈论的结论，一次静态博弈的均衡往往对双方都是非最优的，也即存在帕累托改进的可能，但一旦出现一方遭遇偶然性的不可抗力或其他破坏性的机会主义行为，将导致交易难以进行，进而对另一方造成重大损失。而专业市场中存在大量的上下游厂商，将会解除交易中的这种双向锁定，从而提高分工后交易的可靠性。

并且，由（5-3）式还可以看出，当 N 一定，q 减小时，P 增大。可见，现有每次交易的保持费用率降低，也可以提高分工的可靠性。就专业市场而言，可以通过完善制度和管理以降低内生交易费用；提高信息传递效率以降低信息成本；完善配套物流设施以降低运输费用等途径来提高交易效率。

由（5-1）、（5-2）两式可以得到以下两个隐函数关系（以 $q=1-r$ 替代）。

$$F(q,N,s,c) = 2[1-q^N] - [1-cN-s(1-q)]Nq^{N-1} = 0 \qquad (5-4)$$

$$G(q,N,s,c) = N + (s/c)q\ln q = 0 \qquad (5-5)$$

（5-4）、（5-5）两式的雅可比（Jacobi）行列式为：

$$J = \frac{\partial(F,G)}{\partial(s,c)} = \begin{vmatrix} \dfrac{\partial F}{\partial s} & \dfrac{\partial F}{\partial c} \\ \dfrac{\partial G}{\partial s} & \dfrac{\partial G}{\partial c} \end{vmatrix} = -qN\ln q\left(\frac{sr-cN}{c^2}\right)$$

---

① 这里 A、B 都可能是生产商、供应商或者贸易商。当 A、B 都是生产商时，A 给 B 提供中间产品；A 是供应商而 B 为生产商时，A 给 B 提供生产要素；A 是生产商而 B 是贸易商时，A 提供产品给 B；A、B 都是贸易商时，A 是 B 的商品来源。

在 N 为大数时，拓展贸易的劳动费用 $l_s = sr$ 显然小于保持现有贸易的劳动费用 $l_c = cN$，有 $J \neq 0$。因而可以求出：

$$\frac{\partial c}{\partial q} = -\frac{\begin{vmatrix} F_q & F_s \\ G_q & G_s \end{vmatrix}}{\begin{vmatrix} F_c & F_s \\ G_c & G_s \end{vmatrix}} = \frac{q^{N-2}\{[q + sN - 2s - sq(N-1)]\ln q + s(q-1)\}}{(cN - sr)\ln q} \quad (5-6)$$

（5-6）式的分子中，我们略去一个微小项 $s(q-1)$，有：

$$\frac{\partial c}{\partial q} = \frac{q^{N-2}[q + sN - 2s - sq(N-1)]}{cN - sr} \quad (5-7)$$

当 N 为大数时，在上式中，分母 $cN - sr > 0$；同时分子省略 q 这一微小项后变为：$sq^{N-2}(rN - 2 + q)$，在 N 为大数时，$rN > 2$。则分母 $sq^{N-2}(rN - 2 + q) > 0$，

则有 $\dfrac{\partial c}{\partial q} > 0$，即 $\dfrac{\partial q}{\partial c} > 0$，又因 $\dfrac{\partial r}{\partial q} = -1 < 0$

所以，

$$\frac{\partial r}{\partial c} = \frac{\partial r}{\partial q}\frac{\partial q}{\partial c} > 0$$

这个结果表明，平均发展一个分工交易体系中的商务关系的费用 c 越低，则每个参与者交易活动成功的概率 r 越高。进一步由 $P = 1 - (1-r)^N$ 可知，分工的可靠性也得到提高。因此，当 N 为大数时，可以降低平均发展一个商务关系的费用率，从而提高分工的可靠性。就现实中的专业市场而言，随着技术供给的演变，我国部分地区的专业市场不断加快市场的信息化建设，电子计算机与信息网络技术等现代交易技术将不断应用到专业市场建设、运行的整个过程中。电子商务、网上数字化市场、支付系统和新型物流系统不断发展，这大大降低了平均发展一个商务关系的费用。

5.2　地区专业化部门的卷入

在第4章的分析中，我们知道了市场规模推动产业转移进而促进地区专业化的形成；现在经由上面的分析，得出了专业市场规模扩大后带来的

是分工交易可靠性的增强，那么，接下来的问题是，后者给前者带来的影响是什么？下面的分析将指出，这一影响就是区际分工模式由传统型向市场主导型的转变。

众所周知，无论是基于比较优势的区域分工还是基于规模经济的区域分工，分工一旦形成，便面临协调或交易的问题。分工的核心问题是分工所带来的好处与分工所增加的交易费用之间的权衡（杨小凯，1998），事实上，就分工的空间扩展而言，区域间分工是以微观主体的权衡为基础的，而每个区域内的微观经济主体都在分工带来的收益和交易引致的成本之间权衡。当前者大于后者时，分工就会演进；如果协调成本或交易成本过高，区域之间的分工演进便会停止。因此，在分工利益给定时，降低分工所带来的协调费用就可以不断促使分工深化，同时扩大分工的规模，不断地把相关的主体或区域卷入进来。

传统的区域专业化分工与产业间的相互依存具有很强的根植性，区域分工产生于产业间上、下游关联的微观经济体间，产业之间的联系不断在地域上扩展，从而导致区域产业专业化。在这种分工模式下，扩展达到一定的限度也会产生扩散不经济，从而抑制扩展的继续进行。这是因为，过度的扩展会引起迂回生产过程的拉长，使发生经济联系的微观经济主体数量增多，这个时候，单纯依托旧的上、下游产业的协调机制，就会使经济秩序发生混乱，经济活动之间固有的联系破裂，失去发展所必需的外部环境；不能开展合理的分工与协作，就必然导致生产与经营的效益下降，甚至连正常的生产或经营过程也难以维持，这种情况被称为协作失灵。经济不发达也可以说是大规模协作失灵的结果，其中投资无法进行是由于其他互补性投资并未进行，而后者并未进行的原因又恰恰是前者的缺乏。

在这种情况下，如果没有一个超脱于各区域之上的运转良好的协调机构，在上述传统分工模式下，很强的互补性（绝对优势或比较优势）可能使经济陷入一种"低水平均衡陷阱"中，却无法达到另外一个更好的均衡；如果所有相关各方的行为能够通过某种方式得到协调，该经济体就可以向一个比较好的均衡移动。事实上，在哈耶克（Hayek，1944）看来，由于现实经济中信息的无限多样性，加之微观经济主体在最大化各自利益的目标驱使下独立行动，复杂的外部世界远远超出人类的认知能力，不可能存在一个运转良好的协调机构；在此情况下，区域之间的分工如果由机构来协调，势必重蹈计划经济的覆辙，使经济徘徊于低水平的均衡之中。因此，在自由经济中，对于机构在协调区域分工中的作用，即使不完全否定，也应摆在一个从属的地位。

关于这个问题，新兴古典经济学认为，市场的作用在于市场扩大后所导致的有效协调分工（杨小凯，1998）。这种有效协调从根本上源自市场规模扩大后交易费用的降低和交易可靠性的增加，当不同区域共享一个大规模市场时，较大的地方市场因其交易可靠性的增强，既使产业间产生较强的"后向关联"或者"需求关联"，也使产业间产生较强的"前向关联"或者"成本关联"。伴随着对传统产业关联的强化，经济演变的一个必然结果是，由市场不断拓展所产生的投资协同①以及由此引致的规模报酬递增，促使不同区域基于各自的比较利益在利用市场的基础上分工协作，其间的"产业关联"转变为生产要素、产业等与市场的单一关联。于是，传统的产业上下游关联基础上的区域分工逐渐被以市场为核心的区域分工所取代，如图5-1所示。并且，伴随着市场规模的不断拓展，被辐射的地区也不断被卷入分工协作网络，地区间的专业化也在此基础上不断深化。

专业市场核心型的区域分工网络形成后，地区专业化部门的生产将带动区内其他生产部门综合发展，并形成主导产业、辅助产业和基础产业相协调的区域产业结构。由于专业化生产是以区外的商品交换为目的的，为了满足区外产业日益增长的需求，地区专业化部门的大规模生产开始启动，第3节的讨论将会说明，这种大规模生产的持续进行对当地经济迈入一种高水平的增长阶段十分重要。

---

① 协同效应是指两个事物有机地结合在一起，发挥出超过两个事物简单总和的联合效果。对区域合作而言，协同效应是指在市场的引导下，区域间实现整体性协调后，由区域间的功能耦合而成的区域整体性功能。区域整体协调后所产生的整体功能的增强称为协同效应，可以简单地表示为"1+1>2"，即区域的整体经济增长大于各部分的增长之和。恰恰是这种隐性的、不易被识别的经济规模增值，为区域带来了长期的竞争优势。这里的投资协同，是指当多个区域被卷入分工网络后，同时围绕市场进行投资。

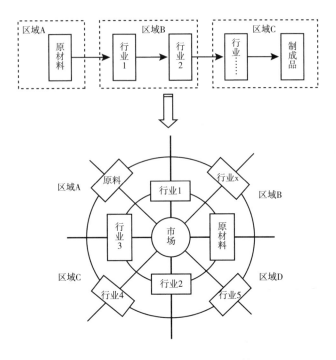

图 5 - 1 传统关联向市场关联的转换

5.3 大规模市场支撑的经济增长

承接前文，日益扩张的专业市场为业已形成的地区专业化部门启动大规模生产，进而参与交易实现资本的回笼或中间产品的交换提供了保证，或者说，这让从事专业化生产的地区厂商大大降低了无法完成交易的风险。那么，这与外围地区的经济增长之间又存在什么样的逻辑关系呢？为了说明这个问题，我们需要暂时撇开以上的内容，先在此插入分析外围地区的专业化部门之于当地经济增长的重要性。

一般而言，一个地区的经济活动可以分为两类：第一类是满足区域外部需求的经济活动，这由本地的专业化部门（地方专业化的产业集群）承担，该部门也可以称作该地区的"出口部门"[①]；第二类是满足当地居

民需求的经济活动。对当前趋于高度一体化的经济来说，一个地区不可能进行自给自足的封闭生产活动，区域经济若要获得更快的增长，必须利用本地的资源优势或历史上偶然形成并循环累积的优势，为来自外部的需求提供产品或服务，从这个意义上说，第二类的经济活动是由第一类经济活动所派生或引致的。

现在我们假定一个地区的出口部门的收入为 X，该收入是外生变量，即由来自地区外部的需求（市场）决定，在本书中指的是来自专业市场的需求，本地的专业化生产部门并不能控制这个变量，继续假定出口部门的收入以固定比例 a（$0 < a < 1$）用于消费本地非出口部门的产品。由此可以得出，第一轮的出口收入 X，在本地支出后会引致第二轮收入 aX 的增加，aX 的支出又可以引致第三轮 a^2X 收入的增加，依此类推，这个增加过程可以反复无穷进行下去，但趋于向零值收敛。因此，根据等比数列的求和法则，可以得到该地区的收入 Y 为[①]：

$$Y = \frac{1}{1-a}X \qquad (5-8)$$

上式表明，一个地区的经济增长取决于该地区外部对本地专业化产品的需求 X 以及当其转化为收入后在本地支出的份额 a，理论上的几何形式表现为一条斜率为 1/（1 - a）的直线。不过，上述分析实际上把 a 假定为固定不变的常数，事实上，随着收入的提高，人们的消费或投资倾向往往会发生变化。普雷德（1966）曾指出，随着一个地区经济的增长，市场会大到足以支撑一个高效的规模企业，从而使本地提供更大范围的商品和服务变得有利可图，这种关系会启动区域经济增长的积累过程，随着地区经济的扩张，a 变大。这意味着乘数更大，因而 Y 会进一步增长，如此反复。因此可以合理假定 a 是上期区域收入的函数，即 $a_t = kY_{t-1}$，于是有：

$$Y_t = \frac{1}{1-a_t}X = \frac{1}{1-kY_{t-1}}X$$

上式可以近似地解出：

---

① 这个式子显然是凯恩斯主义的，即凯恩斯的乘数理论在区域经济上的应用。

$$Y = (1 \pm \sqrt{1 - 4kX})/2k$$

这在几何上表现为一条抛物线。

不过,随着地区经济的进一步增长(类似于国家层面的经济起飞点),当出口部门收入达到某一临界点时,乘数 a 会突然在短时间内上升为一个较大的常数 A。图 5 - 2 显示了 X 与 Y 之间的关系。

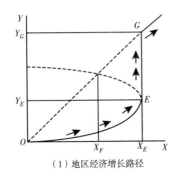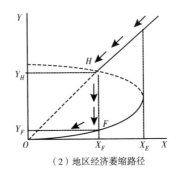

图 5 - 2　地区收入与出口部门收入的关系

资料来源:在 *The Spatial Economy*(Fujita, Krugman, Venables, 1999)的基础上修正而得。

结合图 5 - 2,我们考虑两个模拟的经济演进过程:一个是出口部门的规模从一个很低的水平逐渐增长;另一个是从很高的水平逐渐下降。在第一种情况下,我们可以设想 X 正沿着图 5 - 2 - (1)中较低的实线逐步上移。在出口部门的收入上升和当地支出所占的份额上升这两种情况下,地区总收入都会上升。然而,当 $X > X_F$ 时,情况开始发生变化,对于 $X_F < X < X_E$ 的任一值,Y 都有三个均衡值与其相对应,不过虚线上的值是不稳定的,这是因为在此期间,随着收入增加和预期的看好,微观主体的投资和消费处于不稳定或调整的状态;不过,一旦当 $X > X_E$ 时,这一过程就发生了质的变化,人们的消费和投资很快跃升至一个较高的水平,加速积累过程开始起作用了。在这一过程中,地区收入的增长导致乘数的增大,乘数的增大又导致地区收入更多的增长。在如图 5 - 2 - (1)所示的情况中,X 在越过 X_E 的微小上升致使 Y 从 Y_E 上升到 Y_G。

在第二种情况下,如图 5 - 2 - (2)假设 X 逐渐下降。当 X 沿着较高的实线下滑时，地区收入一开始成比例下降，当 $X < X_E$ 时，Y 同样有三个均衡值与其相对应，不过基本上是沿着实线下降的，这是因为，消费的棘轮效应和一些投资的专用性，使经济活动不会马上有大的变化；但当 X 降至 X_F 以下时，人们对经济预期的心理底线被突破，下降的加速积累过程就开始起作用了，在这一过程中，地区收入的下降导致乘数的降低。在该图中，X 在 X_F 左侧附近的微小下降使 Y 从 Y_H 减小到 Y_F。

上述相反的模拟过程显示，区域经济的增长轨迹与它的萎缩轨迹并不完全一致，这给我们两个重要启示：①当地区经济处于增长阶段时，专业化部门的收入增长突破 X_E 点时可以引起区域经济的"向外聚爆"（explode），也即推动区域经济进入高水平的稳定增长，因此，X_E 是一个突变点，积极推动专业化部门的收入超过该点是区域经济增长的关键；②当地区经济处于萎缩阶段，专业化部门的收入下降越过 X_E 点时，因为迟滞效应的存在，经济不会马上有恐慌的下降，只有进一步下降至 X_F 时，才会引起地区经济的"向内坍塌"（implode），跌入低水平的经济陷阱，因此，在地区经济萎缩阶段，当专业化出口部门收入处于 X_F 与 X_E 之间时，政府部门应采取措施阻止经济进一步恶化。

显然，接下来的问题是，究竟怎样才能促使专业化出口部门的收入持续增加并超过突变点呢？地区间共享的大规模市场的存在提供了保证。下面我们来揭示这一点。前面第1节中的模型显示，在一个大规模专业市场存在时，分工生产的可靠性与三个因素有关：①当参与者数量众多时，降低发展商务关系的平均费用率 r；②降低现有每次交易的平均成本 q；③增加区域分工协作网络参与者的数量 N，其中 P 与 q、r 之间是负向相关的变动关系，而与 N 之间呈现正向相关的关系。

现在引入市场规模①参数 S，根据经验可以合理推断，市场规模与参与交易者的数目是高度正向相关的，即当 S 增加时，N 也增加；并且通过前面几章的分析也不难看出，市场规模越大，保持现有交易的平均成本以及拓展交易的平均交易成本越小，即 S 越大，q、r 就越小。因而，可以

---

① 这里的市场规模不仅包括市场成交量所决定的市场规模，还包括市场所能够提供的市场信息容量等。

得出：

$$\frac{\mathrm{d}N}{\mathrm{d}S} > 0, \qquad \frac{\mathrm{d}q}{\mathrm{d}S} < 0, \qquad \frac{\mathrm{d}r}{\mathrm{d}S} < 0$$

又根据全微分公式，对于函数关系 $P = f(N, q, r)$，有：

$$\mathrm{d}P = \frac{\partial P}{\partial N}\mathrm{d}N + \frac{\partial P}{\partial q}\mathrm{d}q + \frac{\partial P}{\partial r}\mathrm{d}r \qquad (5-9)$$

两边除以 $\mathrm{d}S$，有：

$$\frac{\mathrm{d}P}{\mathrm{d}S} = \frac{\partial P}{\partial N}\frac{\mathrm{d}N}{\mathrm{d}S} + \frac{\partial P}{\partial q}\frac{\mathrm{d}q}{\mathrm{d}S} + \frac{\partial P}{\partial r}\frac{\mathrm{d}r}{\mathrm{d}S} \qquad (5-10)$$

不难看出，上式是大于 0 的，即分工交易的可靠性与市场规模呈正相关。市场规模越大，交易的可靠性越高，不断吸引相关地区的专业化部门加入交易网络中，对外的交易量就越大，形成了一种良性循环。因此，当大规模市场存在并成为区域的外部共享交易平台时，地区专业化部门可以通过这一共享式交易网络寻求对外出口，即地区专业化部门的收入 X 和交易的可靠性 P 正相关，两者关系可以用图 5-3、图 5-4 来表示。

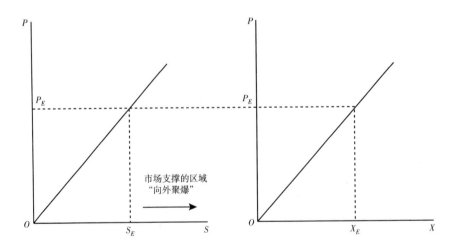

图 5-3　市场规模与交易可靠性　　　图 5-4　出口基础与交易可靠性

现在结合图 5-3、5-4，我们把本章的论述加以总结：在微观主体最大化决策的条件下，市场规模扩大可以提高交易的可靠性（见图 5-3）；区域在寻求经济增长时，市场的规模超过 S_E 可以推动交易的可靠性超过 P_E（见图 5 - 3），进一步推动区域出口部门的收入超过 X_E（见图 5 - 4），区域经济就可以"向外聚爆"，真正地迈入区域经济快速增长的阶段。因此，当市场规模超过 S_E 时，多个区域专业化部门就能同时围绕市场进行大规模生产，利用市场的这些区域也就形成了围绕市场的分工协作网络，和谐有序的经济增长得以实现。

5.4 案例：全国层面和地方层面的经验

为了对本章的理论分析提供支撑，我们将从全国和地方两个层面对专业市场与经济增长的关系提供经验方面的证据。全国层面主要讨论我国东部、中部、西部和东北部四大经济区域经济增长与专业市场的关系，集中反映专业市场对区域经济增长的时序影响。地方层面主要以临沂为例，展示专业市场对当地各产业的拉动效果。通过将较为宏观的全国经验和相对微观的地方经验相对照，以便从总体上把握专业市场与区域经济增长的紧密联系。

5.4.1 专业市场对四大区域经济的拉动

根据《中国商品交易市场统计年鉴》的划分方法，全国共分东部、中部、西部、东北部四个区域。其中，东部包括浙江、河北、福建、北京、江苏、山东、上海、天津、海南、广东 10 个省份；中部包括湖北、安徽、江西、山西、湖南、河南 6 个省份；西部包括甘肃、云南、陕西、内蒙古、广西、重庆、宁夏、四川、新疆、青海、贵州 11 个省份，西藏由于相关统计数据缺失而不在此列；东北部包括黑龙江、吉林、辽宁 3 个省份。

图 5 - 5 是 2000 年以来我国东部、中部、西部和东北部地区的专业市场成交额的变化。图 5 - 6 是 2000 年以来我国东部、中部、西部和东北部地区 GDP 的变化。从图 5 - 5 可以看出，东部专业市场的成交额占全国专业市场总成交额的绝大部分比例，而其他地区的这一比例较小。这是因为东部地区如上海、浙江等省份具有较好的经济基础，历史上就有市场经济的文化传统，加之中央关于经济开发开放的政策推行较早，专业市场的增长自然比较迅速；而中部、西部和东北部要么是受自然条件和地理位置的

限制，要么是受旧有的计划体制和意识的束缚，要么是老少边穷地区，经济基础相对薄弱，人们的消费能力相对较低，故而专业市场发展较为缓慢，与东部地区形成明显的差距。

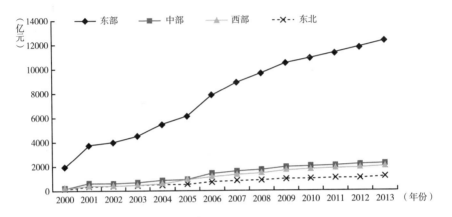

图 5-5　各大区域历年专业市场成交额

注：以 1978 年为基期价格测算。

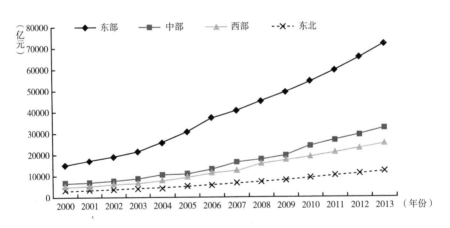

图 5-6　各大区域历年 GDP

注：以 1978 年为基期价格测算。

图 5-7 是各大区域历年专业市场成交额和 GDP 增长率。专业市场从 2000 年开始被纳入年鉴统计体系，统计数据不全和统计口径的变化导致 2001 年的增长波动幅度较大。除 2001 年外，各年份的增长幅度表现都比较平稳，与 GDP 的增长率变化频率较为一致。总体上看，2008 年之前的

专业市场和 GDP 增幅相对较高，其后因金融危机影响，同时还有投资边际效益递减的原因，二者增长率都有了相应的调整。分地区看，各大区域之间还是存在比较明显的差异。东部、中部地区的增速相对比较稳定，西部地区的增长速度较快，2004 年后逐渐超越东部、中部，但波动也大，东北由于受到旧有体制机制的影响，市场化比较滞后，2008 年之后在专业市场发展和 GDP 增长方面都处在一个比较低的水平。

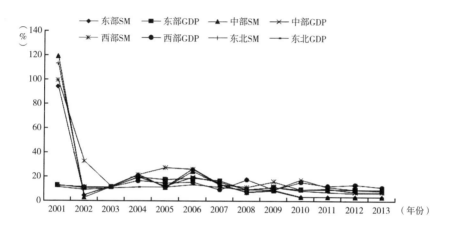

图 5 - 7　各大区域历年专业市场成交额和 GDP 增速

注：SM 为专业市场成交额。

图 5 - 8 是各大区域专业市场成交额与 GDP 的散点图，反映了两个指标值的对应关系。从图中可以看出，如果以总和值的对应关系为参照，东

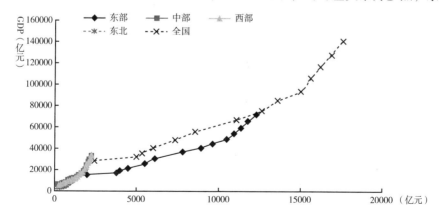

图 5 - 8　各大区域专业市场成交额与 GDP 的散点

部的发展匹配度高于中部、西部和东北区域，而发展趋势最为相似的是中部、西部两个区域。这些特点表明无论从哪个尺度的空间范围观察，专业市场的规模与区域经济的规模都存在一定的相关性。

下面我们通过精确的计量分析来进一步论证二者间的关系。这里采用面板数据模型，其一般形式为 $y_{it} = \alpha_{it} + \sum_{i=1}^{k} \beta_{kit} x_{kit} + u_{it}$，其中，$i = 1, 2, \cdots,$ n 表示 n 个个体；$t = 1, 2, \cdots,$ 表示已知的 t 个时点；y_{it} 表示被解释变量对个体 i 在 t 时的观测值；x_{kit} 表示第 k 个解释变量对于个体在 t 时的观测值；β_{kit} 是待估参数；u_{it} 是随机误差项。为方便计算，这里仅对样本本身的个体差异情况进行分析，故使用固定效应模型，数据选取以专业市场成交额和相应 GDP 为指标，分别来自《中国商品交易市场统计年鉴》和《中国统计年鉴》（2001～2014 年），以 1978 年为基期的价格指数进行测算，并利用 Excel 将相应省份的测算结果加总整合为各大区域相关数据。借助 Eviews7.0 在面板单位根检验和协整检验的基础上进一步完成面板数据模型的估计。

分别定义 $\ln SM_{it}$ 和 $\ln GDP_{it}$ 为处理后的第 i 区域第 t 年的专业市场成交额和 GDP，然后对个体和整体进行相应的 ADF 单位根和面板单位根检验（见表 5－1），ADF 检验显示水平序列的 t－统计量均大于临界值，说明该序列非平稳。而面板单位根检验的 IPS 统计量分别为 － 0.438、－ 0.267，因为在 5% 的显著水平上的临界值为 － 2.07，所以在 5% 显著水平上 $\ln GDP_{it}$、$\ln SM_{it}$ 接受面板单位根假设。

表 5－1　四大区域 GDP 和专业市场成交额的 ADF 检验

区域	$\ln GDP_{it}$ 的 t－统计量		$\ln SM_{it}$ 的 t－统计量	
	水平序列	一阶差分	水平序列	一阶差分
东部	－ 2.86 **	－ 6.21	－ 2.13 **	－ 4.84
中部	－ 3.69 **	－ 5.43	－ 1.92 **	－ 5.36
西部	－ 1.47 **	－ 2.18	－ 0.26 **	－ 4.15
东北	－ 1.58 **	－ 3.16	－ 0.97 **	－ 3.88

注：** 表示在 5% 显著水平下 ADF 的 t－统计量接受单位根原假设。

为了考察专业市场和经济增长的关系，对四大区域的 $\ln GDP_{it}$ 和 $\ln SM_{it}$ 进行回归，在不考虑滞后影响时设面板模型为：$\ln GDP_{it} = C_i + \beta_i \times \ln SM_{it} + u_{it}$，其中，$u_{it}$ 为噪声项。对该模型进行协整检验的结果如表 5-2 所示，可以看出，由于在 5% 的置信水平下 ADF 统计量检验显著，即可以确定 $\ln GDP_{it}$ 和 $\ln SM_{it}$ 序列之间存在协整性。

表 5-2 面板协整检验结果

	t - 统计量	Prob.
ADF	3. 28562 **	0. 0004

注：** 表示在 5% 的显著水平下 ADF 的 t - 统计量序列协整。

进一步应用面板数据模型得到的估计结果为：

$$\ln GDP_t = 2.368263 + 0.576903 \ln SM_t + u_t$$

$$R^2 = 0.927$$

各区域变量回归系数的 t 统计量也较为显著，整体拟合度较好（见表 5-3）。

表 5-3 模型估计结果

区域	系数值	t - 统计量
东部	0. 661237	9. 28347
中部	0. 560286	6. 0859
西部	0. 598202	10. 32965
东北	0. 553719	10. 53126

从各区域的系数可知，我国东部区域的专业市场对其经济增长的拉动作用最大，西部和中部次之，而东北区域的这一作用最小。这一结果并不难理解，东部区域的专业市场起步比较早，与当地的中小企业集群联系密切，市场扩张自然带动当地的集群生产，同时东部地区本身的物流、交通等基础设施较为完善，实际上为更好地发挥专业市场的拉动作用创造了条件。中部、西部的专业市场则兴起得相对较晚，并且受到区位条件、基础设施、历史文化、市场意识、政策制度等主客观条件的约束，其对消费、

生产、投资的拉动效应并没有得到完全的释放。就专业市场的起源而言，它最初是为满足村镇的、非公有的、小型企业的销售要求自下而上而产生的，因此，在这种民营经济比较发达的区域，专业市场对当地经济的拉动往往比较明显，而国有经济比重大的地区则刚好相反，或许从这一点可以解释东北区域的系数估计值。

5.4.2 专业市场对临沂经济增长的拉动

山东临沂是我国专业市场的重要集中地之一。自 20 世纪 90 年代以来，临沂市商业经济发展迅速，特别是商业批发市场有了长足的发展，现已形成长江以北最大的商品集散地，成为临沂市经济发展的龙头产业。经过 30 多年的发展，临沂商城已经发展成为全国知名的专业市场集群、重要的物流周转中心和商贸批发中心，形成全国"南有义乌、北有临沂"的商贸市场发展格局。迄今临沂城区拥有专业化批发市场 101 个，经营面积 1055 万平方米，商位 6.9 万个，从业人员 23.3 万人，日客流量 30 万人次，经营产品涵盖小商品、五金、建材、板材、园林机械、劳保用品等 25 大类 6 万个品牌，基本涵盖了生产资料和生活资料主要门类。2013 年，临沂商城实现市场交易额 2096.2 亿元，成为山东省最大的专业批发市场群，其规模、交易额、综合效益等指标一直居山东省同类市场首位。目前，临沂商贸城正以较快的发展速度走在全国商品市场发展的前列。近年来，临沂先后被评为"中国市场名城""中国物流之都""中国板材之都""中国十大市场强市"。

作为全国最大的专业市场集聚地之一，临沂以商贸业为主导，以通达的物流和基地生产为支撑的发展路径，已成为"临沂模式"的重要特征。专业市场的发展带动了临沂的经济增长，同时推动了当地的基础设施建设，在此基础上临沂的城市化水平和综合经济实力有了大幅度提高，2014 年 GDP 总额达到 3569 亿元。临沂从过去的一个地方古城发展成为鲁南地区最大的商业城市，完全得益于以专业批发市场为主的商业经济的兴起和发达。

首先，总体上看，专业市场对经济增长的拉动体现在 GDP 上。我们可以从全国、山东和临沂的比较中更加清楚地认知这一点，1993 ~ 2014 年，全国 GDP 的年均增长速度是 9%，山东省 GDP 的年均增长速度是

11%，而同期临沂市 GDP 的年均增速却高达 13%，分别高出前两者 4 个和 2 个百分点。这种快速增长使临沂的各项经济规模指标与山东、全国的差距迅速缩小。例如，1993 年，临沂人均 GDP 为 1803 元，分别是同期山东省的 56% 和全国的 61%；2014 年，临沂人均 GDP 为 35600 元，是同期山东省的 59% 和全国的 76%，差距分别缩小 3 个和 15 个百分点。到 2014 年，临沂市全年实现生产总值 3569.8 亿元，增长 10%，超过全国的 7.4% 和山东省的 8.7%，继续保持快速增长（见图 5-9、图 5-10）。

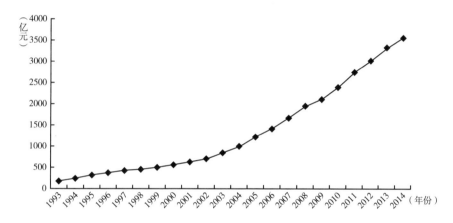

图 5-9　临沂市国民生产总值变动情况

资料来源：历年《临沂统计年鉴》。

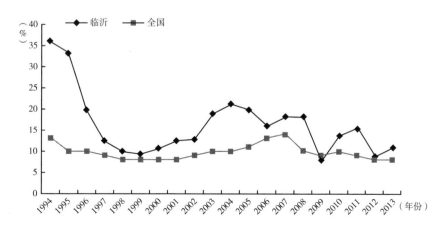

图 5-10　临沂经济增长速度与全国比较

资料来源：历年《临沂统计年鉴》《中国统计年鉴》。

其次，从国民经济产业分类来看，专业市场对各产业增长的拉动速度是不一样的。临沂市原本是受传统经济体制影响比较大的区域，这突出体现在当地的产业结构方面，例如，临沂在1982年还是以农业经济为主导，非农产业发展严重不足，当地三次产业结构为60.7∶18.2∶21.1。由于改革开放后专业市场的成长，市场在当地资源配置和经济运行中的决定性作用逐渐增强，产业结构发生巨大变化，非农业产值特别是工业产值比重不断提高，逐渐形成具有一定技术水平和生产规模的以机械、化工、电力、电子、建材、医药、轻工、纺织等行业为主的门类比较齐全的工业体系。1993年，第二产业比重首次超过第一产业，此后第二产业比重持续上升，到2014年三次产业比重为9.5∶46.2∶44.3，形成了以第二产业为主导的"二三一"的三次产值结构类型，产业结构体系已经接近全省同期平均水平，如表5-4所示。

表5-4　山东省和临沂市三次产业结构对照

单位：%

主要年份	山东省三次产业结构			临沂市三次产业结构		
	第一产业	第二产业	第三产业	第一产业	第二产业	第三产业
1982	39.0	42.0	19.0	60.7	18.2	21.1
1987	32.2	43.1	24.7	54.9	26.0	19.1
1992	24.3	45.5	30.2	37.5	35.4	27.1
1997	18.0	47.9	34.1	27.6	41.5	30.9
2002	13.2	50.3	36.5	17.0	47.8	35.2
2007	9.7	57.1	33.2	12.4	51.0	36.6
2010	2.4	48.7	48.9	11.0	50.0	39.0
2014	8.1	48.4	43.5	9.5	46.2	44.3

资料来源：山东省信息网、临沂市统计信息网。

同时，专业市场的繁荣也使专业市场在第三产业中扮演着越来越重要的角色。专业市场年交易额的增长速度在近几年内高于第三产业总体增长速度，已成为发展第三产业、优化国民经济结构的支柱，这使第三产业增长速度明显高于山东省平均水平（见图5-11）。

值得注意的是，近年来，临沂第三产业内部的结构也在发生积极变

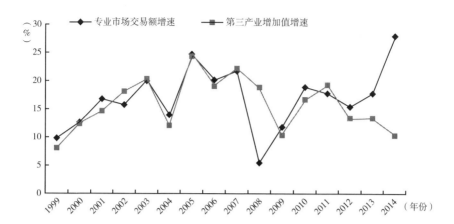

图 5 - 11　临沂市专业市场交易额增长速度与第三产业增加值增长速度比较

资料来源：历年《临沂统计年鉴》。

化。专业市场在直接推动传统商贸批发产业增长的同时，也间接带动了信息咨询、证券投资、交通运输、电信、金融保险、房地产等现代服务产业的增长，在工业城和批发城的所有沿路、沿街全部规划建成了与批发城和工业城配套的服务、餐饮等网点及社会化服务中心。在批发城北部建成了目前全国最大的城乡客运汽车站，初步建立起与市场发展相适应的第三产业体系。

　　最后，从民营经济的增长情况看，在专业批发市场的带动下，临沂逐渐突破单一的全民集体经济结构，开始大力发展民营经济，逐步增强市场经济意识，形成了多元化的所有制经济结构。近年来临沂民营经济在当地经济增长中发挥着越来越重要的作用。民营企业产值、规模、家数和利税等指标均高速增长，2013 年，临沂市民营经济市场主体 33.6 万家，占全部经济主体的97%，实现90%以上的就业。在山东省民营经济增加值占 GDP 比重为 44.8% 的情况下，临沂的民营经济在整个经济增加值中的比重为 77.6%，民营经济提供的税收在整个临沂税收中的比重达到 84.4%。在临沂整个市场主体中民营经济的数量占到 96.7%，2013 年临沂民营经济的投资占到整个新增加投资的 89.1%，民营经济对临沂整个投资的贡献度达到80%以上。从空间角度看，以民营经济为主体的产业多呈集群式布局，尤其是食品、物流、商贸、木业等产业集群的规模和竞争力不断提升，有力地促进了区域工业化水平和综合竞争力的提高。

综上可以看出，临沂市以专业市场为主的商业经济近年来有了长足的发展，已经成为临沂市经济发展的支柱产业之一，对临沂市各方面的发展所起的带动促进作用是巨大的，它已经成为临沂经济发展新的增长点。

第6章
专业市场驱动的多中心结构

本章的论述将从数量层面转向结构层面。迄今为止，前面各章在很大程度上是从数量层面论证专业市场的主导作用，论述所涉及的产业集聚、地区专业化等现象的客观结果都是从整体上使专业市场辐射区域的生产能力得到极大提升，也即表现为经济总量的高速增长。但增长不代表发展，发展还意味着增长质量提升或可持续性增强，发展是包容的、共享的、全面的、均衡的增长，其重要体现之一是空间经济结构的变化。区域空间格局由"单中心"向"多中心"转变，不仅可以缓解中心区域的增长压力，而且有利于区域内部的均衡发展。基于此，本章将分析焦点转换到专业市场主导的区域空间结构变化。

6.1 专业市场影响空间结构的原因

专业市场是30多年中国经济转型过程中的一项重要制度创新。它为经济交易活动提供了一个高效率的经济"特区"，例如，大幅降低了针对市场内交易商品的税收；外地经营户及商品与本地经营户及商品在市场内一律同等对待；政府和中介组织承担市场交易活动的仲裁和安全保障服务。专业市场聚集了数量众多的买卖双方，提供了巨大的市场需求，实质上是交易活动在空间上的集聚。在巨大的商品需求的刺激下，当一些进入壁垒解除后，个人或企业为了抢占市场的机会和空间，就会将资金迅速投入相关的行业中。

作为交易活动在空间的载体，专业市场同时具备专业化和集聚两种特性。对于微观企业以及由微观企业组成的产业集群而言，专业市场的这两种特性的作用体现在：第一，扩大了市场需求容量；第二，使更大范围的空间的需求得以集聚。这为拉动地方产业集群发展和成长提供了稳定的需求保障。同时，由于专业市场不仅是一个需求集聚中心，而且是一个信息的处理和汇集中心，市场内参与交易的企业都可以共享或者低成本获取有关产品需求的这些信息。并且，动态地看，有关产品需求的任何变化都会迅速集中至专业市场，这些信息经过市场解读或处理后又第一时间传达至相关的生产企业，生产企业根据信息变化调节生产，灵活适应市场需求。专业市场正是通过这种机动灵活的方式为集群企业抢占市场空间创造了条件，推动了产业集群的发展。

由上可以看出，专业市场的公共性和"市场特区"性质降低了集群小企业的生存成本，有利于集群的成长和规模的扩大。这种集群的成长和扩大不仅来自本区域企业的集中，而且还来源于专业市场对相邻区域企业的诱导迁移。从微观层次看，企业空间扩张是促使企业迁移的主要动力，一旦企业达到其生产容量的边界，它就需要考虑迁移到其他地方。一般来说，企业主要通过原地扩张、在相邻区域设立新的分支机构、整体迁移到新地方三种方式寻求更大的发展空间。考虑到现实中迁移成本和沉没成本的客观存在，企业通常采取最经济的原地扩张方式来扩大生产容量。只有该办法不可行时，企业才会考虑迁移或在相邻区域建立分支机构。相比较而言，大企业和中小企业对迁移的态度和方式是有很大差异的，前者一般以设立分支机构的方式寻求新的扩张空间，后者因为其在规模上的灵活性，更倾向于选择迁移的方式，为了维持供应商和员工的关系，企业主往往是在现址附近寻找新的区位。

这里需要说明的是，企业区位选择不完全等同于企业迁移，前者更多地考虑目标区位的吸引力，后者更多权衡的是新区位对原来区位的替代，这需要决策者不仅要考虑新区位的有利因素，而且还要考虑到原来区位的阻碍和推动因素，由上述拉力、阻力和推力等相互作用共同构成企业的迁移力。因此，企业迁移比企业区位选择的复杂性和综合性要高许多。

具体来说，企业迁移的目的是希望节省成本和提高利润，因此，在不考虑其他条件变化的情况下，企业的迁移行为具有财富效应。从经济学理论逻辑上讲，迁移增加企业财富的必要条件是迁移的边际利润大于边际成本，为了满足这一条件的要求，企业在决定是否迁移之前必须评估新、旧区位的利润和成本。假定某企业留在原地 B 的利润为 $R_B - C_B$，而迁移至 A 地区的利润为 $R_A - C_A - M$。其中，R_i 为企业在 A 地或 B 地的收益；C_i 为企业在 A 地或 B 地的成本；M 是迁移成本。因此，当迁至 A 地的利润比 B 地高的时候，也即当 $R_A - C_A - M > R_B - C_B$ 时，企业迁移可以增加企业财富。然而，当迁至 A 地的利润小于 B 地的时候，也即 $R_B - C_B > R_A - C_A - M$ 时，企业迁移将会导致企业财富的损失。

正是在吸引微观经济主体基础上，专业市场的发展推动了地区产业的发展，并促进区域内形成专业化产业区，加快了地区工业化的步伐。专业市场以及由其带动的专业化生产对一个区域的影响是多元而深远的。它推进着该地区的城市化进程，促使新的专业化城市出现。

6.2 市场辐射范围的空间结构分异

一般来讲，企业等微观经济主体在选址时会有以下考虑：①是否便于获得所需要的生产要素，或者原材料是否方便运输过来。这些与地区的比较优势有关，属于产前成本。②是否有方便生产的各种设施和条件，即马歇尔所说的设施与中间投入共用，劳动市场共享，知识信息与技术外溢，等等。这跟规模报酬有关，属于产中成本。③是否方便把成品迅速传递到消费者手里，也就是说，相应的推销和配货成本是否高昂，这跟市场规模及当地交易设施完善与否有关，该成本随着交易设施的完善和市场规模的扩大而降低，这属于产后成本。总体来说，企业的区位选择取决于两地运输成本和生产成本之和的高低，以及贸易成本的降低能否弥补运输成本和生产成本的增加①。

现在来看专业市场在企业区位选择中的作用。为了便于分析，假定由

---

① 总的来说，与每一个城市有关的成本取决于通往该地区的交通运输（这在获得原材料和销售最终产品方面都重要）条件和当地的生产条件（这包括产前的固定投入和产中的规模聚集经济）。类似地，采购商的选择也遵循这一法则，采购商总成本 = 运输成本 + 生产成本 + 搜寻成本 + 风险成本，后两者的大小与制度是否完善有关。因此，如果某地的交易制度完善，能够使搜寻成本和风险成本降到足够低的程度，那么即使该地交通不便，也能够吸引大量的客商。例如，某些上海产品在义乌的成交价格甚至低于在上海的成交价格。

地区 A 和 B 构成一个两区域空间经济系统①；两区域经济发展处于工业化初中期，A 地拥有交易所需要的专业市场以及生产所需要的资本技术优势，B 地拥有原材料和土地、劳动人口等资源优势。对照前面企业选址的考虑因素，显然，B 城市虽然没有交易方面的优势，但拥有产前的成本优势；而专业市场所在地的 A 城市具有随后的销售方面的产后成本优势。

当 A 地的专业市场规模及辐射范围还比较小的时候，这时的交易成本并没有低到相应的程度，也即此时尚无法弥补运输成本和生产成本的增加，显然追求收益最大化的企业既不会从 A 地迁移到 B 地，也不会从 B 地迁移到 A 地，两地的空间经济结构对比不会出现明显的变化，两地各自的产业发展和城市化都处于缓慢发展期，处于一种各自为政的状态。当由于某种偶然原因或政策原因，A 地的专业市场规模和辐射范围迅速增大的时候，贸易成本的降幅也很大，达到某一临界点后，以至于足以弥补运输成本和生产成本的增加，B 地的企业会率先迁移到 A 地，A 地随之受益并逐渐成为制造中心，B 地产业空心化、逐渐沦为农业外围，这时两个地区的差距拉大，A 地的城市化处于加速期；不过，A、B 两个地区的经济发展水平会随着两地的交易成本下降而趋同；这是因为，随着地区间交通等基础设施的进一步完善，运输成本相对于生产成本变得极低，区位就显得相对不重要了，企业这个时候将根据资源比较优势做出选择，也就是说，主要是产前成本起决定作用，B 地区因拥有水、土地和劳动力人口优势而承接 A 地的产业转移，真正成为制造业中心，A 城市则因专业市场的交易成本低和获取市场信息比较及时，会选择专注于做贸易相关的服务业，成为商业中心。A、B 两地的产品和劳务交换通过专业市场的交易机制而得到协调，大范围的生产高效而有序（见图 6 - 1）。因此，专业市场的规模扩张实际上等同于

① 本章的论证以模型分析为主，这种空间分析模型最早源于空间经济学大师艾萨德的《区位与空间经济——关于产业区位、市场区、土地利用、贸易和城市结构的一般理论》一书。该书从区域发展演化的一般过程出发，将投入和产出的地理分布以及价格和成本的地理变化纳入一般均衡框架，提出了一个区位和空间经济的一般理论，即涵盖了分布在空间中的所有经济活动的一般理论，从而将传统一般均衡理论、产业区位理论、市场区理论、土地利用理论、贸易理论和城市结构理论有机统一起来。受此启发，笔者根据专业市场辐射区的特点，将现实中的空间抽象为 A、B、C 三个区域，根据论证目的分别赋予 A、B、C 三地不同的特征，然后分析其在专业市场驱动下的空间经济特征变化。因此，本章的分析实际上是艾萨德区位理论在专业市场辐射区域分析中的运用。

推进了地区一体化，在推动地方化产业发展的同时提高区域生产效率，在此基础上依托不同产业的纵向关联和水平分工，围绕共享的大规模专业市场，最终形成了大、中、小城市"布局合理、功能互补、协调发展"的城市化空间格局。这就是专业市场驱动下的"和而不同，结构分异"的城市发展模式。

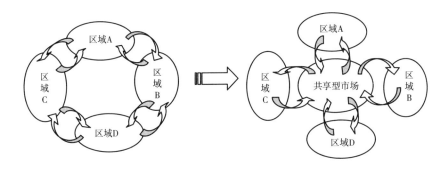

图 6-1　经由专业市场的大范围经济交换

　　当然，以上虽然表明了专业市场的重要驱动作用，但不可讳言仍然是在一个较为理想的条件下进行探讨的。如果考虑到现实中不同地区的影响因素差异很大，如在地区政府间协调能力、地区间的公共品如交通基础设施的供给水平等方面存在差异，并且把这些因素加入上述概念模型中分析的话，不难得出三种预想的结果。具体来说，可能有三种格局：①如果地区间要素自由流动，且地区间的交通设施完善，运输成本很低，那么专业市场将起主导作用，所辐射区域完全按照规模效应与聚集效应的法则组织生产，地方化经济将变得强大，可以预见的是，不同的地区完全从事不同的产业，专业化的区域多中心格局形成，这就是上面所讨论的；②相反的情况下，如果交通基础设施极差，运输成本极高，且地方政府为了利益而采取阻挠措施①，即便有一个大的专业市场存在，也无法让相邻地区受

_____

①　浙江的义乌和东阳就出现过类似的事情。当看到义乌从小商品市场的繁荣中得到了巨大的收益时，与其临近的东阳也曾想复制这种经济模式，2006 年在距小商品市场不足十公里的开发区建设所谓的世界商贸城（与义乌的国际商贸城相呼应，明显有借助小商品市场的广泛影响而从中分一杯羹的意图），并对从义乌国际商贸城迁过来的商户许以极低的商铺租金，有意拉拢。面对这种危机，义乌的有关机构曾对计划搬迁的商户发出警告，即"如若搬走，则将严格查验商户以往的缴税"等情况。迫于这种"威胁"，大多数商户自然打消了搬迁的念头。

益，其结果是同一产业在空间中低水平均匀分布，多中心不会出现；③中间的情况则会出现一个产业、多个地区中心的结果，但是这些中心之间不会有分工，或者说出现产业结构雷同的现象。

显然，后两种情况是我们不希望看到的。以此观照现实，令人颇感庆幸的是，通过观察现实中专业市场驱动的地区经济发展状况，并没有出现后两种预想的局面。如何解释这一现象？笔者在这里做出一个大胆假设，即专业市场具有克服不利因素推动有分工关系的多中心形成的功能。究竟这个判断是否正确，则取决于能否对专业市场发挥这个功能作用的过程在理论上做出合乎逻辑的回答。

为了清晰阐述这种逻辑，同时也为了使分析更为契合现实，我们选取三个地区，同时由对微观企业层面分析扩展到中观产业层面。假定 A、B、C 三地围绕某制造产业展开竞争，与前面微观企业的成本考虑相类似，三地产业的整体竞争力主要取决于以下三种成本。①空间运输成本：主要指的是成品或者原材料的运输成本。假定 A 地与 B 地之间的各种交通基础设施衔接较顺，以及区域协调较好，则两者之间的空间运输成本较小。而 A 地与 C 地之间区域协调较差，则空间运输成本较大。②摩擦成本：主要指的是由地方政策制度不统一或行政分割带来的成本，它是目前阻碍专业市场推动区域经济一体化及影响地方化经济形成的主要因素。③生产成本：主要由制造行业的地方化程度和生产要素的比较优势决定。假定 A 地拥有专业市场而使交易成本很低，又利用本身拥有的生产要素形成了相关的产业集群，这进一步促使 A 地的生产成本降低。B 地虽没有专业市场，但在原材料等方面拥有比较优势，使得 B 地的生产成本仅次于 A 地，而 C 地在这两方面相对处于劣势，从而使得生产成本最高。

我们来看专业市场的规模和辐射范围扩张是如何降低上述成本，促进要素的自由流动与聚集，从而推动产业的空间结构分异的。可以分三种情况来讨论。

（1）假如区域 A 的专业市场制度完善，辐射面广阔，因为专业市场带来的外部需求巨大，为了借助这一需求发展本地经济，即便存在一定的运输成本和摩擦成本，相邻地区的政府也会主动对接专业市场，那么，在这种情况下，经济发展空间格局的决定因素在于比较优势。即应该首先由专业市场所在地 A 专业从事贸易，而由其他区域专门从事生产，即地区 B 和 C 也可以在自身比较优势的基础上吸引其他地区的生产要素，这样的结果等于三地区建立了垂直与水平相结合的区域分工体系，或者说每个地区都实现了产业的专业化与地方化，在这种情况下，区域的产业会随着要素价格的变化不断调整，此时，无论是静态效率还是动态效率都实现了最优化，区域产业的整体竞争能力也会因为这种专业化和灵活性而得到提高，经济因之呈现健康持续发展态势。

（2）即便地区间最初存在比较高的运输成本，也就是说，地区间的交易成本升高，从而影响到产品的专业化与地方化程度。但随着以后 A 地的专业市场的不断扩展，这些成本在很大程度上也会随之降低。这是因为，空间运输成本不仅取决于交通设施的完善，而且与区域内部各城市之间的协调能力、各种区域性组织与制度建设有关。而专业市场本身恰恰具有组织和协调的功能，并且市场规模越大越完善则组织协调的能力越强，从这个意义上而言，专业市场的完善本身就是降低运输成本的一部分。不断扩展完善的专业市场使大的空间范围内组织生产成为可能，从而推动产业制造的地方化。

（3）考虑不同地区之间因行政分割带来的摩擦成本，譬如为了保护本地没有优势的产业，A、B、C 三个地方的政府实施了地方保护行为和制造产业的重复建设，那么，在相邻地区成功对接市场需求后，只要 A 地专业市场的需求规模足够大，就足以使各地的政府放弃自身没有优势的产业，而专注于自身具有比较优势的产业，增加商品生产的专业化与地方化程度，增强整个区域的产业竞争力。

通过第 1 节和本节的上述分析过程可以看出：专业市场具有影响空间经济分布的作用。但是这种作用的发挥也是以其他因素为条件的，或者说也受到其他因素的干扰，突出表现为这种干扰阻碍要素的合理自由流动，专业市场的驱动作用被延缓或大打折扣，地区间实际的分层结构与区域分工效率会偏离最优的理论模型。因此，在多地区共享一个大规模专业市场的情况下，地区内部和地区之间只有持续不断地完善各种基础设施和协调制度，降低各种壁垒，各区域才能在专业市场的带动下真正实现"各展其才、通力合作、各尽其能"的多中心发展目标，各类资源要素的利用才能达到最优化。

6.3　贸易成本、要素流动与多中心形成

第 2 节的讨论实际上局限在单方面存在专业市场的情况，而现实中还存在多地皆有专业市场的情况。现在假定 A、B、C 三地皆具有专业市场，但规模大小不同，因而其贸易成本存在差异[①]，A 地的专业市场规模比较大，因此 A 地的边际贸易成本小于 B 地和 C 地的边际贸易成本，由此带来的变化为以下几点。①边际贸易成本的下降，将使 B、C 两地的边际贸易利润小于 A 地，并且商品的买卖双方也将向 A 地集中。②厂商为了赚取更多利润，将考虑在 A 地新增投资或将原有工厂迁移至 A 地，以便尽量压缩运输成本。不难推断，在 A 地人口不发生变化的情况下，A 地资本存量和人均资本存量增大将导致 B、C 两地的劳动力真实工资小于 A 地。如果进一步假定人口流动的成本很小或者没有成本，那么，B 地和 C 地的人口由于受到高工资的吸引，也将大量地向 A 地迁徙或者流动。于是，由于专业市场贸易优势的诱导，资本、人口及产业在 A 地产生聚集，初步的集聚又会导致进一步的集聚，或者说集聚的循环累积效应会持续存在。这里的循环累积更多地可以理解为专业市场所在地的吸引力不断增强，当然也不否认排斥力的存在，换句话说，A 地始终存在集聚经济和不经济。同样，B、C 两地始终存在离散经济和不经济。

但是，有一点必须指出，无论是 A 地的集聚经济和不经济，还是 B 地、C 地的离散经济和不经济，二者的变化都会有一个临界点。具体来讲，就 A 地而言，在最初资本与人口集聚的一段时间里，市场规模的扩大可以推动专业化分工，效应明显的专业化分工不仅促使厂商内部技术层面的生产成本降低，而且促使上下游厂商衔接层面的搜寻成本和不确定性成本加速下降，这时投资成本一般会有比较大的降低，从而使得生产经营

[①]　在前面的论述中，我们已经指出，因为交易的规模经济和范围经济的存在，使专业市场的规模和交易（贸易）成本之间存在一种正反馈的关系。这可以做如下解释：买卖双方数量和交易商品的增加（专业市场规模）使贸易活动在同等的约束条件下比别的地方更容易实现（贸易成本比别处更低），这个好处又吸引更多的买卖双方加入进来，从而导致贸易成本的进一步下降。

的利润增加，这是集聚经济的重要来源。但是当较大的专业市场所在的 A 地的专业化分工水平趋于相对稳定后，这种成本降低的幅度就会减小。从几何图形上来看，较大的专业市场所在的 A 地集聚经济的边际变化呈现先增强后减弱的倒 U 形动态趋势。与此相应的是 A 地集聚不经济的变化，可以肯定在初期的时候，A 地的集聚不经济不会太明显，也就是说，土地、水电和环境的价格上升不会太明显，但这些因素不可流动从而无法通过其他方式得到替代，因此其价格也会无限上涨，因此，反映在几何图形上 A 地的集聚不经济呈现先平缓上升后大幅上升的 U 形变化。不难理解，在越过某一临界点之前，集聚经济是主要的，资本与人口会在较大的专业市场所在的 A 地迅速集中，但当越过临界点后，集聚不经济将会占据主导地位，几何上两者相互影响的结果是 A 地的边际规模成本（因单位规模增加导致的经济运行成本增加）呈现先降低后上升的 U 形变化特点，或者是边际规模利润（因单位规模增加导致的经济运行利润增加）呈倒 U 形变化（见图 6 - 2）。

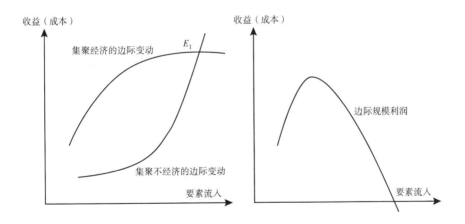

图 6 - 2 当要素流入时 A 地的生产成本变化

与此相应，因为本地专业市场的萎缩，以及资本和人口外流导致 B 地和 C 地的中间投入品交易成本和价格的上升，这是离散不经济；同时 B 地和 C 地的土地、水电等价格又因为资本、人口的流出而下降，这是离散经济。这些变化将促使对交易成本比较敏感而对水、电、土地等相对不敏感的制造业率先迁出，必然促使 B 地和 C 地的产业结构发生改变。在可流动要素外流的初期，B 地和 C 地的土地等不可流动要素价格的调整往往存在滞后性，离散经济优势不显著，同时，产业结构也并不能因为资本与人口的流出及时得到调整，所以这个时候对 B 地和 C 地而言，出现的往往是产业空心化，离散不经济是占主导地位的。不过，随着 B 地和 C 地资本和人口的持续流出，土地、水、电等的价格将快速下降至一个很小的值，加之经过两地产业结构的调整，离散经济最终会占主导地位，这样一来，从几何上观察，B 地和 C 地的离散经济和离散不经济的综合作用的结果是使两地的边际规模成本呈现倒 U 形曲线变化的趋势，或者边际规模利润呈现 U 形的趋势（见图 6 - 3）。

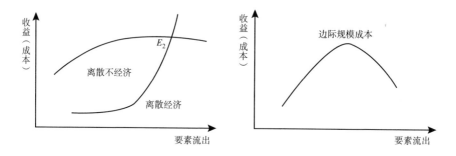

图 6 - 3   当要素流出时 B 地、C 地的生产成本变化

需要强调的是，无论是图 6 - 2 中的 E_1 点还是图 6 - 3 中的 E_2 点，并不是决定 A 地或 B 地、C 地要素流入流出的平衡点，或者说并不是决定三地集聚规模大小的平衡点。这是因为，以上分析中的离散经济和离散不经济的得失主体分别是 A、B、C 三地，它们是由政府、厂商、个人等理性个体集合而成的整体，然而部分的理性并不等于整体的理性。因此，E_1 和 E_2 只能是"上帝"的判断标准，并不能被厂商和个人等理性微观主体及时准确地感知到，故而也无法进一步做出资本、人口流入流出的权衡取舍。退一步讲，即便 E_1 和 E_2 能被厂商和个人及时感知，资本、人口的流入流出也未必能停止，原因在于个体的成本收益和整体的成本收益不一致是经济运行中经常出现的状况，以要素向 A 地流入为例，在 E_1 点时，很有可能个体收益仍然大于个体成本，此时资本、人口仍然持续流入。因此，以上只有理论分析意义，并没有实践指导价值，也不能完成我们预先设定的分析目标。

现在，为了摆脱上述理论困境，我们要引入一组概念——边际经营成本（MCR）和边际经营收益（MRR）。边际经营成本指的是区域新增单位厂商（投资）在一定时间内维持生产所需投入的全部成本，包括原料、劳动力、水、电、土地使用等所需支付的投入。边际经营收益指的是区域新增单位厂商（投资）在一定时间内维持生产而得的全部收入。二者都与集聚水平有关，但变化的趋势并不完全相同，虽然二者都随着要素的流入而增加，但边际经营成本的增加主要是由过多的流入资本展开对劳动力、水、电、土地的争夺导致的，而边际经营收入的增加主要是因为诸多的集聚效应（知识溢出、分工水平增加、基础设施支出减少）提高了生产效率导致的。换句话讲，对要素流入区域的新增厂商而言，同等数量的投入需要支付更多的价格，同时，同等数量的投入也得到更多的产出。

下面我们进一步从几何分析中详细阐明多中心形成的机理。

先以 A、B 两地为例。为了便于说明问题，补充一点假设，即 A 地与 B 地的距离要比 A 地和 C 地的距离近。通过上面的定义不难推断，A 地边际经营成本随着资本与人口的流入将逐渐上升，但增加的幅度逐次递减；B 地边际经营成本随着资本和人口的流出将逐渐下降，但下降的幅度逐次递减。因此，这一过程在几何上的表现是，随着 B 地的经济要素流向 A 地，A 地的边际经营成本与 B 地的边际经营成本之差呈现急速上升到平缓上升的曲线变化特点，如图 6－4 曲线 1 所示。

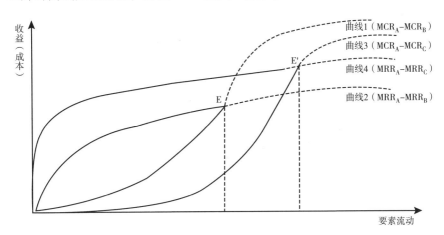

图 6－4　当要素流向 A 地时各地的成本收益变化

在要素向 A 地流入的初期，$MCR_A - MCR_B$ 最初的变化并不是太明显，因为劳动力、土地等价格变动具有滞后性；但资本流入的速度总是快于人口流入的速度，因此在要素流入的中期，A 地的劳动力价格、土地价格将快速上涨，$MCR_A - MCR_B$ 陡然升高；后期要素流入逐渐变慢，$MCR_A - MCR_B$ 重新趋于平缓。同理，$MCR_A - MCR_C$ 也呈现类似的曲线变化特点。但由于之前我们假定 A、B 两地之间的距离更近一些，B 地可以在很大程度上共享、利用 A 地的专业市场，进行信息和中间品的交换，而 C 点相对远一些，所以 B 地的离散经济与 C 地相同，但 B 地的离散不经济比 C 地要低。因此，我们可以看到，同样是边际经营成本曲线，$MCR_A - MCR_B$ 曲线在 $MCR_A - MCR_C$ 曲线的上方，如图 6 - 4 曲线 2 所示。由于规模经济的存在，A 地的边际经营收益相对于 B 地是在上升的，曲线 3 即 $MRR_A - MRR_B$ 的变化曲线，可以从中看出随着经济要素的流动，该曲线代表的值呈递增趋势。

那么，随着时间的推移，A、B 两地边际经营成本之差曲线与 A、B 两地的边际经营收益之差曲线呈现什么样的变化趋势呢？可以分两种情况讨论。①A、B 两地的边际经营收益之差曲线始终在 A、B 两地的边际经营成本之差曲线的上方，同样，A、C 两地的边际经营收益之差曲线始终在 A、C 两地的边际经营成本之差曲线的上方。该种情况下 B 地和 C 地的边际经营利润始终小于 A 地，经济要素一直流向 A 地，直到 B、C 两地人口为零。这种情况往往发生在 B、C 两地的人口较少，市场规模较小，没有对经济要素的吸引力，又或者自然条件恶劣之时。②随着 A 地持续吸纳来自 B、C 两地的要素，可以断定 B 地和 C 地的土地价格快速下降，A 地的土地价格将迅速上升，同时即便 A 地的专业市场较大，其对交易成本的降低也会逐渐陷于式微，这种情况导致的结果是 A、B 两地的边际经营收益之差的增长速度最终低于 A、B 两地的边际经营成本之差的增长速度，那么两条曲线就会相交于 E 点。A、B 两地的边际经营利润在 E 点相等，两地的要素流动暂时达到均衡。同理，A、C 两地相交于 E′ 点，此时的要素流动也暂时达到平衡。如图 6 - 4 所示。

仅就局部而言，E 点是一个均衡点，但从整体来看，该均衡点并不稳定。这主要是因为 C 地的对外要素输出没有停止。具体来讲，在 E' 点之前，A、C 两地的边际经营收益之差曲线仍然在 A、C 两地的边际经营成本之差曲线的上方，也就是说，此时 A 地的边际经营利润大于 C 地的边际经营利润，同样，在 E 点时，不难推出 B 地的边际经营利润也大于 C 地的边际经营利润，因而可以判断 C 地的经济要素在不断地流向 A、B 两地。而在 E、E' 点之间，如果 B 地的要素继续保持惯性地向 A 地输出时，B 地的边际经营利润实际上是大于 A 地的边际经营利润的[①]，这种情况迟早会被理性的微观厂商发觉；同时 C 地的边际经营利润小于 A 地的边际经营利润。在这种情况下，A、C 两地的资本和人口要素同时开始流向 B 地；而 A、B 两地又同时吸纳来自 C 地的资本与人口流动；相对于来自 C 地的迁入者数量，更多的经济要素从 A 地迁向 B 地，A 地成为经济要素的净流出地。B 地将因为资本和人口的不断聚集产生集聚经济，这将进一步吸纳来自 A、C 两地的资本与人口。随着要素流向的持续进行，必定会使 B 地的集聚不经济显现。同样由于要素的净流出，A 地的集聚不经济降低。

伴随着更多的制造业回流到 B 地，同样由于集聚经济与集聚不经济的对比变化，在 E 点以后的 B 地的边际经营成本呈现增加的变化趋势，同时 B 地的边际经营收益也开始增加，而在 E 点以后的 A、B 两地的边际经营成本之差呈现逐渐缩小的变化趋势，如图 6-5 曲线 1 所示。由于 A、C 两地的要素在 E 点以后流向 B 地，因此，A 地资本、人口下降的同时 B 地资本人口增多，这将导致 A、B 两地的边际经营收益之差缩小，如图 6-5 曲线 2 所示。逐渐趋于平缓的曲线 2 在 F 点相交于曲线 1，显然 F 点处的 A、B 两地边际经营利润相等，可以肯定的是，新的动态均衡形成以后，A、B 两地间不再有净的资本与人口流动。

至于到 F 点之后情况会怎样，这里还可以再分三种情形讨论。①如果 C 地在 F 点以前人口已全部流出，那么即可以将 F 点看作 A、B、C 三

---

① 这只是总体上的判断。如果分行业来讨论，则会出现不同的情况。因此，此时 A 地向 B 地的要素回流就是有选择的了，即主要是那些对土地成本或人工成本比较敏感的行业，比如，制造业可能重新迁回 B 地，区域分工也可以理解为从此开始的。

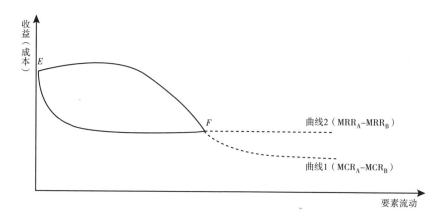

图 6-5　A 地要素向 B 地回流时的成本收益变化

地的要素流动均衡点。②如果 A 地与 C 地在到达 F 点以前已经实现二者间要素流动的均衡，而同时两地的要素又在流向 B 地，那么仍然可以把 F 点看作 A、B、C 三地间要素流动的均衡点。③如果 A、B、C 三地的要素流动在到达 F 点以前均未实现均衡，则在 F 点以后的情况如图 6-6 所示，其中曲线 1 表示 A、B 两地与 C 地的边际经营收益之差，而曲线 2 表示 A、B 两地与 C 地的边际经营成本之差，曲线 1 在 G 点以前位于曲线 2 的上方，随着资本与人口向 A、B 两地流动，两曲线最终相交于 G 点，此时图 6-6 中的 G 点是 A、B、C 三地间资本与人口流动的均衡点。

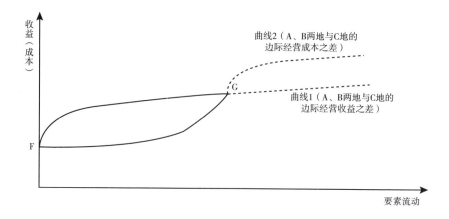

图 6-6　C 地要素向 A、B 两地流动时的成本收益变化

在 A、B、C 三地之间的要素流动达到均衡的 G 点时，B 地更多的是用地规模很大的制造业中心，A 地主要是以贸易为主的服务业中心。A、B 两地成为毗邻的两个贸易与生产聚集中心。很多 B 地产业的总部就设在 A 地，B 地的生产对 A 地的先进贸易设施有着信息、技术依赖，这样 A、B 两地形成了具有紧密经济联系的多中心城市区域。C 地则沦为农业外围。

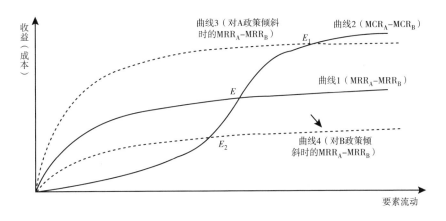

图 6-7　存在政策倾斜时的 A、B 两地均衡点的变动

接下来进一步考虑政府因素。由于专业市场对相邻地区具有极化的影响力，随着其管理制度、电子网络、相关市场会展以及与市场有关的物流配套设施方面的改善，极化效应进一步增强，如果此时政府采取倾斜性投资政策，在 A 地大举进行公共基础设施投资，那么，这一偏向性的投资政策很可能加剧地区间的不平衡，助长专业市场极化效应的一面，即将导致 A、B 两地边际经营收益之差曲线上移，结果将是和 A、B 两地的边际经营成本之差曲线推迟相交于 E_1 点，如图 6-7 所示。而与此相反的是，如果政府采取的倾斜性政策是针对 B 地的，显然是 A、B 两地的边际经营收益之差曲线下移，如图 6-7 曲线 4 所示，结果是将会和 A、B 两地边际经营成本之差曲线提前相交。因此，单从几何上的显示判断，单方面对 A 地的倾斜性政策很可能不利于多中心城市的形成，而政府对 B 地的倾斜性政策会促进多中心城市的形成。

通过本节的分析可以看出：当多地均存在专业市场时，由于市场规模大小的差异，较大的专业市场会不断地蚕食较小的专业市场，因之而导致的贸易成本的变化会吸引贸易活动向大的专业市场所在地集中，即形成贸易中心；同时生产活动向其他地方集中，即生产中心；贸易中心和生产中心分工协作、各取所需，最终形成多中心城市区域的空间发展格局。

分析至此，一个专业市场推动区域经济发展的故事已逐步清晰。

6.4 案例：金华和泉州的多中心结构

就全国范围而言，因专业市场带动地区经济并业已完成由单中心到多中心转换的地域有两个：金华和泉州。浙江金华是众多专业市场的所在地，30多年来，市场带动下的东阳、永康、义乌等地纷纷建立相关特色产业，推动当地经济高速增长，金华区域的空间结构因之发生深刻变化，由原来的单中心逐渐演变为多中心的浙中城市群。同时期，与其相距不远的泉州也在发生深刻的城市空间结构变化，集中表现为石狮和晋江两座城市的崛起。两座城市几乎同步崛起绝非偶然，其直接动力来源于20世纪80年代即开始兴建的大规模服装、鞋帽等专业市场，从时间上看，专业市场带动当地轻工产业发展的过程就是两城市崛起的过程。

6.4.1 金华的多中心结构

这里所说的金华与前面提到的小商品市场所辐射的义乌商圈核心层在地理范围上大致相当，之所以在标题中用"金华"替代"义乌商圈"核心层，是为了与泉州案例形成呼应。小商品专业市场的大规模扩张，极大地促进了周边地方特色产业和块状经济的集聚发展，并且进一步通过驱动资本和人口在所辐射地区间的流动形成新的地区增长极，最终形成具有较高质量的多中心城市区域[①]。下面我们通过具体数据向读者展示

① 一个有必要提及的事实是，人们通常都认为温州是中国最为富有的区域之一，至少要比浙中城市群所在的金华市富有得多。但实际情况是，2010年，温州市的人均国内生产总值为37366元，金华市则达到45031元，比温州市高出了7665元。这其中，以中国小商品城（全国第一）和中国科技五金城（全国第三）为核心的浙中城市群专业市场体系（超越了温州这个市场大市）的超常发展功不可没。

金华的这个特点。第一个需要展示的是小商品市场主导下的资本流动，虽然在现有的统计体系下，我们无法找到地区之间资本流动的直接具体数据，但是可以找到一个替代的方法，就是看各不同地区的固定资产投资额的年度变化，这种变化或许很微小，但可以被视为对资本投入变化的一种折射（见表6-1）。

表6-1 金华各县市固定资产投资额的历年比例变化（不含市区）

年份	兰溪	义乌	东阳	永康	武义	浦江	磐安
1995	0.08	0.28	0.18	0.10	0.04	0.05	0.02
1996	0.08	0.27	0.19	0.11	0.04	0.05	0.02
1997	0.09	0.23	0.20	0.10	0.04	0.05	0.01
1998	0.10	0.22	0.21	0.10	0.04	0.05	0.02
1999	0.09	0.23	0.22	0.11	0.05	0.04	0.02
2000	0.08	0.26	0.20	0.10	0.05	0.04	0.02
2001	0.08	0.25	0.17	0.13	0.05	0.06	0.02
2002	0.09	0.25	0.16	0.12	0.05	0.05	0.01
2003	0.09	0.24	0.15	0.13	0.05	0.06	0.02
2004	0.10	0.23	0.16	0.11	0.05	0.06	0.02
2005	0.12	0.24	0.14	0.12	0.04	0.07	0.02
2006	0.11	0.26	0.14	0.12	0.04	0.07	0.02
2007	0.10	0.27	0.12	0.13	0.03	0.07	0.01
2008	0.07	0.29	0.11	0.13	0.03	0.06	0.01

资料来源：根据历年《金华统计年鉴》整理计算。

从表6-1可以看出，作为全球最大的专业市场所在地的义乌和五金专业市场所在地的永康，其固定资产投资的比例总的趋势是上升的，而东阳由于距离义乌最近，最先受到专业市场的辐射，资本的流出比较明显一些，从表中也可以清楚地看到固定资产投资额的比例下降也比较明显。武义和磐安因为交通不便，不具有发展工业的太多优势，其投资额比例稳中有降。

第二个需要展示的是小商品市场主导下的人口流动，由于当前中国的户籍制度比较严格，人口的流动远没有达到发达国家的自由程度，因此，从统计年鉴中的户籍人口统计中很难看出城市间人口的比重变化。不过，我们可以从一个小小的例子中看出人口的流动其实是非常巨大的，即最大的专业市场所在地义乌的户籍人口为 70 万人，而非户籍的外来常住人口在近十年间已经增加到 100 万人。也就是说，外来人口已经超过本地户籍人口，这是专业市场驱动人口流动的一个有力证据。

以上资本和人口的自由流动是实现有效率的经济空间结构的基本前提与保障。在这个基础上，整个小商品市场辐射区域逐渐形成"两主、两副"的网络型多中心结构，即以金华市区、义乌为主中心城市，以永康、东阳为副中心城市，以及形成五级中心体系，即主中心城市、副中心城市、县市域中心城市、重点镇和一般镇。

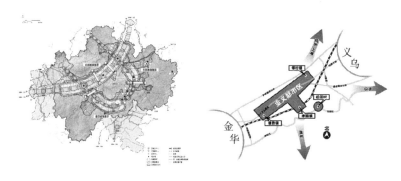

图 6-8　金华区域的空间结构

这一网络型多中心结构也可以用"多个核心区域、两条发展带"进行概括。其中，核心区域为金华市区、义乌和金东-义西南区，这些区域承载着网络型空间的核心功能，成为加快要素集聚、培育新型产业的服务基地和强大空间平台，提升了整个金华市的整体竞争力，为带动浙江中西部地区发展奠定了良好基础。两条发展带中的一条为金义主轴线，作为网络型区域核心功能的载体，主要通过培育金东-义西南战略区，建立、完善合作机制，通过促进主轴线产业发展实现集聚效应；另一条为联结金华市区、武义、兰溪、东阳、永康、磐安、浦江和义乌的发展带，是网络型区域内部要素集聚的主要空间。

必须要做出解释的是，以上小商品市场主导下形成的多中心结构有其特殊性。因为就一般而言，特定区域的空间结构主要有以下两类：一类是相对均衡的多中心结构，另一类是强核心的单中心结构。但严格来说，金华是以若干城市的聚合为核心的网络型区域。它既有别于所有城市均以自身功能为中心发展的城市群，也不同于以单个大都市为核心而发展的都市圈。金华是不同于以上两种模式的新型城市区域。这种不同在于，与单中心相比较，金华尚未形成明显的极化型核心城市；与均衡的多中心相比，金华内部的两个经济最发达的核心——金华市区和义乌市区距离较近，城市综合功能明显强于金华内部的其他城市，在经济、政治、社会等其他方面的集聚作用亦相当突出。

这就是说，金华内部有多个中心，但每个中心的集聚程度存在很大的差异。为了使该分析判断有为更坚实的基础，可以考虑计算城市的综合集聚度。城市的综合集聚度主要用来表征城市在区域中的地位及其辐射能力，城市的综合集聚程度越高，其对外辐射力就越强，但关键是如何构建合理的衡量城市综合集聚度的指标体系。一般意义上的集聚是指各种经济要素向特定空间的集中，而城市集聚指的是城市外围的原材料、人才、劳动力、资金等经济社会要素向城市空间的集中，与产业层面的集聚相比，城市集聚的内容更加多样化，主要体现在人口、消费、现代产业、储蓄、投资、客货运等方面，集聚程度大小与上述方面的绝对量和相对比重的大小有关，因此，我们可以选择社会消费品零售总额、工业产值、非农产值及其比重表示城市的经济集聚度；选择全社会固定资产投资表示城镇建设投资集聚度；选择人均储蓄额、人均 GDP 表示城市的生活水平；选择货运总量、客运总量表示城市的流通集聚度；选择非农人口、非农从业人口比重、人口密度表示城市的人口集聚度。

表 6-2　金华各县市指标数据（2008 年底）

指 标	金华市区	义乌市	永康市	东阳市	浦江县	武义县	兰溪市	磐安县
人口密度（人/平方千米）	451.13	639.55	528.98	461.18	419.02	209.58	504.81	172.73
非农人口（万人）	31.33	21.12	9.09	13.49	6.37	4.96	12.12	2.7
非农从业人口比重(%)	70.85	87.11	80.36	84.07	73.09	73.70	54.73	54.61
二、三产业占 GDP 比重(%)	92.92	97.26	97.10	94.94	93.94	90.35	90.01	83.66

续表

指 标	金华市区	义乌市	永康市	东阳市	浦江县	武义县	兰溪市	磐安县
工业产值 （亿元）	344.6	348.23	388.99	190.25	153.1	141.31	203.83	29.09
社会消费品零售总额（亿元）	115.94	148.8	49.54	67.12	30.09	24.41	37.79	8.39
全社会固定资产投资（亿元）	111.1	133.17	55.57	69.97	34.44	31.52	57.48	16.26
人均 GDP（元）	26046	50148	32403	22949	20708	20752	15602	13888
人均城乡居民储蓄额（元）	17664	53083	23306.9	16282	11476	10762	8188	7789
客运总量（万人）	3154.1	5821.42	2509.76	2899.6	1066.43	996.16	1111.47	733.59
货运总量（万吨）	2883.22	3143.23	2836.9	1284.9	515.52	674.28	1209.31	717.64

资料来源：据《浙江统计年鉴2008》整理计算。

现在的问题是，上述指标体系所涉及的各社会经济变量较多，并且不难判断这些变量之间存在较强的相关性。为了便于抓住问题的本质，同时为后续统计分析奠定基础，我们必须设法将数据降至一个可以掌握的水平。因子分析法是一种旨在数据降维和化简的多元统计分析方法，在面对具有相关性的诸多变量时，该方法能够利用几个少数随机变量来描述许多变量所体现的基本结构。因此，我们依据《浙江统计年鉴2008》的相关指标数据，采用因子分析法，应用 SPSS 软件对浙中八个县、市、区的城镇综合集聚度进行测算并进行因子分析①，最后通过对测算结果的比较来

---

① 这里因子的提取是根据原有变量的相关系数矩阵，采用主成分分析法提取特征根值大于1的特征根，经比较筛选后指定提取3个因子。采用方差最大法因子载荷矩阵实行正交旋转后得出，全社会固定资产投资、非农人口、工业产值、社会消费品零售总额、货运总量、客运总量这几个变量在第一个因子上有较高的载荷，因此，第一个因子命名为社会经济总量因子。二、三产业占 GDP 比重，非农从业人口比重这两个变量在第二个因子上有较高的载荷，因此，第二个因子可命名为非农产业比重因子，类似的第三个因子命名为人口密度因子。

确定区域内的核心城市。

利用 SPSS 输出因子得分系数矩阵并自动计算各样本的因子得分。以各因子的方差贡献率为权数，采用因子加权求和的方法来计算各城市的城镇综合集聚指数，计算公式如下：

$$城镇综合集聚指数 = \sum_{i=1}^{3} 因子\ i\ 得分 \times 因子\ i\ 的方差贡献率$$

根据上式和重点分析研究的需要，进一步对与金华各相关市、县的计算结果进行提取，相关的整理如下。

表 6 - 3　金华各市县因子得分及城镇综合集聚指数（2008 年底）

区域	因子 1 得分	因子 2 得分	因子 3 得分	城镇综合集聚指数
义乌市	- 0.08262	1.82844	0.48412	0.482
金华市区	0.21282	0.41607	- 0.59332	0.124
永康市	- 0.35343	1.44928	- 0.58028	0.094
东阳市	- 0.34935	1.21058	- 0.81752	0.002
浦江县	- 0.51644	0.71849	- 0.74982	- 0.195
武义县	- 0.37868	0.49681	- 1.07553	- 0.228
兰溪市	- 0.15318	- 0.593	- 0.20927	- 0.256
磐安县	- 0.14512	- 1.01716	- 0.59068	- 0.413

从金华的城镇综合集聚指数来看，义乌市和金华市区的综合集聚指数明显大于其他县市。与此相印证的是，在经济现实层面，金华的主要特征是义乌和金华市区两个核心之间形成了连绵带。从空间形态来看，它是一个由两个核心组成的空间线状结构体；从内部两个核心之间的相互作用来看，它是金华市区和义乌之间在发展空间和内部运动上的关系结构；从功能定位来看，它是由人流、物流、资金流和信息流所构成的功能结构体。作为浙中的区域核心，金华市区和义乌是金华内部最发达的区域。凭借两个核心的极化效应，以及高速公路、铁路等发达的交通网络，正在蓬勃兴起的金东经济开发区和金东新区将成为两个新兴的工业城市和产业集聚区。因此，"金义主轴线"的空间分布特征为，各个经济开发区（工业园区）和中心镇成为在以义乌市和金华市区为两极的连绵带上的重要节点。

从空间关系来看，金华内部的城市之间是规模中立的。所谓规模中立，是指各个城市在分工合作的基础上，凭借各自的优势，相对独立地发展，而并不存在严格的相互依赖关系。特别是在"金义主轴线"中，金华高科技产业的发展和义乌小商品制造和销售业的发展存在一定的独立性。"金义主轴线"相对于轴线以外的城镇而言，则存在一定的相关性，以永康和"金义主轴线"之间的关系而言，永康城市总体和五金制造业的发展与义乌的小商品市场、金华的科技教育文化和高端产业之间都存在很强的依赖关系，从而也体现了"金义主轴线"的中心性。

从职能关系来看，金华内部的城市之间存在弹性和互补关系。金华市区和义乌之间的弹性互补关系比较明显，金华市区提供了义乌所缺乏的科技、教育、文化等资源，而义乌则提供了强大的市场信息。对于永康、东阳，特别是兰溪、武义、浦江、磐安等城市，"金华市区和义乌"所提供的科技、教育、资本、市场以及高端产业，都成为引导其产业和城市发展的牵引力。

从活动关系来看，金华内部存在"主轴线"与非"主轴线"之间的服务导向，从而决定了主轴与非主轴之间的垂直可达性。垂直可达性是指高端与低端之间的可达，它往往是与单向流动相伴而生的，反之，水平可达性则与双向可达性相伴。在整个金华区域内，金华市区的教育、科技、文化、信息、技术与义乌的市场相结合，形成了"流"的高端，它们提供了信息经济中最为重要的知识和信息资源，这是一种单向的流动。当然，对于整个金华而言，这种垂直可达性和单向流动并不是绝对的，特别是对永康、东阳、兰溪等经济比较发达的中等城市而言，这就如同发展中国家同样也存在对发达国家的投资一样。在"金义主轴线"内部，义乌和金华市区之间的交流主要发生在资金、信息、市场、科学、教育等领域，这时信息成本成为其活动的主要成本，而在信息时代，一旦双方的交流主要发生在信息领域，那么交通成本就会大大降低；而"主轴线"与非"主轴线"特别是武义、浦江、磐安三县之间的交流，目前仍主要是以商品交流为主，因而交通成本就成为其交流的主要成本。

由以上分析可见，金华虽已形成多中心的空间结构，但各中心的地位和影响力存在相当大的差异。并且，一个可以肯定的推测是，随着专业市场的不断拓展和演变，金华的多中心空间结构必将继续随之演变，究竟什么样的空间结构才是更具有效率的，则一切应交给市场来决定。

6.4.2　泉州新中心的崛起

泉州是位于福建南部沿海的一个地级市。改革开放 30 多年来，在"兴市场，强产业"的发展战略指引下，伴随着经济的高速增长，该区域空间结构也发生了明显的改变，突出表现在石狮和晋江两座城市的崛起（见表 6-4）。

表 6-4　2000 年以来石狮和晋江两市的经济增长对比

年份	地区	常住人口（万人）	GDP（亿元）	固定资产投资（亿元）	消费品零售额（亿元）	财政收入（亿元）	本外币存款额（亿元）	人均可支配收入（元）
2014	石狮	67.6	638.4	349.7	352.4	60.4	722.7	37347
	晋江	206.5	1492.9	765.9	420.6	198	1363.6	28960
	泉州	844	5733.4	2940.3	2189.5	723.1	6062.7	26631
2000	石狮	29.5	87.7	11.7	71.9	4.9	54.3	—
	晋江	100.5	274.3	20.0	75.3	9.9	90.9	—
	泉州	658	951.8	71.6	315.5	48.3	426.4	9477

资料来源：泉州统计信息网，《泉州统计年鉴》。

石狮原本是晋江所属的一个镇，1987 年脱离晋江成为石狮市，是典型的专业市场集中地。一般来讲，某区域要率先成为专业市场的萌发地和集中地，需要具备三个条件：历史形成的绝对或相对的商业比较优势、周边区域有对商贸流通的巨大需求、具有偶然性的事件或英雄人物作为初始推动力。在本案例中，石狮自古以来就是商贾聚散和集中之地，恰好 20 世纪 80 年代晋江工业化的蓬勃发展对商品流通产生了巨大的需求[①]，加之开明有远见的地方政府的支持，石狮的专业市场应运而生。迄今全市有 18 条商业街、8 个专业商品市场、10 座商业城，是全国著名的服装名城、

---

① 最初，晋江工业化是靠 5 万推销员在全国各地走家串户来推动的，然而，随着服装、陶瓷等一系列产品品牌声名鹊起，晋江产品远销全国乃至海外，推销员的历史使命已经完成，随之发生的变化是大量的外地客商慕名蜂拥而至，他们需要更多的货物选择，显然此时需要一个专业化的交易组织来满足上百亿元的商品交换需求。

小商品集散地。个体工商户近万家，在全国设立 2000 多个营销网点。借助专业市场的销售便利，首先发生的是本地的产业集聚。由于初期商户的资本规模相对较小，风险承担能力较弱，石狮率先形成的是资本周转较快、发展风险较小的劳动密集型轻加工产业。开始的商户集聚完全是由自发的相互间的学习来推动的，即在同一区位上都选择相同或关联的产业，最终表现为同类或关联企业的集聚，当这种集聚达到一定规模，就形成基于产业关联的范围经济，而范围经济又进一步促成了规模经济的发展。于是集聚的"循环累积"效应得以产生。这实际上就是微观理性主体进行区位选择的过程，这种"比较利益"引起了连续迁移或流动，而连续迁移造就了迁入地的区位集聚效应，反过来进一步强化了迁移行为。

专业市场汇聚大量的人流、物流、信息流，由此产生的规模经济和范围经济大大降低了在石狮进行经营生产的成本。在这种"比较利益"的诱导下，微观经济个体做出了基于理性的"选择性行为"①，人口和资本持续流入，2013 年，全市 9887 家企业和 23735 家个体工商户中，有超过 4 成的市场主体是由"新石狮人"投资创办的。其中，全市新增的 1776 家企业和 6285 家个体工商户中，法定代表人或经营者为"新石狮人"的占总量的 40.3%。分别涌现出如荣誉集团、红门鹰、威尔斯顿、比尔齐、数码人、谷翼奇、尖嘴鳄等一大批由"新石狮人"创办的龙头骨干企业，其行业包括纺织服装、酒店服务、广告创意和食品加工等。由此可见，人口和资本流入撑起了石狮经济发展的"半边天"。本地资本和外来资本共同强化了区位集聚的优势，持续推动着新的中心城市崛起。截至 2014 年，石狮常住人口为 67.6 万人，其中，新市民 34.2 万人。石狮是福建省为数不多的外来人口超过本地人口的城市之一。

随着人口和资本的流入，本地的经营成本和收益也随之发生改变，这种改变的方向为：随着迁入地的产业密度增强，集聚收益增加，但增加的幅度在逐渐递减，同时集聚的成本也在增加，并且增加的幅度很有可能是递增的。因此，总体上的利润空间是在缩小的。在这种压力下，必然驱使

---

① 相比较其他区域而言，在国有经济比较薄弱的东南沿海，经济格局在很大程度上是基于理性自由选择的结果。这可以通过一个事实从侧面得到说明，即民营经济在晋江、石狮经济总量中占据 95% 的份额。

一些产业转移出去。究竟哪些产业先转移出去？要比较不同产业的集聚利润变化情况，因为不同产业的比较利益变化速度、拐点和趋向是不同的。与商业相比较，制造业对土地的依赖度更大①，而石狮的劣势恰在于空间地域狭小，因此，制造业在发展的过程中更容易碰到瓶颈。在这种情况下，低收益行业的经营者将最先对自身经营进行权衡考量，一般将面临两种选择：一种是低收益行业的资本就地向高收益行业转化，或者作为服从于高收益行业的服务业存在；另一种是将低收益行业在本区位的经营成本和其他区位的经营成本相比较，从而产生迁出的愿望。前一种选择省却了搬迁成本，但也只是着眼于短期的权宜之计，这是因为，资本在不同行业间的转移会面临诸如经验、技术、人脉、客户等条件的约束，后进入的企业很难与先进入的企业展开竞争。因此，出于长期经营最大化的考虑，低收益行业的经营者往往会倾向于后一种选择。基于这种比较利益变化的权衡，不同类型的个体经营者会主动寻找符合自身利益的聚集地。例如，石狮的服装工厂搬到晋江经营，晋江的鞋厂转行到石狮去开商店（当然，考虑到现实当中客观存在的搬迁成本，对此比较敏感的微观主体在决定是否搬迁时也要反复权衡，这有可能导致一部分的迁移不会发生）。因此，当我们局限于同一个区域进行观察时，看到的往往是一些产业不断壮大，另一些产业却逐渐衰落。石狮的商业兴盛、制造业相对萎缩和农业的衰落就是强有力的证据。

联系泉州的实际，从专业市场所在地石狮迁出的资本以及附着的劳动力要重新集聚在哪个区域，取决于目标区域地理位置的远近和该区域已有的产业基础。晋江原是个资源贫乏、工业基础薄弱的地方，但地理位置十分优越，交通便利。尤其是与石狮相邻，改革开放后在专业市场的带动下，晋江的工业化发展迅速，已经形成以民营经济为主体的鞋业制造、建筑陶瓷、食品饮料、化纤工业、纺织服装、玩具、伞具等较为成熟的产业集群，同时还拥有精细化工、造纸制药、机械设备和家私等一批正在形成

---

① 虽然我们没有直接找到石狮的数据，但可以从其临近的晋江土地利用变化中窥见一斑。在晋江市 1988～2001 年土地利用动态变化过程中，耕地大量转为非农用地。从城镇用地扩张来源分析，来自耕地的占 48.11%，农村居民点及工矿用地的扩展也主要是占用耕地，转换率为 44.1%。

中的产业集群，这不仅解决了本地人口的就业问题，而且为外来人口提供了大量就业机会。良好的工业基础和大量的就业机会源源不断地吸引外部资本和人口流入晋江，例如，陈埭全镇本地人口仅为7.3万人，但因为陈埭制鞋业发达，需要大量的劳动力，迄今吸引的外来人口竟达30多万人。正是专业市场和本地良好的工业基础优势，持续吸引周边区域的相关资源和要素流入晋江649平方公里的土地，推动晋江的快速崛起。

依托于专业市场的带动[①]，如今，石狮已成为极具实力的县市，为中国五大服装跨国采购基地之一，其综合竞争力位居福建省第五，人均GDP和人均财政收入均位居全省第一。与石狮毗邻的晋江是我国城市化和县域经济的典型，2013年，晋江市城市化水平为64%，远高于全国平均水平，是全国县域综合实力十强县（市）、福建县域经济排头兵。总体上看，作为泉州的两个中心，石狮和晋江尚处于城市的快速成长期，两座城市的定位不同，石狮走的是商业驱动现代城市发展道路，随着商业向高端攀升，其对资源和人口的吸引持续进行。晋江则是制造业推动，其中心地位的上升需要众多现代化大企业才能实现。但是，二者又具有相互依存的特征。在本案例中，作为商业中心，石狮促进了晋江的工业化大发展，至今包括市政府所在地青阳在内的晋江各镇约有60%的加工制造业商品在石狮实现交易；反过来，石狮的发展又离不开区域性工业生产中心晋江的支撑[②]。

进一步，随着专业市场的扩张及其辐射力的增强，我们可以对泉州地区的城市空间演化做出预测：第一种是短期来看，就单个城市而言，晋江

---

① 虽然这里我们强调的是专业市场在驱动新中心崛起中的决定性作用，但并非否定政府在这一过程中的重要性。在以上案例中，政府始终在做降低经济运行成本的事情，例如，把专业市场与基于电子商务平台的虚拟经营紧密结合起来，引导企业适应贸易方式的改变；大力推动电子商务平台建设，构建沟通企业与国际市场的信息网络，优化企业营销手段；大力发展现代物流产业，形成与产业集群发展相适应的物流圈和供应链；积极探索金融体制改革，降低融资成本，改善融资服务；鼓励发展各类中介组织，建立健全管理咨询、信用评估、法律服务、检测认证等中介服务体系。同时，政府要加强公共基础设施和城市建设，为集群的发展提供共享的硬件资源等。

② 以晋江的专业生产区陈埭、磁灶为例。陈埭镇聚集了2000多家制鞋企业，已成为全国旅游鞋的主要生产基地，成为全国三大鞋类原材料、辅材料市场之一；磁灶镇成为全国四大建筑陶瓷生产基地之一。

作为制造业中心，未来可能面临边缘化的风险。这是因为，从外部来说，随着电子网络技术的广泛采用，以及交通、物流等基础设施的进一步完善，专业市场的辐射能力将进一步增强，更多的区域被卷入专业市场的辐射范围，这对晋江来说将是一个很大的潜在"威胁"。也就是说，如果晋江的工业化升级和本身的城市化速度相对不能够较快发展的话，将有更多的区域与晋江展开竞争，从中有可能产生新的制造业中心①，从而使晋江逐步走向相对边缘化。除了上述外部原因，还有来自内部的原因：晋江的制造业中心地位是由企业集群而形成的，而企业集群作为地方根植性网络组织，具有结构性和周期性风险，当资源高度集中于某一产业或产品时，极有可能发生阻碍区域持续发展的"锁定"等负面效应。

第二种是长期来看，石狮和晋江有可能通过某种方式走向一体化，例如，晋江有可能被泉州本级吞并，而成为副中心城市，最终实现大一体化。这是因为，随着经济结构的变化和产业转型的推进，专业市场的大规模需求在企业发展中的重要性很可能逐渐淡化，而生产环境、城市公共品、交通、金融、技术等的重要性将逐步提高。就这些因素的完善健全程度而言，泉州本级市、晋江、石狮三地的发展往往不是完全同步的，在这种情况下，当企业的需求在其中一地得不到充分满足时，企业必然向其他具有更好公共设施的区位迁移。而各地为了避免资本和人口的流失，必然采取各种措施展开彼此间的竞争。但实际上，泉州本级市、晋江、石狮三地相距很近，内部相邻城市的过度竞争是不利于整个泉州发展的，不过从另一个角度来看，当城市间距离非常近时，通过政府介入因势利导推动一体化是解决过度竞争问题的最好选择。因此，我们可以大胆推测，在泉州形成三足鼎立的城市群之后，一体化将会加速，最终即由"群"变"带"，形成泉州－青阳－石狮协同发展的连片繁荣城市带。

① 我们可以举一个表面不同但实质相同的例子。在改革开放初期，沿海区域率先成为改革开放试点，在国外大市场的带动下，国内人口和国外资本争先往沿海集聚，经济增长得以突飞猛进，很快成为我国经济的中心所在；进入21世纪后，开放进一步向内陆延伸，同时随着交通、通信等基础设施的完善，广大内陆也能接收到国外大市场的辐射，于是重庆、成都等地的崛起超出人们的预期，逐渐成为国内新的增长中心。

第7章

专业市场主导的经济协调发展

第7章是对全书的总结性论述，既是理论层面的表达，也多少带有一些价值评判的意味。这是因为，就现实发展模式而言，不同类型区域所具备的经济发展条件各不相同，每个区域都应根据约束条件选择适合自身的经济发展道路，但以追求的发展结果而论，无论何种经济发展模式若想持续进行下去，最终都必须体现为一种协调增长。这既是理论界的共识，也经过了实践的检验。因此，讨论一个区域的经济建设能否成功，并进一步评判其模式否有借鉴价值，应主要看其是否具有促使经济协调的内在机制，以及在此作用下是否真的实现了协调发展。专业市场之所以能支撑我国相关区域 30 多年的经济持续高速增长，客观上离不开其促进经济协调发展的主导作用机制。

7.1 专业市场主导作用的协调发展指向

究竟什么是协调发展？虽然学者们对其的界定有所出入，但总体上已经达成较为一致的共识，即所谓协调发展，就是各地区依据自身优势和发展潜力，在互相分工协作的基础上共谋经济增长和社会进步，在这一过程中的区域差距始终控制在合理的限度内，以此而论，至少应该包括三方面的内容：①共享的一体化市场，即不存在地区间的市场封锁或分割，统一大市场的交易机制健全、交易规则统一，微观主体的交易价格合理、市场竞争充分；②区域间的经济分工协作，即克服目前区域发展中的产业同构化倾向，依据比较优势原则确立本地区的主导产业，在此基础上与周边区域产业形成合理的分工和互补效应；③地区间差距不能过大，即形成了规

160

范和完善的区域差距调控体系，地区差距控制在社会可承受的范围内，区域发展以共同富裕为最终目标。

对应于以上三点要求，再综合前面各章的分析，不难推断出专业市场主导作用的协调发展指向。即专业市场本身规模不断拓展的过程，实际上也是不断打破地区间市场分割和封锁，进而形成区域统一大市场的过程；同时，专业市场推动产业集群和形成地区专业化的过程，实际上也是市场辐射的各区域之间形成合理分工的过程，这些因素有利于将其所辐射地区间的差距控制在可承受范围之内。我们可以从以下几个方面具体阐述专业市场主导作用的协调发展指向。

7.1.1 专业市场可以不断扩张、打破原有的市场分割界限，逐渐将周边地区卷入自己的交易和分工体系，形成统一共享的大市场，这是区域协调发展的前提

对于专业市场不断扩张的原因[1]，我们可以从市场空间竞争的角度来解释统一大规模市场的形成。由于历史的偶然原因[2]，当两个区域市场的规模对比发生变化时，处于强势地位的市场会对有竞争关系的同类弱势市场进行蚕食，不断扩大自己对周边地域的辐射范围，吸引周边的企业通过自己的市场平台进行信息、原料和中间品的采购与交换，并通过公共性质的营销平台打开销路。对于这一市场规模扩张和辐射范围扩大的过程，可以用一个简单的"空间相互作用"模型加以解释，该模型一般表现为 $F_{ij} = GP_iP_j/r_{ij}^2$ 的形式[3]，重新解释一下，P_i、P_j 分别是区域 i、j 的规模，

---

[1] 根本的原因还是专业市场能够提供富有竞争力的商品价格。专业市场所带来的强需求和规模报酬递增机制导致相关制造企业在市场所在地集中，产业集聚的技术溢出、共享的基础设施和熟练的劳动力市场等外部性因素使得企业的平均生产成本下降，能够为专业市场提供差异性的产品和具有竞争力的低价格，从而支撑专业市场的进一步扩张。

[2] 比如，20 世纪 80 年代初的义乌小商品市场，当时政府领导集体的开明决策和以后小商品市场在交易制度上的不断创新，对小商品市场的发展壮大起了相当重要的作用。鉴于当时特殊的历史环境和制度创新的无章可循，我们将其归结为偶然性因素。新经济地理学认为，偶然性因素是空间经济格局最初形成的一个重要原因。

[3] 该式来源于物理学中牛顿的引力公式，最初用于度量物体之间的相互作用力，由于 G 值的任意可取性，人们发现在经济分析中可以通过数据回归出 G 的具体值，而不用去考虑形式上的细微结构，故而被经济地理学纳入自己的分析范式。

G是介质常数。因为研究问题的不同，规模可以取作人口规模、工作机会等，这里设为市场规模①。对于专业市场范围的拓展，考虑如图7-1所示的一个市场空间，假定存在一个规模是P_i的i市场与规模是P_j的j市场，两个市场初始对称且分属不同的区域，它们之外散布着理性的消费者和生产者，其中间点为x（假定$P_x = 1$）。由前述模型表达式，i、j两个市场对x的吸引力F_{ix}和F_{jx}分别为

$$F_{ix} = \frac{P_i}{r_{ix}^2} , F_{jx} = \frac{P_j}{r_{jx}^2} \tag{7-1}$$

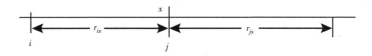

图7-1 线性市场的分割

因为两个市场初始规模对称，在x点处两个市场的吸引力达到平衡。平分市场空间的那一点定义为断裂点或市场域边界。对位于这条边界上的生产者或消费者来说，无论到哪个市场进行商品的交换或消费都是无所谓的。在x点上，两个市场的吸引力相等，即$F_{ix} = F_{jx}$，即有

$$\frac{P_i}{r_{ix}^2} = \frac{P_j}{r_{jx}^2}$$

根据这个关系，并且取$d = r_{ix} + r_{jx}$，记断裂点位置为x，我们容易得到：

$$r_{ix} = \frac{d}{1 + \sqrt{P_j / P_i}} \tag{7-2}$$

由（7-2）式可知，当两个市场间的距离d不变时，辐射半径r_{ix}取决于两个市场的规模比值。当P_i递增、P_j不变或递减时，P_j/P_i的值递减，从而r_{ix}递增，所对应的区域空间含意即专业市场辐射范围不断扩大和对临近市场的不断蚕食，区域共享的统一大市场逐渐形成。

---

① 为便于分析，此处的市场规模指年交易额、市场参与者的数量和信息容量等指标的权重加总。

7.1.2　专业市场能够使产业在区域内动态地集中到扩散，协调产业在相邻区域间的分工，克服产业空间分布的趋同化，这是区域协调发展的产业支撑

区域协调发展需要现代产业从发达地区向欠发达地区转移，专业市场扩张推动了产业集群转移，转移的过程也是地区专业化的形成过程。在以专业市场为核心的空间经济中，产业的集中和扩散是伴随着市场规模的扩张而发生转换的。一方面，由市场扩张带来的规模经济和交易效率的提高，会吸引周边的微观经济主体向市场所在地集聚。企业本身也会选址于有大量需求且原料运输方便的地方，越接近市场的区域，经济活动的强度和密度越大。在逼近临界点之前，市场扩张所产生的向心力是大于离心力的。另一方面，集聚的程度并不是无限度提高的，集聚机制的作用超过一定的限度，就会产生集聚不经济，如恶性竞争、交通堵塞、空气污染等，从而遏制集聚的进一步进行。在企业集聚程度很高的市场核心地区，往往企业间的竞争强度很大，从而限制企业获利能力的提高，这种分散力促使现代部门在空间上均匀分布，即体现为产业集群从专业市场所在地向外围地区的转移。

并且，我们可以判断专业市场推动下的产业转移和扩散遵循如下规律。首先，在多区域情况下，产业由市场核心区向其他外围区扩散，但并非同时扩散，而是依次扩散，至于最先向哪类外围区扩散，则可能取决于某些外围区因外生因素而获得的初始工业化优势，具有这种优势的外围区迅速吸纳从核心区转移出来的产业并超越不具备初始发展优势的其他外围区。比如，在浙江中部地区，义乌外围的东阳、永康由于具备较好的工业基础，它们借助义乌的小商品市场，迅速发展起自己的特色工业，超过在工业基础方面相对处于劣势的浦江、金东、武义和磐安等县（市、区）。其次，在多产业情况下，依各产业的劳动要素密集度以及投入产出结构等特征的不同，产业扩散的先后次序都不尽相同。劳动密集型产业、消费指向的产业、中间投入较少的产业易于从聚集体扩散出去。总之，对工资成本较敏感且关联度较弱的产业对聚集区的依赖程度低，最先扩散出去。

7.1.3 专业市场可以同时驱动多个专业化地区的经济高速增长，进而形成多中心的空间结构，这是区域协调发展的基础

这个过程可以分为两个步骤。第一步是专业市场促使产生专业化部门的地区不断卷入分工网络，并通过不断扩张的交易需求推动所辐射地区的专业化部门的收入越过突变点，进而带动当地的经济进入高水平稳定增长期。具体而言，当市场的参与者为大数时，交易的可靠性会增强。就区域分工协作体系而言，扩大后的市场可以通过聚合上游产业和下游产业的大数存在，来提高跨区域分工的可靠性，并不断吸引从事专业化生产的地区卷入分工协作的网络。随着市场规模的持续增大，所卷入地区的专业化部门收入持续增加，越过某一临界点后，因为加速的乘数累积效应，从而带动当地进入高水平稳定增长阶段。

第二步是在现代技术条件下，专业市场不断完善，其完善程度对地区间的专业化程度具有重要影响。我们在第4章专业市场扩张、产业集聚和区域分工之间关系的分析框架基础上，曾通过计算两大专业市场辐射圈的相对专业化指数、地区间专业化指数等指标，发现随着专业市场的扩张，两大辐射圈的一体化水平正在提高，产业的地区分布已发生很大的变化，但由于专业市场发展水平和地区一体化水平的不同，临沂辐射圈尚处于"产业集聚和地区专业化的形成"阶段，而义乌辐射圈已开始"产业扩散和地区间更深层次的分工"或者说"地区专业化程度加深"的阶段。现代经济学研究普遍认为，地区间分工程度的深化是有利于欠发达地区充分就业和积累资本的。

综上，专业市场推动区域经济协调发展的逻辑可以概括为：专业市场扩张→统一市场形成→要素自由流动→产业由集中到扩散→地区间分工形成并深化→多个增长中心出现→经济协调可持续发展。

7.2 不同类型专业市场的协调作用比较

本节是全书的一个补充性分析，其补充意义在于，虽然迄今为止我们的理论分析都是在致力于揭示专业市场主导性的一般性原理，但毋庸讳

言，基于笔者的学术背景和调查范围的局限，可能潜意识中偶尔还是会以大型综合性专业市场为背景进行讨论的；退一步，即便得到的完全是一般性和普遍性的结论，分析也不能说就此完成。这是因为，"世上没有两片完全相同的树叶"，事物本身的多样性决定了同类事物在表现出运行规律一般性的同时，也表现出其独特性，两者并不排斥，且统一于事物发展的全过程。专业市场即如此，其产生受制于所在地初始的资源环境、历史文化、人文经济等的约束，约束条件不同导致专业市场的类型不同，而类型差异又导致专业市场的经济带动能力和带动范围的差异，进而影响到其所在区域经济增长速度和经济发展结构的差异，换句话讲，专业市场的类型在很大程度上塑造了区域经济发展的路径，清楚这一点对现实经济发展具有重要指导意义。但这个问题的涉及面比较广，需要另外著书专门进行讨论，这里仅做一个梗概的分析。

专业市场有多种分类方法。这里根据产品来源和消费来源的不同，即供给和需求在空间分布上的不同组合，把专业市场分为产地市场、销地市场和集散地市场。这种划分，既可以使人们大致了解市场所在地的资源情况，又可以初步表明该地商品经济的发展情况。一般来讲，产地市场的形成表明该地的商品生产比较发达，同时商品流通也比较发达；销地市场的形成表明该地商品生产不够发达，但商品流通比较发达；而集散地市场的形成表明该地有人才、地理以及经商的习俗传统等多种发展市场经济的有利条件。

产地市场是以本地商品生产基地的产品为主要经销商品的市场。如杭州丝绸市场主要以本地的国有、集体丝绸厂为依托；庆元香菇市场是在当地香菇专业生产发展的基础上形成的；绍兴轻纺市场主要以当地乡镇轻纺企业为依托；新昌羊毛衫兔毛市场主要销售当地乡镇企业生产的羊毛衫和农户生产的兔毛；而海宁许村被面市场主要以众多的家庭工业为依托。产地市场主要有两个特点。一是卖方人员主要由商品生产者和贩运者构成。生产者是否亲自到市场上出售商品，一般由其生产经营规模大小和距离市场远近而定。生产经营规模较大的生产者，为了直接了解市场供求情况，往往在市场上设点销售，这样，既了解了市场信息，又减少了环节。而分散在农村的家庭工业和专业户，一般要求贩运者上门收购，这既可以解决产品销路，又可以了解市场需求。二是产地市场的商品，主要不是满足当地需要，而是用于远途销售的。因此，它需要吸引一大批外地客商，需要有一支贩运队伍，还需要有一整套的市场服务设施。

对于产地型专业市场而言，其前向交易流程发生在本地，其交易方式与本地的产业结构、生产规模和产品特征密切相关。由于商品来自本地，这种近距离的商品流动，使专业市场的经营户与本地产业集群之间较易形成比较稳定的购销关系，很多时候，这种商品流动都是在经营户与产业集群的企业之间完成的，而并没有通过社会化的服务来促进商品流动。同时，商品信息以及市场信息能通过比较固定的渠道在市场与产业集群之间流动，信息流也较为稳定或固定。所以，在产地型专业市场上，商品流、货币流与服务流和信息流相比，显得更为活跃。产地型专业市场的商品流起始于本地，终于本地或外地。而商品流的半径有多长，与这个地区的国际化战略以及本地是否拥有能培育、引导本地产品走国际化道路的领导型企业有关。产地型专业市场的商品来自本地，在市场与产业集群之间的互动过程中，往往可以达成市场交易流程与产业集群之间的某种默契，它们的交易习惯与做法能较好地与本地消费习惯和文化相融合，从而有利于降低交易成本。

销地市场是专为该地零售商提供商品的市场。商品主要由贩运者从产区运来。例如，温州市干鲜果批发市场有来自全国各地的商品，除了有温州各县的瓯柑、蜜柑、甘蔗外，还有天津的鸭梨，广东的香蕉，海南的菠萝、椰子，福建的桂圆、荔枝，新疆的哈密瓜、葡萄以及烟台的苹果等。销地市场一般有三个特点：一是它主要以满足当地群众需要为目的；二是市场上代理商、中间商居多，代理业务较多，代购、代销、代保管储藏、代开发票司秤、代汇资金等市场服务项目比较齐全；三是有些外来客商不直接参与商品分销，而是支付一定的手续费或服务费，委托代理商销售，自己则专门从事地区之间的商品贩运活动。

对于销地型专业市场而言，由于市场上的商品来自外地，这就要求本地的市场服务业较为发达，专业市场必须具备有效营销远距离生产的商品的能力，对包括长途运输、仓储、加工等在内的市场服务要求较高。所以，在销地型专业市场的交易流程中，服务流与信息流占有一个非常重要的位置，商品流能否顺利实现，在很大程度上取决于服务流与信息流的活跃程度。销地型专业市场商品流的起点与集散型市场一样，也是起源于外地，但是商品流的终点却在本地，这就减少了流通的环节。另外，销地型专业市场的商品前向交易环节发生于外地，但是商品流的终点在本地，因此，商品交易流程的末端在本地。当地消费者的"挑剔"往往会影响、改造这种专业市场的交易流程和习惯，使交易流程的最终完成能与本地消费习惯相吻合。例如，来自外地的商品包装，在运抵销地前，就应当考虑到销地消费者的文化习俗、消费偏好等，从而促进商品流的顺利流动。

集散地市场是利用人才优势和地理条件进行商品集散交易的市场。例如，义乌小商品市场和永嘉县桥头纽扣市场基本上属于这种类型。集散地市场不以本地产品销售为主，也不以当地供应为主，而是充当了不同地区商品交换的桥梁和纽带，外地商品在此集聚的目的是通过该市场将商品扩散出去。集散地市场有四个主要特点：一是集散地市场吸引力强，辐射面广，交易十分活跃；二是有庞大的专门贩运队伍把商品运销出去和贩运进来；三是经营者主要是批发商，市场信息灵通，交易频繁；四是推动了当地商品生产的发展，使当地产品不断进入市场。

集散型专业市场对所在地物流、金融、餐饮、酒店、信息服务等行业的带动作用巨大。由于它承担着非本地生产和消费的商品贩销与中转职能，因此，一方面，对于来自全国各地乃至国外的商品，必须有足够的消化接收能力；另一方面，又要将这些商品销往全国各地或者国外，以完成其商品的中转功能。所以，面对如此巨大的商品中转使命，专业市场必须要有完善的运输、保管、包装、装卸、流通、加工和信息等服务机构，由此产生的信息流与服务流对集散型专业市场至关重要。有时，服务流与信息流要求在商品流之前流动，为商品的顺利中转提供条件。在集散型专业市场中，商品来自外地，又销往外地，因此，其商品流具有非常广阔的空间，交易价值链一般较长。所以，尽可能地降低交易成本非常重要。这种商品流"两头在外"的交易流程，由于没有与本地的产业结构、消费习惯、消费文化很好地结合，因此，它的本地"嵌入性"较差。所以，集散型专业市场一般倾向于利用现代网络技术，发展网络交易市场，来克服这一弊端，实现自身与区外生产要素与商品的更好结合。

就对经济的协调带动能力而言，则要分时期讨论。在 20 世纪 80 ~ 90 年代，我国的集散型和销地型专业市场增长较快，在活跃经济、互通有无、满足人们对轻工业消费品的需要方面起了重要作用。但是随着人们生活水平的提高，特别是 21 世纪以来，消费者对个性化商品的需求日益增加，消费需求热点的变化也越来越快，这些变化要求迅速地传递到生产者那并尽可能高效地组织生产，显然那些销地型或集散型的粗放市场不能够很好地适应这种变化。同时，随着国际化、信息化、网络化程度的提高，商品的销售渠道增加，并不一定要集中到某个具有特定需求的地区进行交易，由此导致某些销地型或集散型专业市场对当地经济的影响能力也逐渐弱化。事实上，随着市场竞争机制的完善和市场竞争的加剧，一部分原先以卖全国产品为主的专业市场的确转变为以卖本地产品为主，集散功能和辐射范围均出现了不同程度的萎缩趋势。而产地型或产地集散混合型专业市场则不同，该类型市场是本地商品的主要销售流通渠道，主要以当地的优势产业为依托，专业市场的扩张能带动当地产业的增长，反过来当地产业集群的增长又支撑了专业市场获得长足的发展，也就是说，在产地型或产地集散混合型专业市场所在区域，更有条件形成产业集群与专业市场之间的互动机制，并且从长远来看，随着我国地方性产业集群的进一步发展，这种互动的机制将不断增强，从这个意义上来讲，产地型或产地集散混合型专业市场对区域经济的带动能力是相对比较大的。

7.3　地方政府层面的政策启示

基于前面几章以及本章第 1 节的分析，我们在理论层面对专业市场推动区域经济协调增长的逻辑已经比较清晰，接下来面临的就是如何将之更好地付诸实践。在这个问题上，最关键的就是专业市场的建设和完善。无论就全国还是区域而言，统一共享的市场都有配置资源、促进分工的功能，但当前我国区域差别极大和发展极不平衡的国情，决定了全国统一市场的发育不可能一步到位，必须首先培育区域型市场，区域型市场体系的发育程度和形成状况在某种意义上决定着全国统一市场的发育程度，只有在区域型市场充分发育的基础上才能推动全国统一市场的形成。而就区域型市场的建设而论，本书分析内容的政策含义已经非常明显。即地方政府的首要任务应当打破区域间的市场封锁，逐步建立起规则完善、机制健全、信号真实、平等竞争、设施配套的区域共享型的专业市场。具体来讲，需要做到以下几点。

7.3.1 积极推动专业市场投资、建设、经营的企业化，培育新型的市场经营管理主体

从传统经验来看，专业市场的一大特点是投资建设经营主体比较单一，即作为公共产品的专业市场主要是由政府专门机构投资兴建并对其进行监督管理，以维护交易的秩序和公正性。然而随着市场经济的不断深化，原有的这种模式逐渐显现出其固有的局限性，不适应人们对提升市场运作效率的要求。实际上，类似于其他领域的改革，在专业市场上的经营也可以采取"管办分离"的原则，即可以由企业或个人投资兴办，实行企业化经营并获得相应回报，同时由工商行政管理部门负责市场监管并收缴有关市场管理费，政府和投资者各司其职、各得其所。这种方式有着提高市场运作效率的极大空间，比如，专业市场投资者还可以委托专门的市场管理公司经营市场，可发挥其在建立有关交易组织、招商引资、场地改扩、公关宣传、配套服务等方面的经验和技术，并为市场培养经营人才。各种产权清晰的专业性市场经营公司进入专业市场，之所以能提升专业市场的运作效率，主要是由于它可将原先在一个统一的专业市场内存在的主体信息不对称问题内化到不同专业性的市场经营公司中，如此就可以增强每个市场经营公司治理信息不对称问题的利益激励，从而使得信息不对称问题在市场经营公司内部得到缓解，甚至得到解决。例如，浙江义乌小商品市场的管理公司"商城集团"就是通过统一加强对集团内市场经营户的商品质量管理、定期面向市场经营户采集商品价格和质量等方面的信息，以编制成市场价格指数与信用指数，并通过市场公共平台发布这些指数，以此缓解采购商（个人消费者等）与市场经营户之间的信息不对称问题，维护义乌市场商品信誉不受损等。

7.3.2 规范摊位租赁转让，合理安排市场行业布局

摊位是一种经营许可权，一经获得或受让后，经营者在必要时会

根据市场经营的态势和自己的意愿调整经营方向，只有这样才能使摊位的经营效益最大限度地发挥出来。然而，即使是规范的摊位流转，也不可避免地对市场的行业布局产生影响；因为，摊位流转有可能会使同行业的经营区块中出现其他行业的摊位（例如，在鞋子交易区出现工艺品摊位），这显然会破坏市场中由众多相同行业摊位长期形成的外部经济。在我国早期的专业市场中，行业分布有大致的划分，但基本上还是行业混杂的。尤其是在加快摊位转让后，摊位的行业格局不断遭到破坏。由此造成的问题很多，最主要的是行业布局混乱，减少了摊位之间的信息发布和流通，从而不利于开展摊位间的正常竞争。并且由于在不同地段，同一种商品的价格差距很大，给客商了解商品价格信息、讨价还价增加了很大的难度。针对此问题的一种有效的解决办法是进行"划行归市"，即将同类商品安排在同一地段经营，使这些摊位可以展开充分的竞争，以此来提高商品价格的透明度，防止假冒伪劣产品以次充好，既便于商品生产厂家及时了解市场行情，又节约采购商的搜寻成本。

7.3.3 积极鼓励发展行业协会、业主协会等民间自治性组织

在专业市场内部，市场经商户之间的"信任"和"承诺"是保证市场顺畅的基础之一。但是这种基于"人情圈"扩散而形成的"信任与承诺"是比较脆弱的，一旦个别成员的败德行为导致信任危机，就会引发"多米诺骨牌"式的"信用崩溃"，进而很容易破坏市场竞争秩序。实际上，这类问题的解决可以在很大程度上求助于民间自治性组织，这类组织可以是业主协会、行业协会等自下而上建构的委员会制的公共管理机构，以及其他常设性社区自治机构，只要其合法性来自民间力量，就会有真正的自治机制和能力。行业协会是公共治理机构的重要组成部分，对改善信息分布与促进信息流动、维持市场竞争秩序、建立企业之间良好的竞争合作关系等方面的作用很大。特别是在制止压价竞争和因之诱发的假冒伪劣现象时，可以发挥其他组织难以替代的积极作用。因此，充分发挥行业协会等社会组织的社会性规制作用，对于专业市场的治理意义重大。

7.3.4　在专业市场内建立品牌产品生产集团或名牌产品经营区

各类产业和企业都可在整体品牌下，共享市场这一公共资源。但是，这需要防止市场主体"搭便车"的机会主义行为。引入市场品牌生产集团将是增强市场维护其共有品牌的利益激励，将市场主体的品牌共享行为内部化到一个品牌生产集团内，从而使市场主体的机会主义行为更加容易被监督与惩罚。例如，浙江省义乌小商品市场的商贸集团或品牌生产集团主导原料采购、批发、仓储、技术检测、展示、物流配送，开展经销、代理、连锁经营、品牌建设与维护等，提高了市场共有品牌等各种资源的利用效率和生命力。与此同时，专业市场还可以设立名牌产品的经营区，通过引进名牌企业入场交易和引导经营大户做名牌企业的经销商与代理商的途径来提高名牌产品的交易比重，同时以严格的规范化管理与售后服务来提升名牌经营区的知名度、美誉度与可信度。通过这些举措将专业市场上的高质量商品与低质量商品区分开，引导不同的市场需求流向不同的经营区，以每一个经营区"柠檬问题"的解决实现整个市场"柠檬问题"的解决。当然，在发展品牌生产集团与建立特定的名牌产品经营区的过程中，可以充分利用中介服务组织整合信息、沟通有无的纽带作用，从而充分发挥社会组织规制专业市场的积极作用。

7.3.5　编制发布价格和信用指数，打造数字平台，提供市场信息

指数是一种表明社会经济现象动态发展的相对数，运用指数可以研究总平均指标变动中各种标志水平和总体结构变动的作用。市场价格指数等就是通过对专业市场上各类具体商品信息的抽象，反映专业市场的总动态与变化趋势。近年来，我国建立在大型专业市场基础上的各种市场指数相继产生和发布[1]，这是我国专业市场发展转型的重要标志，也是我国改革

---

[1]　例如，商务部与义乌市政府联合发布的"义乌·中国小商品指数"，商务部与余姚市政府联合发布的"余姚·中国塑料价格指数"，商务部与绍兴县政府联合发布的"中国·柯桥纺织指数"，由信息产业部授权深圳市福田区政府发布的"华强北·中国电子市场价格指数"，湖南长沙的"湾田国际建材专业市场指数"等。

开放和经济发展以及经济全球化、国际产业转移和资源全球化配置的必然结果。市场指数在对外显示市场话语权的同时，对内传播市场信息，高效参与"柠檬市场"治理。它们一边在向世界显示自身的全球影响力，一边又在市场内部收集、加工、处理、发布信息，使专业市场逐渐步入"指数"交易时代和信息内聚与自由扩散时代。例如，由浙江塑料城网上交易市场主导中国余姚塑料城的"中塑指数"及时、准确、连续地反映我国塑料市场的总体状况，为我国塑料行业提供了一个反映塑料价格走势、分析价格演变趋势的工具。与此同时，进一步提高了余姚塑料城的电子商务发展水平，促进了商品信息的及时、快速流动，加快了市场的信息化、国际化步伐。

不难推断，真正贯彻实施以上诸多举措将有利于促进专业市场发挥其低交易费用、高交易可靠性的优势，进而保持专业市场的高效运转，推动区域资源的合理配置。但本书的论述还指出，通过对西方工业化国家和我国沿海一些区域经济发展历史的考察得知，随着一国工业化的完成，专业市场有走向消亡的可能性。究竟能否跨越消亡陷阱，在很大程度上取决于专业市场是否能够与时俱进，不断满足新时期经济发展的要求。根据我们对国内部分持续成长的专业市场发展经验的接触和了解，如果当前要避免消亡的命运，地方政府还需要根据技术变化和现代经济的特点做到两个结合，推动专业市场的转型提升。

首先，专业市场建设与电子商务相结合。二者是相互促进的关系，在电子商务向专业市场渗透的同时，专业市场也在向电子商务领域渗透。一方面，就电子商务对专业市场的促进而言，电子商务的出现可以使买方在纷繁复杂、规模庞大的商品信息集里快速搜寻到所需商品，卖方可以变现实的"坐商"为虚拟的"行商"，主动"出击"寻找商品买家，从而更快地达成交易。显然，专业市场借助电子商务交易方式能够进一步降低交易费用，提高交易效率，使其本身所具有的交易成本优势更加凸显。这可以使一些不具备良好区位条件的专业市场大大突破传统辐射范围的地理空间和交易时间限制，使市场的触角由区域向全国延伸，进而为实施国际化战略创造良好条件。对于已具备一定国际化基础的专业市场而言，电子商务将进一步扩大其国际影响力，加快国际化进程。另一方面，以专业市场对电子商务的促进而论，电子商务的快速发展必须解决商品交割问题，即快速、低成本、高质量、安全地将货物从某一地运送到另一地，这就要求有高度发达的物流网络与之相配套。我国目前尽管有邮政速递等一些快件公司承担第三方物流公司的角色，但它们提供的主要是物流系统中的单项配送服务，且费用较高，难以满足企业高效率、低成本运作的需要。而专业市场发展过程中逐步培育完善的联托运市场刚好可以满足电子商务发展的这种要求，这是专业市场开展电子商务的一个极大优势，也是专业市场发展与电子商务相融合的一个重要契合点。

其次，专业市场建设与积极发展现代物流相结合。现代物流是指按照系统理论的要求，利用先进的信息技术和物流装备，采用现代组织和管理方式，将传统的原材料、半成品、成品等的运输、仓储、装卸、搬运、包装、流通加工、配送、信息处理等环节进行整合，实现系统化、一体化、信息化、高效化运作的组织方式。现代物流对专业市场的发展具有极其重要的促进作用，这是因为提高交易效率、降低交易费用是专业市场生存和发展的根基，这涉及商流、信息流、资金流、物流等环节，前三者都可以借助现代通信技术、互联网络来完成，唯独物流无法仅仅通过这些来实现，它必须有实实在在的货物空间位移。而现代物流主要完成的正是原材料到制造商、产品至零售商之间的流动，现代物流强调系统化、一体化运作，利用它对专业市场的传统物流模式进行再造。这一模式将专业市场众多的传统托运机构整合到现代物流配送中心内，经营户只需要将货物送至物流中心，在统一协调管理下，经过按路线分拣、流通加工后聚集到相应路线的托运点送出，从而实现了物流资源的集约化利用，降低了物流成本，提高了整个物流过程的效率。

由以上可以看出，专业市场的建设、提升和完善需要多方面的政策引导。但对整个区域发展的全局来说，仅将关注点集中在专业市场本身还不够，作为一种呼应，专业市场辐射区域的各政府也有责任积极围绕市场制定适合自己的发展战略，挖掘、培养、创造和发挥本区域的比较优势，打造具有自身特色的产业集群，形成本地区的专业化部门，可以通过制订和实施发展规划，支持区域间开展合作，加入、利用共享的专业市场平台带动本地的经济发展，积极融入专业市场的分工体系，具体如通过采取来料加工、加速产业园区和区际交通建设等政策接轨专业市场，主动吸收、承接核心区转移的现代产业。通过地区间专业化分工的深化和协作范围的拓展来扩大市场协作网络、提高生产和组织效率。

这里需要指出的是，由于专业市场推动区域一体化的作用非常明显，而根据新经济地理学的理论，迅速、高水平的一体化可以大大缩短地区产业集中的阵痛期，加快产业转移时刻的到来，也就是说，专业市场主导的产业集聚和扩散可以表现得相当迅速，进而推动形成完全的地区专业化，并且即便在较小的空间范围内，同样能够实现地区间分工的持续深化，在此基础上的地区间经济增长才有可能收敛，地区间收入差距才有可能缩小，这对于中西部同类或相似地区的发展具有重要借鉴意义。接下来的案例分析可以看出这一特点。

7.4 案例："义乌商圈"的协调发展趋势

如前所述，专业市场主导作用协调发展指向的最大特点和最终表现是受到辐射各方均能获益且增长差距控制在合理的范围之内。不过，在地区市场一体化形成的前期阶段，经济要素自由流动导致的空间集聚往往促使地区首先出现一个增长极，而后才是产业向外扩散逐渐带动相邻区域增长差距的缩小。因此，也可以说，后期的协调趋势是以前期的极化效应为基础的，只是与其他类型的区域相比，专业市场的推动能够大大缩短这个过程。下面我们利用"义乌商圈"的时间序列数据对这一从极化到多方均能获益的经济协调增长趋势开展进一步的实证研究和检验。考虑到数据的可获得性和分析处理上的方便，这里对"义乌商圈"的实证研究仍然仅限定在核心层①，即金华市区、义乌、永康、东阳、浦江、兰溪、磐安、武义八个区块，我们也将其简称为浙中地区。同时，前期、后期的时间节点确定为1997年，即前期为1978～1996年，后期为1997～2007年。这里要特别强调并解释一下，1997年亚洲金融危机对"义乌商圈"是一次巨大的冲击。从历史经验观察，

---

① 地理上大致相当于现在浙江金华市覆盖的地理范围。由于2001年原金华县撤县设为金东区，为了保持实证计算结果的统一性和可比性，2001年金华县的相关统计数据并入金华市区计算。

全球性或地区性的经济危机往往带来空间经济格局的重新调整，通常表现为原有增长中心的趋缓或衰落，同时伴随新增长中心的崛起，就"义乌商圈"而言，首当其冲的就是作为增长极本身的义乌，当然相邻区域也会受到冲击，但是增长极的生产下降幅度更大，这一点从危机后小商品市场成交量的向下急剧调整可以看出。但是，对机制灵活的区域来说，危机既是挑战，又是机会，这迫使微观企业在空间分布上或选择坚守，或选择退出，或做出调整，这一过程表现在宏观上即单一增长极到多增长极的转变。

7.4.1 前期的极化特征

所谓极化效应，就是指某区位因演变为优势区位而发生的持续吸引人流、物流、资金流、信息流等要素在该区域集聚，并相互作用，不断自我强化这一现象。在规模经济和集聚经济的作用下，一个区域的经济增长通常是不平衡的，某一地区的经济增长往往超过其他地区，并由此形成未来的经济增长中心。区域经济增长极的实质是要素在空间上的非均衡分布。要素的大规模集聚是一个持续的强化过程，其表现形式是通过要素所有者如大量生产企业、商业企业、运输企业等的相伴共生，从而导致经济活动的空间集聚。在"义乌商圈"形成的前期阶段，义乌的经济体制改革和市场体制建设一直走在浙江乃至全国同类县（市）的前列，最突出的表现就是小商品市场的率先成立并迅速成长。义乌经济的极化效应便来源于小商品市场的先发优势和低成本竞争优势。在小商品市场的推动下，市场机制由小商品交易逐步扩展到社会经济的各个行业、各个领域，如专业化工业园区、专业化运输服务业、金融服务和产权交易、城市基础设施开发等，这种扩展切实降低了要素流动成本，以至于在义乌的各种经济活动，无论商业销售、工业生产还是金融服务和产权交易，都能以较低的成本运行，由此提高了义乌在浙中区域经济中的地位，同时，对周边县（市）发展产生了重要的诱导和推进作用。

一般来讲，一个区域在经济发展中的增长极地位表现在两个方面：一方面是该区域的经济增长速度；另一方面是该区域的经济总量。在特定区域范围内，经济增长速度越快，超过相邻区域平均增长水平越多，说明更多的要素在向这一区域集聚；在区域经济增长打破平均化增长的空间状态后，经济总量比重规模越大的区域，对经济增长的影响就越大。因此，判断一个区域在经济发展过程中是否具备增长极的地位，是否已经发挥出集聚效应和扩散效应，需要从经济发展速度和经济总量两个方面进行综合分析。鉴于此，有必要建立一个同时能够考察区域经济比重和经济增长的模型，两方面的合成数据称为经济增长贡献度，在应用研究中通常用公式 $Y_i = G_{di} \cdot P_i \cdot 100$ 表示，其中，Y_i 表示该区域的经济增长贡献度，G_{di} 表示该区域的经济增长速度，P_i 表示该区域经济总量在整个地区经济总量中所占的比重。且上式满足 $G_d = \sum_{i=1}^{n} G_{di} \cdot P_i$，其中，$G_d$ 表示整个地区的经济增长率。增长贡献度指标用以表明特定区块的经济增长对整个地区经济增长所做贡献的大小，从而反映经济增长的地域差异。例如，浙中地区某一年的经济增长率为15%，某一县（市）的贡献度为3，那就表明浙中地区增长的15个百分点中，有3个百分点来自该县（市）的经济增长。从经济增长贡献度 Y 的表达式可以看出，如果某一个子区域的经济增长速度很快，但经济规模比重较小的话，其最终计算得出的贡献值也不会太高，因此，以贡献度来衡量子区域在整个地区经济中的地位相对就比较符合实际。

根据以上分析，为了剖析义乌在商圈核心层（浙中地区）是否具有增长极的地位，需要同时考察并加以比较整个浙中地区内各县（市）的经济增长贡献度，并且要有时间跨度的限定，这是由于经济增长速度本身是一个因时间变化而有所波动的动态概念，因而与其相关的经济增长贡献度也会因观察时间跨度的不同而有所波动。基于这种考虑，笔者将分三类时间跨度确认小商品市场带来的空间极化效应：第一类是1996年当年各县（市）的经济规模比重和经济增长贡献度；第二类是1992~1996年间的各县（市）的经济比重和经济增长贡献度，目的是突出党的十四大以后的变化；第三类是1978~1996年间各县（市）的经济比重和经济增长贡献度，目的是突出改革开放以来的变化。我们首先来看相对比较简单的单一年度，即亚洲经济危机的前一年1996年，将经过计算得出的某一县（市）的经济比重和经济增长贡献度组合为一个数组，并作为二维坐标平面的一个点，从而生成经济比重和经济增长贡献度的散点分布图，每一个县（市）都能在其中找到自己的相应位置（见图7-2）。

1996年散点图仅反映了一年的情况，短期性因素的作用较大，分布状态

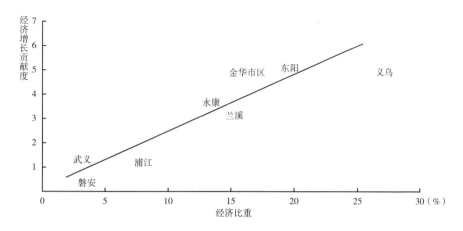

图 7 - 2　义乌商圈核心层经济增长散点分布（1996）

资料来源：根据历年《金华统计年鉴》和《浙江五十年统计资料汇编》计算，其中金华县数据并入市区计算，下同。

没有明显的线性。图 7 - 2 中一共有金华市区、兰溪、东阳、义乌、永康、浦江、武义、磐安八个点。根据具体的位置，可以将八个点大致分成三类群体。第一类是高比重、高贡献度群体，包括义乌、东阳和金华市区，从图 7 - 2 可以看出，就经济增长贡献度而言，三者几乎处在同一的位置，但是义乌的经济比重明显大于东阳和市区，义乌的区域经济增长极的地位已经比较明显。可见，在小商品市场的作用下，小商品的生产、流通、国际贸易以及由此带动的小商品专业化工业园区建设、城市基础设施建设和房地产投资等，有效地促进了义乌 GDP 的增长，义乌作为区域经济增长极的地位得到巩固。第二类是中等贡献度和经济比重的群体，包括永康和兰溪，虽然永康的经济比重低于兰溪，但增长贡献度却高出兰溪，预示着永康有进入第一类群体的可能。第三类是经济比重和经济增长贡献度都较低的其他各县（市）。

接下来看第二类时间跨度（1992 ~ 1996 年）和第三类时间跨度（1978 ~ 1996 年）的情况，进一步确认围绕小商品市场的极化效应是否存在。此时面临的最大问题是，观察期扩展之后各县（市）不同年度的经济增速往往存在波动，且可以导致各县（市）经济总量占浙中地区经济总量的比重随年度变动而发生变化，这给贡献度的直接计算带来麻烦。针对这一特点，可考虑先计算各县（市）跨多个年度的经济规模比重的加权平均数，该指标指的是一个县（市）在浙中地区经济历年所占比重有关数据的加权平均。关键的一步是每年权数的确定，我们用该县（市）当年 GDP 与历年 GDP 总和的比值来表示，历史上某一年的 GDP 越大，则该年经济规模比重的权数值也越大。在浙中地区各县（市）1978 年以来经济增长的历史总和（每县单独 GDP 的纵向时间序列加总）中，几乎所有县（市）近期 GDP 的占比都要远远大于早期，因此，在该地区经济比重的加权平均指标的构成中，近期指标的作用是最显著的。据此，经济规模比重加权平均数的计算公式为当年度某县（市）GDP 占浙中地区 GDP 的比重与当年度 GDP 占历史 GDP 加总的比例的乘积。具体计算中可分两步进行：第一步，计算出所划定年度区间相关县（市）的经济规模比重，即各县（市）GDP 占浙中地区 GDP 总量的比值；第二步，计算各县（市）某一年度 GDP 的比重，即某一年度 GDP 占该县（市）历年 GDP 总量的比值。通过这两个比值，可以计算出某一县（市）加权平均的经济规模比重。例如，义乌加权平均的经济规模比重，就是将历年的 GDP 占浙中地区 GDP 的比重按照历史年度权数进行加权，最终得出一个考虑了经济规模变动、经济增长两方面因素的加权比重。

对于经济增长贡献度的加权也可做类似处理，即首先计算出某一年度的经济增长贡献度，然后根据年度 GDP 占历年 GDP 总量的比重，进行经济增长贡献度的加权。为了简化计算，每年度经济增长率为各年的平均数，在此基础上不难得出各县（市）经济增长贡献度的加权平均数，其计算公式为：

$$C_n = \sum_{i=1}^{n} (K_i \cdot Y_i / Y_n) \cdot R_n$$

式中：

C_n 代表某县（市）对所在地区经济增长的贡献度；

K_i 代表第 i 年该县（市）在所在地区经济规模中的比重；

Y_i 代表该县（市）第 i 年的 GDP；

Y_n 代表该县（市）n 年 GDP 的总和；

R_n 代表该县（市）n 年的平均经济增长率。

与单一年度增长贡献度同理，加权增长贡献度的计算公式同样表明，贡献度与该县（市）的经济总量和经济增长速度是正相关的。如果该县（市）在整个地区中的经济比重较大，但是经济增长的贡献度却相对较低，这说明该县（市）的经济增长率较低。持续的低增长率可以被视为资源要素流向区域经济增长极的一种迹象。

以上两个加权平均数是考虑了一个县（市）经济增长时间序列的平均指标，因而可能会更加客观、真实地既反映增长过程也反映增长结果。可以依据上述模型确定义乌在浙中地区是否具有增长极地位。根据以上计算方法，笔者收集了浙中地区各县（市）的 GDP 统计资料，计算了如下数据：各县（市）GDP 占浙中地区的 GDP 比重、经济增长速度、当年GDP 占历年 GDP 总量的比重、经济贡献度、加权比重和加权贡献度（详见附录 D）。将计算得出的各县（市）加权经济比重和加权贡献度转换为二维散点图，其中，1992~1996 年时间跨度的情况如图 7-3 所示。

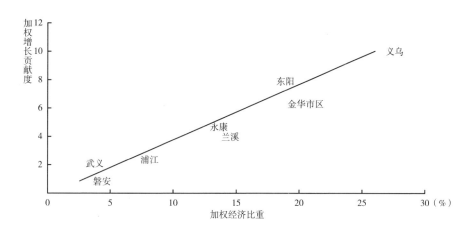

图 7-3　义乌商圈核心层经济增长散点分布

资料来源：根据历年《金华统计年鉴》和《浙江五十年统计资料汇编》计算。

图 7-3 显示的是十四大之后到亚洲经济危机之前的区域经济增长。观察期拉长可以很好地熨平偶然性因素的干扰，从图 7-3 中可以看出，加权增长贡献度和加权经济比重之间已经有了比较明显的正相关关系。但是，第一类群体出现了分化，义乌独占鳌头。这是因为 1992 年十四大确立了市场经济体制的改革目标之后，小商品市场加速发展，而义乌处于小商品辐射圈的最核心位置，自然所具有的发展动力也最为充足。所以，无

论是根据散点图的位置还是实际的地理位置，都有理由判定为经济增长极。另外，我们也可以看到东阳和金华市区的散点位置也发生了变化，图7-2中东阳和金华市区原本处于同一增长贡献度位置，而此时东阳的贡献度却超过金华市区。这一方面表明个别年度各县（市）的经济增长不稳定，另一方面也表明小商品市场的辐射可能与距离有关。随着小商品市场布局和产业结构的调整，其极化效应达到一定程度时，资本和相关生产要素必然向周边县（市）外溢。

　　1978~1996年时间跨度的结果如图7-4所示。

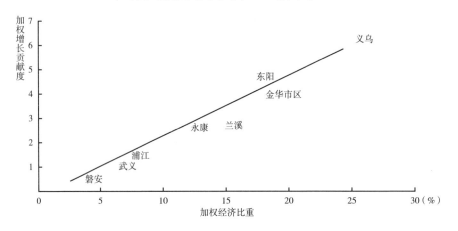

图7-4　义乌商圈核心层经济增长散点分布

资料来源：根据历年《金华统计年鉴》和《浙江五十年统计资料汇编》计算。

　　近20年的数据资料经过加权平均处理，较好地拉平了个别年度的波动因素，这八个点大致分布在一条斜线上，显然，经济增长贡献度与经济规模的比重是大致呈正比的。义乌仍然处于经济增长极的位置。

　　通过以上分析，我们只是确认了义乌的增长极特征，还没有对其以后的趋势做出判断，这个问题也很重要。从前面加权增长贡献值的表达式可知，经济增长贡献度与两个因素有关，一个是经济规模比重，另一个是经济增长速度。在散点图中只能看出经济增长贡献度与经济规模比重的正相关关系，并没有显示出来经济增长的作用。实际上，经济规模比重是一个派生的因素，只能判断当前或较短时期的贡献度，而经济增长速度则是背后的更为根本的因素，很大程度上决定了贡献度的趋势性变化。因此，可

以通过对经济增长速度变化的分析而对区域未来可能的发展特征做出大致
的研判。为此，这里引入经济增长贡献率的概念，其计算式为子区域经济
增长贡献度与整个区域经济增长速度的比值。进一步将这一比值与该子区
域占整个区域的经济规模比值相比，得到的结果即经济增长贡献度系数。
如果该子区域的增长贡献率近似于经济规模比重，则贡献度系数近似于
1，也意味着该子区域达到整个区域的平均水平；如果增长贡献率大于经
济规模比重，则贡献度系数大于1，意味着该子区域的极化效应；反之，
则贡献度系数小于1，意味着该子区域经济可能存在向外的溢出或扩散。
我们选取义乌商圈中比较有代表性的义乌、东阳和永康三县（市），通过
计算后分别得出三地的经济增长贡献度系数，并据此建立了折线图，用来
反映三县（市）对区域经济增长的影响变动趋势（见图7-5）。

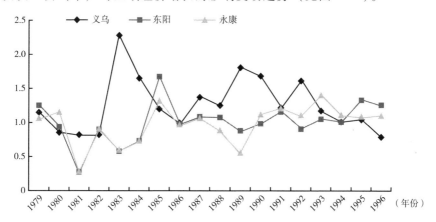

图7-5 义乌、东阳、永康经济增长贡献度系数变动趋势

资料来源：根据历年《金华统计年鉴》和《浙江五十年统计资料汇编》计算。

从图7-5可知，永康和东阳的增长贡献度系数长期徘徊在1上下，
并且波幅收窄，由此不难推出两市的经济增长贡献率变动与规模比重变动
应是大致相当的，也即两市对浙中地区经济增长所做的贡献相当接近。义
乌的情况则不同，尽管其经济增长贡献度系数的起伏比较大，但长期处在
1以上，这意味着其经济增长贡献率大于经济规模比重，说明在大多数年
份义乌对浙中地区经济增长的贡献更多地来自义乌的经济增长，而非经济
规模，这也说明了义乌作为一个经济增长极对浙中地区的极化影响。但是

20 世纪 90 年代之后系数波幅收窄，有向 1 靠拢的趋势，这可能是由于义乌经济规模在迅速扩大之后的增长减速导致，同时也可能是相邻区域在逐渐接替或分担义乌成为浙中地区增长的次引擎。因此，我们也可以将其理解为义乌商圈核心层有可能走向协调增长的一个积极信号。

7.4.2 后期的协调趋势

一般而言，国民收入区际分配取决于各区域拥有的资本份额的大小，拥有的资本份额越大，则所分得的国民收入也就越大，落后地区要赶上发达地区，就必须不断提高产业份额，加快自己的工业化进程。我们可以先从两次大的经济危机之间近十年来义乌商圈核心层各区域工业产值比重的变化中看出这种多方获益的收敛趋势的端倪（见表 7-1）。

表 7-1 商圈辐射核心层各区域工业产值占金华工业总产值的比重

单位：%

年份	金华市区	兰溪	义乌	东阳	永康	武义	浦江	磐安
1997	21.51	19.33	11.62	18.88	15.30	5.02	5.59	2.75
1998	20.11	17.12	12.23	19.31	17.47	4.39	6.94	2.42
1999	18.93	16.74	11.53	18.55	21.72	4.38	5.98	2.18
2000	19.44	15.64	11.81	18.07	23.72	4.08	5.29	1.95
2001	19.03	14.81	12.08	19.59	22.09	5.00	5.51	1.90
2002	18.92	11.84	16.62	16.03	22.20	5.76	6.37	2.26
2003	18.21	11.65	18.16	15.59	22.00	5.52	6.99	1.89
2004	16.25	11.02	18.55	13.12	24.07	7.00	7.95	1.73
2005	19.18	10.52	18.00	11.86	22.97	7.21	8.54	2.04
2006	19.15	11.33	18.25	10.57	21.62	7.85	8.61	2.62
2007	18.98	11.38	18.20	11.11	21.12	7.86	8.65	2.70

资料来源：根据历年《金华统计年鉴》相关数据计算。

从表 7-1 可以看出，1997 年以来，金华市区、兰溪、东阳的工业产值份额在"胶着"变化中呈不断下降趋势，义乌、永康、武义、浦江、磐安（2000 年后）在工业产值中的比重不断提高。其中，武义、浦江、磐安作为商圈核心层相对欠发达的区域，其工业产值比重的提高，主要是因为通过吸引投资、来料加工等多种形式积极融入小商品市场主导的区域分工协作网络，承接了来自相对发达区域的产业转移。

为了便于进一步分析"义乌商圈"核心层区域经济发展的这种变化，笔者按照距离义乌中国小商品城市场地理位置的远近和区域间经济分工联系的强弱，将义乌及其周边地区分为三个区域——中心区、外围区和边缘区。其中，大规模市场所在地的义乌为中心区，金华市区、永康、东阳为外围区，浦江①、兰溪、武义、磐安为边缘区。需要说明的是，笔者如此划分纯粹是为了便于考察区域间的经济收敛特征，并非商圈中真的已经分裂为外围和边缘。下面，我们从上述三个区域的人均 GDP 的绝对和相对差距以及年增长率的变化入手，来说明商圈核心层区域间的经济收敛。

首先，从人均 GDP 的绝对差距来看，中心区、外围区、边缘区三区域差距呈不断扩大的趋势。1997 年中心地区人均实际 GDP 分别是外围地区和边缘地区的 1.77 倍和 2.33 倍，2007 年该指标值则分别提高到 1.90 倍和 2.85 倍，分别增长了 0.13 倍和 0.52 倍（见表 7-2）；外围区与边缘区的差距也由 1997 年的 1.32 倍提高到 2007 年的 1.49 倍，增长了 0.17 倍。之所以会出现 GDP 差距的绝对扩大，一个重要的原因是本章数据所显示的 1997～2007 年期间三地区的人均实际 GDP 增长速度都在逐渐提高。有趣的是，这种增长速度的提高表现出区域间交替加速增长的良性特征（见图 7-6），不仅反映了大规模市场和其主导下的区际分工的互动互促关系，也从侧面折射出区域间经济收敛的迹象。

2000 年以前，外围地区的人均 GDP 指标虽然逊于中心区，但经济增长速度最快，明显高于中心区和边缘区；2001～2004 年商圈中心区无论在人均实际 GDP 指标，还是在增长速度上都超过外围区和边缘区，居于领先地位。在此期间，边缘区虽然在两项经济指标方面都居于末位，但在经济增长率方面已渐趋赶上外围区和中心区；2004 年以后，边缘区的经济增长率开始赶上并超过中心区和外围区，由大规模市场和区域间分工导致的经济扩散效应开始显现。

---

① 从地理位置上看，浦江与义乌相邻，但在整个商圈核心层里面，与东阳、永康等经济强市相比，由于其工业化的进程相对较慢和占地区全部工业产值的比重相对较小，故将其划入边缘区。

表7-2 中心、外围、边缘地区的人均 GDP、年增长率和人均 GDP 相对差距

单位：元，%

年份		1997	1998	1999	2000	2001	2002	2003	2004	2005	2006	2007
中心	人均 GDP	15132	15770	16601	17389	19712	22312	25771	31041	37825	43797	50262
	年增长率		4.21	5.27	4.75	13.36	13.19	15.50	20.45	21.85	15.79	14.76
外围	人均 GDP	8561	9416	10089	10571	11800	12960	14559	17153	20880	23658	26437
	年增长率		9.98	7.15	4.77	11.62	9.83	12.33	17.81	21.72	13.30	11.75
边缘	人均 GDP	6491	6734	6908	7121	7638	8248	9153	10738	13118	15231	17652
	年增长率		3.74	2.59	3.07	7.26	7.98	10.97	17.31	22.15	16.10	15.90
外围同中心相对差距		43.42	40.29	39.23	39.21	40.14	41.91	43.51	44.74	44.80	45.98	47.40
边缘同中心相对差距		57.10	57.30	58.39	59.05	61.25	63.03	64.48	65.41	65.32	65.22	64.88
边缘同外围相对差距		24.18	28.48	31.53	32.64	35.27	36.36	37.13	37.40	37.17	35.62	33.23

注：相对差距 = （1 - 小值/大值）× 100%。

资料来源：《金华统计年鉴》、《义乌统计年鉴》，中国统计出版社。金华统计信息网，义乌统计信息网。

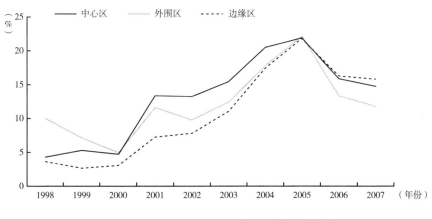

图 7 – 6 三地区人均 GDP 增长速度的交替变化

其次，从三地区人均实际 GDP 的相对差距变化来看，中心、外围、边缘地区的相对差距呈现变化缓慢或差距缩小的趋势。我们可以从表 7 – 2 中清楚地看到，1998 ~ 2003 年，三地区人均实际 GDP 的相对差距扩大速度较快，中心地区与外围和边缘地区的相对差距分别提高了 3.22 个和 7.18 个百分点。但 2004 年以来，三地区人均 GDP 相对差距变化趋缓，中心区与外围区的相对差距只提高了 2.66 个百分点，中心区同边缘区的相对差距缩小了 0.53 个百分点，外围区与边缘区的差距缩小了 4.17 个百分点，中心区与边缘区、外围区与边缘区的差距走势在经过了最高点后，开始缓慢下降，尤其是中心区与边缘区的相对差距倒 U 形走势比较明显（见图 7 – 7）。这说明近几年市场规模扩张和区域间分工协作程度加深对产业的扩散和地区间经济协调发展起了重要作用。

最后，一般而言，事物在不同状态之间的转化并非一蹴而就的，往往伴随着震荡、胶着与反复，在经济领域尤其如此。从各区域国内生产总值的比重来看（见表 7 – 3），1997 ~ 2003 年，中心区和外围区的 GDP 比重不降反升，边缘区的 GDP 比重持续下降。2003 年以后，中心区占地区合计的比重上升趋缓，基本上徘徊于 28% 附近；外围区占地区合计的比重却稳中有降，相对边缘区占地区合计的比重却发生了微妙的变化，外围区由 50.56% 下降到 2007 年的 48.79%，边缘区由 22.18% 上升到 2007 年的 22.64%。这说明边缘区已经开始承接外围区

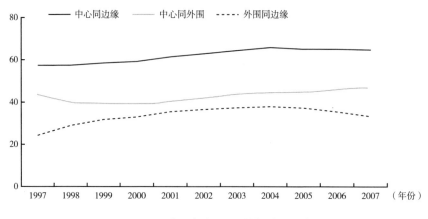

图7-7　三地区人均 GDP 的相对差距变化

表7-3　中心、外围、边缘三地区 GDP 分别占核心层总 GDP 的比重①

单位：%

年份	地区合计	中心区占地区合计的比重	外围区占地区合计的比重	边缘区占地区合计的比重
1997	100	25.30	47.23	27.47
1998	100	24.73	48.65	26.63
1999	100	24.86	49.23	25.91
2000	100	25.01	49.55	25.44
2001	100	25.72	49.91	24.37
2002	100	26.59	49.81	23.60
2003	100	27.26	50.56	22.18
2004	100	27.85	49.82	22.33
2005	100	28.13	49.72	22.55
2006	100	28.53	48.62	22.85
2007	100	28.57	48.79	22.64

资料来源：历年《金华统计年鉴》，历年《义乌统计年鉴》，中国统计出版社。金华统计信息网，义乌统计信息网，http：//www.jhstats.gov.cn。

---

① 有必要说明的是，无论是前文对其他指标的分析，还是这里 GDP 比重的变化，都间或带有明显的"胶着"和"徘徊"特征。我们在尊重统计数据的基础上，可以从产业在空间分布变化的角度来解释这种特征：市场规模扩大带来的交易效率提高和交易可靠性的增强，会吸引周边企业向大规模市场所在地集中（陆立军和杨海军，2007）；当产业的区域集中超过某一临界点时，集聚所引致的成本增加便会超过因之而带来的收益。微观企业主体出于最大化自身利益的考虑，会向外围输出资本、技术，与当地廉价的劳动力结合，以此方式实现生产的转移。问题的关键在于，由于受到宏观经济、企业预期以及地方政府竞争与保护等因素的影响，这种生产的转移并不是"顺利"进行的，而必然伴随着震荡与反复。从哲学层面来看，这种震荡与反复并不是对经济空间扩散的抵触或排斥，而是对其的一种歪曲反映。

的产业转移和生产外包，利用区域共享的大规模市场提供的便利积极参与区域间的分工，从而使得自身的经济增长加速，在地区中的经济总量的比重发生变化。当然，这种有利于区域间协调的变化是否会一直持续下去，还需要等待时间数据的积累加以判断。

为了进一步说明这种收敛的趋势，下面我们采用基尼系数（G）和以人口加权的变异系数（CV）来分析历年"义乌商圈"核心层区域间差距的变化。基尼系数是学术界比较常用的衡量地区差异程度的基本指标，计算公式为：

$$G_t = \frac{1}{2n(n-1)u_t} \sum_{j=1}^{n} \sum_{i=1}^{n} |x_{jt} - x_{it}|$$

式中，$x_{jt}(x_{it})$ 为时间 t 时区域 $i(j)$ 的人均 GDP，$|x_{jt} - x_{it}|$ 是时间 t 时任何一对区域样本差的绝对值，n 是样本容量，u 是样本总体未加权的均值。加权变异系数的计算公式为：

$$CV_t = \sqrt{\frac{\sum (X_{it} - \overline{X_t})^2 P_{it}}{\sum P_{it}}} \bigg/ \left(\frac{\sum X_{it} P_{it}}{\sum P_{it}} \right)$$

其中，CV_t 为加权变异系数，X_{it} 和 P_{it} 分别表示时间 t 时第 i 地区的人均 GDP 和人口数，$\overline{X_t}$ 表示 X_{it} 的均值。G_t 和 CV_t 在 0 ~ 1 的范围内变化，越接近 1，地区间的经济差距越大。

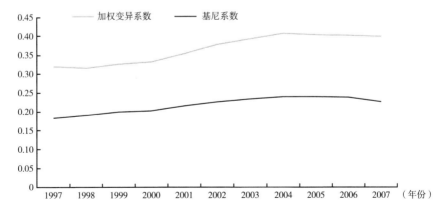

图 7 – 8　"义乌商圈"核心层区域差异（基尼系数和加权变异系数）及变化

资料来源：根据《金华统计年鉴》（1997 ~ 2007 年）相关数据汇总计算。

如图 7 – 8 所示，根据基尼系数和加权变异系数的计算结果可以看出，1997 ~ 2003 年区域差距缓慢上升，到 2004 年，无论是基尼系数还是加权变异系数均达到最大值，成为经济发展中的一个拐点，2005 年、2006 年和 2007 年都呈下降趋势。而在同时期小商品市场规模迅速扩大，周边地区日益卷入市场主导下的区域分工协作体系。我们可以从图 7 – 7 看到，1997 年以后的折线，尽管加权变异系数的倒 U 形尚未完成"右肩"，但图形已表现出这样的趋势和迹象；基尼系数则明显呈现平缓的倒 U 形走势，这是"义乌商圈"核心层区域经济增长走向收敛的一个有力证明。

有必要说明的是，由于我们截取的是两次大危机之间的时间数据，本书这里的实证只是对这一逐渐显现出的端倪或迹象的揭示和反映；至于这种收敛是阶段性的调整，还是可持续的长期发展趋势，仅凭现有的数据资料尚难以做出判断，有待于时间累积数据的进一步支持。笔者将在今后的研究中继续对此予以重点关注。

附　录

附录 A、附录 B 部分是理解本书研究对象意义和价值的重要补充。

专业市场主导型区域经济作为中国经济中非主流发展的典型模式，其"不合理性"集中体现在对主流经济学的假设与结论的挑战。除了对"专业市场消亡论"所构成的挑战之外，另一个让人困惑的谜团主要指专业市场所在地及其周边地区的发展和新经济地理学区域趋异的预言不符。在更为接近现实的假定之下，新经济地理学得出了完全不同于新古典的结论，认为初始对称的两个区域在非均衡力的作用下，经济增长的结果具有不确定性，当区域间的向心力和离心力相当时，可以维持目前的均衡状态，但如果地方政府政策失当或者遇到其他外生冲击的影响，区域间的经济很可能会走向失衡。相对于传统理论，新经济地理学更加重视市场规模对区域经济发展的重要性，而市场的单方面扩大往往是区域发展趋异的一个重要因素。在新经济地理学看来，区域发展的趋异很有可能是经济更为稳定的均衡。对新经济地理学的这个预言，我们也可以将其称为区域发展的"陷阱"。

在遍布全国的众多专业市场中，每年的成交额达数十亿元乃至数百亿元的专业市场不一而足，如果按照新经济地理"核心—外围"模型的推理及其结论，这么巨大的市场需求足以使专业市场所在地带有明显的经济"黑洞"特征，即不断地把周边地区的投资吸引到专业市场所在地，甚至理论上的一个极端结果是，周边地区的所有现代生产部门将全部集中在专业市场所在地，这是"核心—外围"模型预言的一个陷阱。但事实上，专业市场辐射区域的发展与此预言恰恰相反，这不能不说是一个"迷"。

笔者在附录 A、附录 B 做出对这个"谜团"的分析，意义在于能够让读者多层面、立体化地理解专业市场对区域经济发展的主导性作用。就表面观察而言，的确如正文中所分析的那样，专业市场在一步步推动区域产业集群→转移→地区专业化→经济增长的发展路径，这有点类似于"桌面上的东西"，是理论研究者和经济实践者都能真切感受到的；但是，就专业市场带动区域跨越新经济地理"陷阱"这一点，却有些类似于"桌子下面的东西"，不仅经济实践者无法察觉，也是被许多理论研究者所忽略的。在笔者看来，正文对前面一点所做的分析固然重要，但弄清并理解后面这一点也相当关键，这或许对当前城乡、区域日渐失衡的中国实现和谐的发展目标更有启示价值。

"核心 - 外围" 模型的简化表述

假定 A、B 两个区域中各自存在农业和工业两个部门；生产中使用工人劳动和农民劳动两种要素；工人可以自由迁徙，农民不能自由流动；规模经济仅发生在工业生产中，农业规模生产收益保持不变；农业产品同质化且不存在空间运输成本。工业产品不具有完全可替代性，因而具有一定程度的垄断性。该经济提供种类为 N 的工业品，各自对应消费者的某种需求，第 i 种工业品的消费量用 $c(i)$ 表示。

1. 消费者的最优消费决策

消费者对工业品及农产品的消费效用可以用柯布 - 道格拉斯型效用函数表示：

$$U = U(C_M, C_A) = C_M^\mu C_A^{1-\mu} \tag{1}$$

其中，C_A 为农产品的消费量，C_M 为工业品的消费量，μ 是效用对工业品消费量的弹性，$1-\mu$ 是效用对农产品消费量的弹性。则约束条件下的消费效用最大化可以表示为：

$$\underset{C_M, C_A}{Max}(C_M^\mu C_A^{1-\mu}) \tag{2}$$

$$S.T. \, P_M C_M + P_A C_A = I \tag{3}$$

上式中，P_A 为农业品价格，P_M 为工业品价格，I 为收入约束。建立拉格朗日函数并分别对 C_M 和 C_A 求导，可得：

$$L = C_M^\mu C_A^{1-\mu} - \lambda(I - P_M C_M - P_A C_A) \tag{4}$$

$$\mu C_M^{\mu-1} C_A^{1-\mu} + \lambda P_M = 0$$

$$(1-\mu) C_M^\mu C_A^{-\mu} + \lambda P_A = 0$$

$$\Rightarrow \frac{\mu}{1-\mu} \frac{C_A}{C_M} = \frac{P_M}{P_A}$$

$$\Rightarrow P_M C_M = \mu I$$

从上式可以看出，μ 体现了对农业品与工业品的消费支出比例关系。如果我们假定工业品替代弹性相同，那么可以用 CES 函数表示消费工业品的效用：

$$C_M = \Big[\sum_{i=1}^{N} c(i)^{(\sigma-1)/\sigma} \Big]^{(\sigma-1)/\sigma}, \sigma > 1 \qquad (5)$$

在上式中，$c(i)$ 为第 i 种工业品的消费量，σ 为任意两种工业品的替代弹性。在 $\sum_{i=1}^{N} p(i)c(i) = \mu I$ 预算约束中，$p(i)$ 是第 i 种工业品的价格，消费者可以通过对 $c(i)$ 的选择来追求效用 C_M 最大化，建立拉格朗日函数并对 $c(i)$ 求导可得：

$$L = \Big[\sum_{i=1}^{N} c(i)^{(\sigma-1)/\sigma} \Big]^{(\sigma-1)/\sigma} - \lambda \Big[\sum_{i=1}^{N} p(i)c(i) - \mu I \Big] \qquad (6)$$

$$\Big[\sum_{i=1}^{N} c(i)^{(\sigma-1)/\sigma} \Big]^{1/(\sigma-1)} c(i)^{-1/\sigma} = \lambda p(i) \qquad (7)$$

从上式我们可以得到消费者对任意两种工业品的消费量与价格的关系：

$$\frac{c(i)}{c(j)} = \frac{p(i)^{-\sigma}}{p(j)^{-\sigma}} \quad 即 \quad c(i) = \frac{p(i)^{-\sigma}}{p(j)^{-\sigma}} c(j) \qquad (8)$$

当消费者对任意两种工业品的消费量之比满足这种关系时，在总支出一定的约束下，可以使子效用 C_M 最大化，记最大化的子效用水平为 C_{Max}。把式（8）带入式（5）得：

$$C_{Max} = c(i)p(j)^{\sigma} \Big[\sum_{i=1}^{N} p(i)^{1-\sigma} \Big]^{\sigma/(\sigma-1)} 即 c(i) = C_{Max} p(j)^{-\sigma} \Big[\sum_{i=1}^{N} p(i)^{1-\sigma} \Big]^{-\sigma/(\sigma-1)}$$

$$(9)$$

上式就是一个消费者对一种工业品的需求函数，同时消费者对工业品的消费需求为 $-\sigma$。根据上式，可以计算消费者对所有工业品的总支出：

$$\sum_{i=1}^{N} p(i)c(i) = \sum_{i=1}^{N} \Big\{ C_{Max} p(i)^{1-\sigma} \Big[\sum_{i=1}^{N} p(i)^{1-\sigma} \Big]^{-\sigma/(\sigma-1)} \Big\} = C_{Max} \Big[\sum_{i=1}^{N} p(i)^{1-\sigma} \Big]^{-1/(\sigma-1)}$$

$$(10)$$

前面我们已经知道，消费者对工业品的总支出为 $\mu I = P_M C_{Max}$ ，所以：

$$P_M = \Big[\sum_{i=1}^{N} p(i)^{1-\sigma}\Big]^{-1/(\sigma-1)} \tag{11}$$

式（10）和式（11）表明，以 P_M 价格购买 C_M 即为消费者对工业品的支出，因此工业品价格指数可以用 P_M 表示。

由式（9），消费者的工业品需求函数相同，选择合适度量单位，略去常数项后可以把需求函数写成：

$$x(i) = p(i)^{-\sigma}$$

2. 生产者的最优产出和价格决策

由于个体收入中的工业品支出比例为 μ ，则总体收入中的工业品支出比例也为 μ ，同时总体收入中的农产品支出比例为 $1-\mu$ 。如果 A 区域的工人数为 L_A ，B 区域的工人数为 L_B ，则 $L_A + L_B = \mu$ ；而由于我们在前面假定农民均匀分布，因此各区域的农民为 $(1-\mu)/2$ 单位；

假设各种工业品的边际生产成本保持不变，固定成本相同，我们有如下生产函数： $L(i) = \alpha + \beta x(i)$ ，其中， $L(i)$ 为总的劳动使用量表示的生产成本， $x(i)$ 为产出水平， α 是以劳动投入量表示的固定成本， β 是以劳动使用量表示的边际成本。

区域 A 和区域 B 的企业利润函数分别为： $\pi_A(i) = p_A(i)x(i) - w_A[\alpha + \beta x(i)]$ ， $\pi_B(j) = p_B(j)x(j) - w_B[\alpha + \beta x(j)]$ 。在企业利润最大化行为下，

$$Max\{p_A(i)x(i) - w_A[\alpha + \beta x(i)]\} \tag{12}$$
$$S.T. \ x(i) = p(i)^{-\sigma} \tag{13}$$

由一阶条件可得：

$$p_A(i) = \frac{\sigma}{\sigma-1}\beta w_A \quad 即 \ p_A = \frac{\sigma}{\sigma-1}\beta w_A \ , \ p_B = \frac{\sigma}{\sigma-1}\beta w_B \tag{14}$$

由于不存在进入壁垒，均衡利润为零，即 $\pi_A(i) = p_A(i)x(i) - w_A[\alpha + \beta x(i)] = \frac{\sigma}{\sigma-1}\beta w_A x(i) - w_A[\alpha + \beta x(i)] = 0$ 则 $x(i) = \frac{\alpha(\sigma-1)}{\beta}$ ，对区域 B 的企业也有同样的结论。

3. 区域均衡方程组

引入"冰山"运输成本①，用 c_{AA} 表示 A 区域消费者对当地某种产品需求量，用 c_{AB} 表示 A 区域消费者对 B 区域某种产品的需求量，那么该消费者对两区域产品的相对需求可以表示为：

$$\frac{c_{AA}}{c_{BB}} = \left(\frac{p_A}{p_B/\tau}\right)^{-\sigma} = \left(\frac{w_A\tau}{w_B}\right)^{-\sigma} \tag{15}$$

同样，区域 B 的消费者对 A、B 区域产品的相对需求量可表示为：

$$\frac{c_{BA}}{c_{BB}} = \left(\frac{p_A/\tau}{p_B}\right)^{-\sigma} = \left(\frac{w_A}{w_B\tau}\right)^{-\sigma} \tag{16}$$

如果用 z_{AA} 表示 A 区域单位消费者对本地产品支出与对 B 区域产品支出的比率；用 z_{AB} 表示 B 区域单位消费者对 A 区域产品支出与对本地产品支出的比率；用 Y_A 表示 A 区域的总收入，用 Y_B 表示 B 区域的总收入，即本地农民和工人的收入总和。根据前面假定，我们可以得到以下均衡方程组：

$$z_{AA} = \frac{n_A p_A c_{AA}}{n_B(p_B/\tau)c_{AB}} = \left(\frac{L_A}{L_B}\right)\left(\frac{p_A\tau}{P_B}\right)^{-\sigma+1} = \left(\frac{L_A}{L_B}\right)\left(\frac{w_A\tau}{w_B}\right)^{-(\sigma-1)} \tag{17}$$

$$z_{AB} = \frac{n_A(p_A/\tau)c_{BA}}{n_A p_B c_{AB}} = \left(\frac{L_A}{L_B}\right)\left(\frac{p_A}{P_B\tau}\right)^{-\sigma+1} = \left(\frac{L_A}{L_B}\right)\left(\frac{w_A}{w_B\tau}\right)^{-(\sigma-1)} \tag{18}$$

$$Y_A = (1-\mu)/2 + w_A L_A$$

$$Y_B = (1-\mu)/2 + w_B L_B$$

$$w_A L_A = \mu\left[\left(\frac{Z_{AA}}{1+Z_{AA}}\right)Y_A + \left(\frac{Z_{AB}}{1+Z_{AB}}\right)Y_B\right]$$

$$w_B L_B = \mu\left[\left(\frac{1}{1+Z_{AA}}\right)Y_A + \left(\frac{1}{1+Z_{AB}}\right)Y_B\right]$$

该方程组是一个非线性方程组，在工人分布已确定并且各个参数值已知的情况下，理论上可以解出 z_{AA}，z_{AB}，Y_A，Y_B，w_A，w_B，但这一解析式过于复杂，难以看出各参数对工人分布的影响，因此一般可以通过数值解法来讨论各参数对经济活动区域的影响。

---

① "冰山"运输成本指物品在运输过程中损失的一个固定比例，从区域 A 运输 1 单位的工业品到区域 B，只会剩下 τ（$\tau<1$）部分，其余的部分在运输过程中"融化"了。τ 越接近于 1，区域间的运输成本越小。在新经济地理学的建模过程中，"冰山"成本技术发挥了关键的作用，其思想主要来自萨缪尔森。具体可参阅 Paul A. Samuelson, 1952：The Transfer Problem and Transport Costs：The terms of Trade When Impediments are absent，*Economic Journal* Volume 62。也可参阅近两年来国内学者的相关介绍：藤田昌久、克鲁格曼和维纳布尔斯：《空间经济学——城市、区域与国际贸易》，梁琦主译，中国人民大学出版社，2005，第 7、58 页。安虎森主编《空间经济学原理》，经济科学出版社，2006。

区域跨越 "黑洞" 陷阱的几点解释

根据附录 A 中的模型，如果进一步假定工人在空间中同样均匀分布，即 $L_A = L_B = \mu/2$，那么不难推断出两地工人的名义工资 $w_A = w_B$，两地经济形成短期均衡。如果此时出现某种非对称冲击，导致工人在区域间流动，比如工人从 A 区域流向 B 区域，那么，上述短期的对称均衡能否保持则具有很大的不确定性。这是因为有两种相反或相向的力量在同时对抗，即，一方面，工人数量较多区域的企业在面对本区域农村市场时存在更高的竞争，这种力量阻碍外部的工人流入，或者说倾向于维持原来的均衡；另一方面，由于工人数量多的区域的工资水平也高，由此导致的本地市场规模效应吸引相邻区域的要素流入，这将会破坏原有均衡的稳定性。因此，短期均衡稳定程度很难判断，最终取决于两种力量的强弱对比。

长期中的工人流动性取决于两个区域实际工资的相对水平。工人数量多的区域也是企业数量多的区域，可以合理推断这里的工业品种类也多，生产技术或能力处在较高的水平，消费者的消费主要以本地产品为主，避免了运输成本，由此导致相对较低的工业品价格。考虑到农产品的价格稳定，如果用 f 表示 A 区域工人的相对比重，即 $f = L_A/(L_A + L_B)$，那么，该区域的工业品价格可以表示为：

$$P_{MA} = \left[f w_A^{-(\sigma-1)} + (1-f)\left(\frac{w_B}{\tau}\right)^{-1/(\sigma-1)} \right]^{-1/(\sigma-1)} \tag{19}$$

区域 B 的消费者面对的工业品价格指数为：

$$P_{MB} = \left[f\left(\frac{w_B}{\tau}\right)^{-(\sigma-1)} + (1-f)w_B^{-(\sigma-1)} \right]^{-1/(\sigma-1)} \tag{20}$$

由于消费者在工业品上的支出比例为 μ ，在名义工资不变的条件下，一个百分点的工业品价格上升将导致 μ 个百分点的购买力下降，也即实际工资与工业品价格的弹性为 $-\mu$ ，因此，工人的实际工资可以表示为：

$$\omega_A = w_A P_{MA}^{-\mu}, \omega_B = w_B P_{MB}^{-\mu}$$

其中，ω_A 表示 A 区域工人的实际工资，ω_B 表示 B 区域工人的实际工资。一方面，实际工资水平影响工人流动，进而形成工人在区域间的分布差异；另一方面，工人在区域间的分布差异影响工人实际工资的差异，两方面相互影响、相互作用，共同决定了空间中的经济活动分布格局。同时，我们还可以从式（19）、式（20）两式看出，f 上升时，区域 B 的价格指数上升，而区域 A 的价格指数下降，这是导致区域空间分异的另一种力量，即价格指数效应。

为了讨论的方便，我们可以借用新经济地理的战斧图（见图1），并对其作稍微改进。将 $\varnothing$ 看作市场规模，S_H 表示北部的产业份额，对任意水

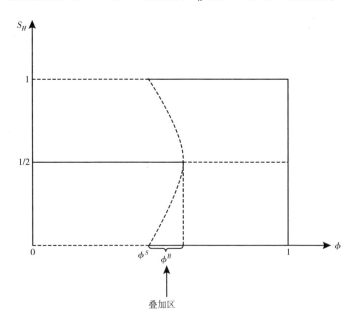

图1　修正后的核心－边缘模型的战斧示意

资料来源：在 *The Spatial Economy*（Fujita，Krugman&Venables，1999）的基础上修改而得。

平的 $\emptyset$ 而言，分别对应图 1 中三条水平线。当 $\emptyset > \emptyset^B$ 时，现代产业部门会迅速的向南部或者北部集中，并且这种集中带有突发性特征。而在 $\emptyset^S < \emptyset < \emptyset^B$ 时，两区域间经济是否均衡具有不确定性，取决于由市场规模扩大所产生的聚集力和分散力的力量对比。

鉴于模型建立在严格的假定条件之上和经济理论的不可实验性，以上分析并非意指这种"悲剧"结果必然出现，笔者只是根据模型推演的结论，指出了这一风险或陷阱在理论上具有存在的客观可能性。事实上，很多专业市场存在一个每年达几十亿元乃至几百亿元①的成交量，面对这么巨大的市场需求量，根据上述"核心—外围"模型的结论，专业市场辐射区域在理论上的一个极端情况应当是：周边地区所有的现代生产部门向专业市场所在地集中，以充分利用规模报酬递增和集聚经济②的好处，市场核心区域成为地区性的经济"黑洞"③，与周边地区形成巨大的经济差距。但与理论预测相悖的现实状况是：专业市场充分发挥自身的市场集聚辐射功能，受其辐射的各地许多企业依托基于本地比较利益的分工组织生产，其产品通过专业市场销往全国与世界各地。从本书所关注的几个典型的专业市场主导型区域来看，跨区域分工协作网络结构明显比非市场主导型区域要成熟和完善，各区域围绕核心区的市场，通过区际贸易，取得了双赢的绩效④，并且协作的完善度是和专业市场的成熟度高度相关的。专业市场主导型区域的经济发展之所以能避免"陷阱"。笔者认为主要由

---

① 以义乌小商品市场为例，义乌市统计局的数据显示，至 2015 年底，市场商品成交额达 982 亿元，其中 70% 为外销，其小商品销往全世界 200 多个国家和地区。据《小商品世界报》2005 年 8 月 27 日报道，"最近，联合国与世界银行、摩根士丹利等世界权威机构联合向全世界公布了一份中国发展的报告，其中有一条称义乌市场为'全球最大的小商品批发市场'"。

② 空间经济学认为，集聚经济有三个来源：规模报酬递增、企业共享的劳动力池、企业群聚的知识流动和技术传播。其中规模报酬递增是第一位的因素，它源自于人们消费的多样性和技术的内生提高。

③ 如果已经形成"黑洞"，那么在短期内改变这种状况是很困难的。例如，我国提出西部大开发战略以来，国家已经对西部地区投资了数万多亿元的资金，然而这些资金中的大部分通过购买机器设备和原材料形式又回到东部来了。尽管国家加大了对西部投资力度，西部地区的状况也发生了一些变化，但没有发生根本性变化，东西部的差距更加拉大，其主要原因就是我国东部的这种黑洞特征。

④ 参看本书第 7 章实证部分，通过相关数据详细阐述的经济增长趋势就在很大程度上说明了"义乌商圈"区域协调发展的双赢特征。

于：①专业市场的需求大部分来自受辐射区域之外，当地人口带来的需求只占很小一部分，这使得专业市场的价格指数效应①不是那么明显，因而由价格指数效应引致的集聚力相对较小。②专业市场所在核心区域本身的地理范围往往比较狭小，现代部门稍一靠拢，就会形成很高的聚集程度，往往因此导致企业间的竞争强度很大，这限制了企业的获利能力，这种分散力促使现代部门在空间上均匀分布，在前面模型中称之为排斥力。③在因排斥力过强而导致产业向外扩散②的过程中，周边地方政府审时度势、因势利导，利用本地比较优势，主动接轨市场核心区域，制定优惠政策承接产业转移，积极占据在区域分工中的有利位置。④区域经济一体化的福利效应要从动态③和静态两个方面去考虑。就整个专业市场辐射的地区来说，核心区域的消费者对工业品的支出份额不是很大，因此，建立在共享型市场和区域间分工基础上的经济一体化带来的整体区域发展的动态效应明显大于静态效应，一体化可以推动区域的协调发展。

需要强调的是，在前文中，虽然我们一再强调自由经济的力量，但并非完全无视政府的作用。从上述模型讨论及第三点理由可以看出，政府这只"有形之手"在专业市场分工网络的形成和避免地区性经济"黑洞"的出现等方面发挥了重要作用。新经济地理学认为，规模收益递增是经济活动空间聚集的向心力，区域间贸易的运输成本和交易成本则是经济活动空间聚集的离心力，这两种对立力量的相互作用决定了经济活动的空间分

---

① 正如前面模型所显示的那样，价格指数效应是导致现代生产部门向某一区域聚集的力量，指的是生产活动向某一区域的集中导致该区域相对价格指数的下降，而在名义收入水平相同的情况下，价格指数的下降意味着实际收入水平的提高，实际收入水平的提高使得该区域更有吸引力。以义乌为例，事实上，至2010年底，全市有外来经商务工人员100多万人，其中外商约1万人，而义乌本地户籍人口不过64万人。

② 本书在第4章第2节对这一产业扩散过程做了理论上的描述。

③ 在空间经济学中，动态效应是指产业的集中导致整体经济增长率的提高，整体经济增长率的提高将提高整体的福利水平。静态效应是指自由化提高可流动要素的流动性，使得可流动要素向发达地区集中，这将减少欠发达地区的产业份额，而国民收入的区际分配取决于不同区域所拥有的产业份额的多少，因此产业份额的减少会降低欠发达地区的福利水平。如果动态效应大于静态效应，则一体化可以实现区域协调发展，反过来如果后者大于前者，则一体化加大区域发展差距。但是动态效应常常与某一区域消费者对工业品的支出份额密切相关，如果该区域消费者对工业品的支出份额很大，则这种动态效应大于静态效应，如果该区域消费者对工业品的支出份额很小，则动态效应小于静态效应。

布格局。向心力和离心力的相互作用在宏观层面上的外在表现是经济在空间上的集聚和扩散，在这一转化过程中，没有政府的参与往往是很难实现的。联系模型结果，关于政府协调的作用我们还可以有以下两点推论。

一方面，即便是有一个大规模市场的存在，如果某些区域不能利用自身优势，及时围绕该市场形成一种有效的分工格局，则未能纳入分工体系的区域就不能形成规模优势，规模报酬递增的机制便无法建立。更为重要的是，在规模报酬递增基础上的区域经济增长具有循环累积因果效应，某些区域一旦在分工格局中被边缘化，便很难吸引企业投资。在此条件下经济发展必然促使区域空间的分异，更大的区域范围内就会形成一种"贫者愈贫、富者愈富"的"马太局面"。要避免这种市场失灵情况的出现，政府就要对市场协调分工的过程施加干预，根据本地比较优势和市场价格信号的变动，及时调整本地的发展战略，主动占据有利的分工地位，实现由基于自然禀赋的先天比较优势向基于规模经济的后天比较优势转变。

另一方面，传统的理论认为贸易自由化可以促进工业化的发展，但该理论隐含的前提是互相开放的区域或国家的经济发展水平必须大致相当，当这一条件得不到满足时，则需要欠发达地区的市场规模相对要小，同时发达地区实行更加开放的政策，这样一来，这种有政策倾斜的贸易自由化相当于为欠发达地区的工业化提供了所需的市场规模。所需的市场规模至少应该多大？这与区内区际贸易自由度高低和该区域所具有的比较优势大小有关。落后地区实行全方位开放的政策，则开始工业化所需的市场规模越大；发达地区实行更加开放的政策，则落后地区开始工业化所需的市场规模越小；比较优势越大，则开始工业化所需的市场规模越小。由空间经济学的理论可知，如果没有上述区别性的政策，发展的结果很可能是两极分化。因此，比较公平合理的方式是在贸易自由化时应当适度保护欠发达地区的消费品市场，同时对欠发达地区开放中间投入品市场，这对落后地区而言是有益的。就专业市场辐射的区域而言，相对于核心区的专业市场本身提供的巨大需求，相对外围各区域内部的市场需求可以忽略不计，在此情况下，外围区政府所采取的接轨专业市场核心区、共享大规模市场的决策，便成为推动本地工业化，加快分工协调网络形成的一个重要因素。

附录 C

两大专业市场辐射圈的专业化指数比较

表1　按国民经济行业计算的地区间专业化指数比较

（临沂专业市场辐射圈 2000 年、2007 年）

地区	兰山	罗庄	河东	沂南	郯城	沂水	苍山	费县	平邑	莒南	蒙阴	临沭	平均
兰山	0.00	0.38	0.56	0.56	0.38	0.35	0.31	0.34	0.34	0.43	0.41	0.48	0.41
罗庄	0.38	0.00	0.52	0.45	0.43	0.30	0.35	0.27	0.49	0.37	0.40	0.38	0.39
河东	0.56	0.52	0.00	0.87	0.57	0.63	0.42	0.54	0.67	0.68	0.75	0.80	0.64
沂南	0.56	0.45	0.87	0.00	0.35	0.30	0.49	0.40	0.40	0.25	0.26	0.20	0.41
郯城	0.38	0.43	0.57	0.35	0.00	0.22	0.21	0.23	0.28	0.27	0.26	0.37	0.32
沂水	0.35	0.3	0.63	0.3	0.22	0.00	0.26	0.14	0.37	0.14	0.15	0.24	0.28
苍山	0.31	0.35	0.42	0.49	0.21	0.26	0.00	0.20	0.31	0.34	0.38	0.44	0.34
费县	0.34	0.27	0.54	0.4	0.23	0.14	0.2	0.00	0.37	0.26	0.27	0.33	0.30
平邑	0.34	0.49	0.67	0.4	0.28	0.37	0.31	0.37	0.00	0.46	0.37	0.51	0.42
莒南	0.43	0.37	0.68	0.25	0.27	0.14	0.34	0.26	0.46	0.00	0.20	0.17	0.32
蒙阴	0.41	0.4	0.75	0.26	0.26	0.15	0.38	0.27	0.37	0.2	0.00	0.26	0.34
临沭	0.48	0.38	0.8	0.2	0.37	0.24	0.44	0.33	0.51	0.17	0.26	0.00	0.38
全市													0.38
地区	兰山	罗庄	河东	沂南	郯城	沂水	苍山	费县	平邑	莒南	蒙阴	临沭	平均
兰山	0.00	0.99	0.92	0.60	0.75	0.49	0.70	0.45	0.51	0.55	0.35	0.53	0.62
罗庄	0.99	0.00	1.52	1.12	1.22	1.06	1.29	1.04	1.13	1.06	0.97	0.93	1.12
河东	0.92	1.52	0.00	0.80	0.43	0.65	0.42	0.66	0.70	0.66	0.82	0.66	0.75
沂南	0.6	1.12	0.8	0.00	0.51	0.38	0.43	0.36	0.25	0.46	0.31	0.44	0.51
郯城	0.75	1.22	0.43	0.51	0.00	0.41	0.27	0.38	0.39	0.41	0.54	0.43	0.52
沂水	0.49	1.06	0.65	0.38	0.41	0.00	0.34	0.16	0.34	0.29	0.29	0.25	0.42
苍山	0.7	1.29	0.42	0.43	0.27	0.34	0.00	0.32	0.37	0.44	0.47	0.46	0.50
费县	0.45	1.04	0.66	0.36	0.38	0.16	0.32	0.00	0.31	0.26	0.25	0.28	0.41
平邑	0.51	1.13	0.7	0.25	0.39	0.34	0.37	0.31	0.00	0.37	0.21	0.44	0.46
莒南	0.55	1.06	0.66	0.46	0.41	0.29	0.44	0.26	0.37	0.00	0.37	0.35	0.47
蒙阴	0.35	0.97	0.82	0.31	0.54	0.29	0.47	0.25	0.21	0.37	0.00	0.37	0.45
临沭	0.53	0.93	0.66	0.44	0.43	0.25	0.46	0.28	0.44	0.35	0.37	0.00	0.47
全市													0.56

资料来源：笔者根据《临沂统计年鉴》（2001 年、2008 年）计算。

表2 按国民经济行业计算的地区间专业化指数比较

（义乌专业市场辐射圈2000年、2007年）

地区	市区	兰溪	义乌	东阳	永康	武义	浦江	磐安	平均
市区	0.00	0.36	0.51	0.90	0.68	0.74	0.95	0.70	0.69
兰溪	0.36	0.00	0.64	1.00	0.82	0.86	1.03	0.78	0.78
义乌	0.51	0.64	0.00	0.97	0.39	0.55	0.66	0.52	0.61
东阳	0.90	1.00	0.97	0.00	1.16	1.21	1.28	1.12	1.09
永康	0.68	0.82	0.39	1.16	0.00	0.35	0.43	0.39	0.60
武义	0.74	0.86	0.55	1.21	0.35	0.00	0.60	0.31	0.66
浦江	0.95	1.03	0.66	1.28	0.43	0.60	0.00	0.60	0.79
磐安	0.70	0.78	0.52	1.12	0.39	0.31	0.60	0.00	0.63
全市	—	—	—	—	—	—	—	0.73	—
地区	市区	兰溪	义乌	东阳	永康	武义	浦江	磐安	平均
市区	0.00	0.53	0.75	0.50	0.56	0.59	0.59	0.87	0.63
兰溪	0.53	0.00	0.78	0.41	0.55	0.59	0.28	1.19	0.62
义乌	0.75	0.78	0.00	0.98	0.37	0.45	0.66	1.20	0.74
东阳	0.50	0.41	0.98	0.00	0.85	0.97	0.54	0.99	0.75
永康	0.56	0.55	0.37	0.85	0.00	0.32	0.47	1.23	0.62
武义	0.59	0.59	0.45	0.97	0.32	0.00	0.57	1.22	0.67
浦江	0.59	0.28	0.66	0.54	0.47	0.57	0.00	1.25	0.62
磐安	0.87	1.19	1.2	0.99	1.23	1.22	1.25	0.00	1.14
全市	—	—	—	—	—	—	—	—	0.72

资料来源：笔者根据《金华统计年鉴》（2001年、2008年）计算。

表3 按制造业二位数计算的地区间专业化指数比较

（义乌专业市场辐射圈2000年、2007年）

地区	市区	兰溪	义乌	东阳	永康	武义	浦江	磐安	平均
市区	0.00	0.97	1.28	0.85	1.27	1.25	1.25	1.13	1.42
兰溪	0.97	0.00	1.46	1.23	1.39	1.50	1.52	1.34	1.34
义乌	1.28	1.46	0.00	1.19	1.63	1.38	0.56	1.28	1.25
东阳	0.85	1.23	1.19	0.00	1.38	1.18	1.18	1.11	1.16
永康	1.27	1.39	1.63	1.38	0.00	1.14	1.50	1.51	1.40
武义	1.25	1.50	1.38	1.18	1.14	0.00	1.37	1.38	1.31
浦江	1.25	1.52	0.56	1.18	1.50	1.37	0.00	1.23	1.23
磐安	1.13	1.34	1.28	1.11	1.51	1.38	1.23	0.00	1.28
全市	—	—	—	—	—	—	—	—	1.30

续表

地区	市区	兰溪	义乌	东阳	永康	武义	浦江	磐安	平均
市区	0.00	1.14	1.30	1.07	0.97	0.86	1.01	1.07	1.06
兰溪	1.14	0.00	1.17	1.22	1.28	1.29	0.93	1.36	1.20
义乌	1.30	1.17	0.00	1.16	1.63	1.45	0.77	0.92	1.20
东阳	1.07	1.22	1.16	0.00	1.39	1.24	1.11	0.76	1.14
永康	0.97	1.28	1.63	1.39	0.00	0.59	1.33	1.39	1.23
武义	0.86	1.29	1.45	1.24	0.59	0.00	1.18	1.25	1.12
浦江	1.01	0.93	0.77	1.11	1.33	1.18	0.00	1.05	1.05
磐安	1.07	1.36	0.92	0.76	1.39	1.25	1.05	0.00	1.11
全市									1.14

资料来源：笔者根据《金华统计年鉴》（2001 年、2008 年）计算。

"义乌商圈"前期的经济极化特征

表1　1978～1996年义乌在浙中地区的经济比重和贡献度变动

单位：万元，%

年份	GDP	A	B	C	D	E	F	G	H	I	J	K
1978	12809	0.30		13.01	0.04							
1979	16610	0.39		13.41	0.05		15.41	29.67	3.98	0.01	1.15	
1980	18763	0.44		13.17	0.06		11.38	12.96	1.71	0.01	0.86	
1981	19859	0.47		13.00	0.06		10.57	5.84	0.76	0.00	0.81	
1982	23058	0.54		12.58	0.07		10.15	16.11	2.03	0.01	0.81	
1983	28163	0.66		14.01	0.09		32.09	22.14	3.10	0.02	2.29	
1984	38449	0.91		15.68	0.14		26.00	36.52	5.73	0.04	1.66	
1985	50578	1.19		16.34	0.20		19.62	31.55	5.15	0.05	1.20	
1986	60609	1.43		16.27	0.23		15.90	19.83	3.23	0.04	0.98	
1987	79001	1.87		17.39	0.32		24.00	30.35	5.28	0.08	1.38	
1988	109860	2.59		18.42	0.48		23.02	39.06	7.20	0.13	1.25	
1989	133496	3.15		20.01	0.63		36.26	21.51	4.31	0.11	1.81	
1990	160025	3.78		21.44	0.81		35.87	19.87	4.26	0.13	1.67	
1991	192583	4.55		22.11	1.01		26.98	20.35	4.50	0.17	1.22	
1992	274972	6.49	8.35	24.97	1.62	2.09	40.37	42.78	10.68	0.49	1.62	0.89
1993	407572	9.62	12.38	26.13	2.51	3.24	30.27	48.22	12.60	0.82	1.16	1.56
1994	623817	14.73	18.95	26.24	3.86	4.97	26.57	53.06	13.92	1.34	1.01	2.64
1995	904695	21.36	27.49	26.57	5.68	7.30	27.68	45.03	11.96	1.76	1.04	3.29
1996	1080440	25.51	32.83	25.42	6.48	8.34	19.90	19.43	4.94	1.05	0.78	1.62
合计	4235359				24.35	25.94				6.26		10.00

资料来源：根据历年《金华统计年鉴》和《浙江五十年统计资料汇编》计算。

表2　1978～1996年东阳在浙中地区的经济比重和贡献度变动

单位：万元，%

年份	GDP	A	B	C	D	E	F	G	H	I	J	K
1978	15115	0.50		15.35	0.08							
1979	19992	0.66		16.13	0.11		20.17	32.27	5.20	0.03	1.25	
1980	22801	0.75		16.00	0.12		14.99	14.05	2.25	0.01	0.94	
1981	23221	0.76		15.20	0.12		3.90	1.84	0.28	0.00	0.26	
1982	29315	0.97		16.00	0.15		21.02	26.24	4.20	0.03	1.31	
1983	30789	1.01		15.32	0.16		7.97	5.03	0.77	0.01	0.52	
1984	35773	1.18		14.59	0.17		10.72	16.19	2.36	0.02	0.73	
1985	48198	1.59		15.57	0.25		20.58	34.73	5.41	0.06	1.32	
1986	57429	1.89		15.42	0.29		14.55	19.15	2.95	0.05	0.94	
1987	70879	2.33		15.60	0.36		16.62	23.42	3.65	0.07	1.07	
1988	90268	2.97		15.14	0.45		13.25	27.36	4.14	0.10	0.88	
1989	96183	3.17		14.42	0.46		7.96	6.55	0.94	0.03	0.55	
1990	108934	3.59		14.59	0.52		16.29	13.26	1.93	0.06	1.12	
1991	130983	4.31		15.04	0.65		18.26	20.24	3.04	0.11	1.21	
1992	168776	5.56	7.48	15.32	0.85	1.15	16.71	28.85	4.42	0.19	1.09	0.33
1993	267330	8.80	11.85	17.14	1.51	2.03	24.04	58.39	10.01	0.56	1.40	1.19
1994	421640	13.89	18.68	17.74	2.46	3.31	19.54	57.72	10.24	0.90	1.10	1.91
1995	615771	20.28	27.29	18.09	3.67	4.94	19.27	46.04	8.33	1.16	1.07	2.27
1996	783195	25.79	34.71	18.43	4.75	6.40	20.19	27.19	5.01	1.02	1.10	1.74
合计	3036592				17.13	17.82				4.40		7.44

资料来源：根据历年《金华统计年鉴》和《浙江五十年统计资料汇编》计算。

表3　1978～1996年永康在浙中地区的经济比重和贡献度变动

单位：万元，%

年份	GDP	A	B	C	D	E	F	G	H	I	J	K
1978	9643	0.51		9.79	0.05							
1979	12256	0.64		9.89	0.06		10.39	27.10	2.68	0.01	1.05	
1980	14395	0.75		10.10	0.08		11.75	17.45	1.76	0.01	1.16	
1981	14677	0.77		9.61	0.07		2.62	1.96	0.19	0.00	0.27	
1982	17330	0.91		9.46	0.09		8.56	18.08	1.71	0.01	0.90	
1983	18304	0.96		9.11	0.09		5.30	5.62	0.51	0.00	0.58	
1984	21212	1.11		8.65	0.10		6.24	15.89	1.37	0.01	0.72	
1985	30531	1.60		9.86	0.16		16.48	43.93	4.33	0.05	1.67	
1986	36591	1.92		9.82	0.19		9.60	19.85	1.95	0.03	0.98	
1987	45265	2.37		9.96	0.24		10.74	23.71	2.36	0.05	1.08	
1988	60523	3.17		10.15	0.32		10.95	33.71	3.42	0.08	1.08	
1989	66693	3.49		10.00	0.35		8.59	10.19	1.02	0.03	0.86	
1990	74527	3.91		9.98	0.39		9.87	11.75	1.17	0.04	0.99	

续表

年份	GDP	A	B	C	D	E	F	G	H	I	J	K
1991	88885	4.66		10.21	0.48		11.80	19.27	1.97	0.08	1.16	
1992	110299	5.78	7.89	10.02	0.58	0.79	9.13	24.09	2.41	0.11	0.91	0.19
1993	159133	8.34	11.39	10.20	0.85	1.16	10.85	44.27	4.52	0.26	1.06	0.51
1994	243256	12.75	17.41	10.23	1.30	1.78	10.32	52.86	5.41	0.45	1.01	0.94
1995	383191	20.08	27.42	11.26	2.26	3.09	14.99	57.53	6.48	0.83	1.33	1.78
1996	501559	26.28	35.89	11.80	3.10	4.24	14.69	30.89	3.65	0.73	1.24	1.31
合计	1908270				10.75	11.06				2.80		4.73

资料来源：根据历年《金华统计年鉴》和《浙江五十年统计资料汇编》计算。

有关附表中列标题的说明：

A = 该县（市）当年GDP占历年GDP（1978～1996）总值的比重 = （当年GDP/1978～1996GDP总值）×100%

B = 该县（市）当年GDP占历年GDP（1992～1996）总值的比重 = （当年GDP/1992～1996GDP总值）×100%

C = 该县（市）当年GDP占当年金华市（地）GDP的比重 = （当年该县（市）GDP/金华市（地）GDP）×100%

D = 当年GDP在金华市（地）历年GDP的加权比重（1978～1996） = C×A

E = 当年GDP在金华市（地）历年GDP的加权比重（1992～1996） = C×B

G = 该县（市）GDP增长速度

F = 该县（市）当年经济增长对金华市（地）经济增长的贡献率 = G×C/金华市（地）经济增长速度

H = 该县（市）当年经济增长对金华市（地）经济增长的贡献度 = G×C

I = 历年加权贡献度（1978～1996） = H×A

J = 经济增长贡献度系数 = 该县（市）当年经济增长贡献率/该县（市）当年占金华市（地）GDP的比例 = F/C

K = 历年加权贡献度（1992～1996） = H×B

表4　1978～1996年浙中地区各县（市）分阶段经济比重和增长贡献度

单位：%

县市区	1978～1996年		1992～1996年		1996年	
	加权经济比重	加权增长贡献度	加权经济比重	加权增长贡献度	经济比重	增长贡献度
市区	19.28	3.96	17.95	6.30	17.36	4.98
兰溪	13.92	2.68	12.84	4.02	13.59	3.08
东阳	17.13	4.40	17.82	7.44	18.43	5.01
义乌	24.35	6.26	25.94	10.00	25.42	4.94
永康	10.75	2.80	11.06	4.73	11.80	3.65
武义	5.51	1.09	5.46	2.12	5.03	0.98
浦江	6.46	1.46	6.37	2.38	6.39	1.22
磐安	2.60	0.52	2.56	0.80	1.98	0.38

资料来源：根据历年《金华统计年鉴》和《浙江五十年统计资料汇编》计算。

附录 E

"义乌商圈"的基本情况调查问卷

1. 您在义乌经商年限
   ① 1 年以下　　　　② 1 ~ 5 年　　　　③ 5 ~ 10 年　　　　④ 10 年以上

2. 贵公司负责人年龄
   ① 25 岁以下　　　② 25 ~ 34 岁　　　③ 35 ~ 44 岁　　　④ 45 ~ 54 岁
   ⑤ 55 岁以上

3. 贵公司的销售渠道主要通过
   ①义乌商贸市场　②自主销售网络　③电子商务　　　④国外代理商
   ⑤其他

4. 从事营销的性质属于
   ①零售　　　　　②批发　　　　　③批发兼零售　　④生产企业自售
   ⑤其他

5. 贵公司经营的商品主要购自
   ①义乌　　　　　②义乌周边地区　　　③浙江其他地区
   ④华东地区　　　⑤全国其他地区　　　⑥国外市场

6. 贵公司经营的商品主要销往
   ①义乌　　　　　②义乌周边地区　　　③浙江其他地区
   ④华东地区　　　⑤全国其他地区　　　⑥国外市场

7. 您的销售客户中有无保持长期稳定关系的
   ①无　　　　　　②有

8. 您认为在义乌小商品市场经商，主要的好处是
   ①义乌市场的品牌　　　　　　②政策优惠
   ③市场的管理很好　　　　　　④其他

9. 您认为在义乌小商品市场经商，主要不满意的地方

①摊位租金太高　②客户太少　　③市场管理差　　④信用环境不好

⑤其他

10. 贵公司操作人员主要来自

①义乌　　　②浙江其他地区　　③中、西部　　④全国其他地区

11. 贵公司中高层管理人员主要来自

①亲戚朋友　②公司基层提拔　③从其他公司聘请

④国外聘请　⑤其他

12. 您认为最愿意和哪些人做生意

①义乌本地人　　　　②义乌周边的浙江人

③全国其他地区的人　④外国人

13. 当地政府对于贵公司创业初期给予的最大支持是

①政策　　　②资金　　　③技术　　　④场地

⑤其他

14. 当地政府对于企业发展给予的最大支持是

①政策　　　②资金　　　③技术　　　④场地

⑤其他

15. 贵公司是否拥有自营进出口权

①有　　　　②没有

16. 贵公司从事国际化经营的方式是

①不规则出口　　　　②通过中间商间接出口

③企业自行直接出口　④设立海外销售分部

⑤设立海外生产基地　⑥其他

17. 外销占全部销售比例

①10%以下　②10%～30%　③30%～50%　④50%～70%

⑤70%～90%　⑥90%以上

18. 外销的主要地区

①欧洲　　　②非洲　　　③北美　　　④南美

⑤东南亚　　⑥中东　　　⑦其他地区　⑧不外销

19. 出口产品被退货/被海关扣留的主要原因

①因未采用国际标准　　　②因侵权　　　　　③因环保

④因认证　　　　　　　　⑤因不符合进　　　⑥国技术规范

⑦其他　　　　　　　　　⑧未发生过

20. 贵公司经营所需的市场信息、产品信息主要来自

①政府部门　　　　②行业协会　　　③各种媒体

④中介服务机构　　⑤私人社交网络　⑥其他

21. 贵公司产品的宣传与推广策略

①参加展览会　　　②专业网站　　　③其他平面媒体

④人员推销　　　　⑤利用公共关系　⑥其他

22. 贵公司国际化战略所采取的方式是

①产品出口　　　　②直接投资　　　③技术许可

④特许经营　　　　⑤国际分包生产　⑥其他

23. 您认为产品销售最大的障碍是

①对市场不了解　　　　　　②缺少有经验的营销人员

③缺乏品牌知名度　　　　　④消费者对新产品认知度低

⑤其他

24. 对公司营销能力的自我评价

①处于行业底层　　　　　　②处于行业中下水平

③行业平均水平　　　　　　④处于行业中上水平

⑤达到行业最高水平

25. 您对义乌是国际性商贸城市的认同程度

①很认同　　②比较认同　　③不太认同　　④不认同

26. 您对义乌市场是国内外小商品价格形成重要中心的认同程度

①很认同　　②比较认同　　③不太认同　　④不认同

27. 您对义乌市场是国内外小商品信息发布重要中心的认同程度

①很认同　　②比较认同　　③不太认同　　④不认同

28. 您对义乌市场是国内外小商品销售重要中心的认同程度

①很认同　　②比较认同　　③不太认同　　④不认同

29. 您对义乌市场是国内外小商品生产重要中心的认同程度

①很认同　　②比较认同　　③不太认同　　④不认同

30. 您对义乌市场是国内外小商品设计、研发重要中心的认同程度
　　①很认同　　②比较认同　　③不太认同　　④不认同

31. 您对义乌市场是国内民营企业国际化的重要载体的认同程度
　　①很认同　　②比较认同　　③不太认同　　④不认同

32. 您认为小商品市场采用电子商务程度
　　①很普遍　　②较为普遍　　③不太普遍　　④不普遍

33. 当地商户能否自由地与外国合作伙伴谈判开展跨国业务
　　①能够　　②不能

34. 您认为沃尔玛等跨国公司国际一体化扩张战略对小商品市场的发展
　　①威胁很大　②威胁较大　　③威胁较小　　④没有威胁

35. 您认为本地的涉外经济管理部门与机构能否满足公司发展的需要
　　①能　　②基本能够　　③不能

36. 小商品市场的咨询和中介机构能否满足公司发展的需要
　　①能　　②基本能够　　③不能

37. 小商品市场现有的信息网络设施与服务能否满足公司发展的需要
　　①能　　②基本能够　　③不能

38. 小商品市场的行业协会或商会组织是否完善
　　①很完善　　②较为完善　　③不完善　　④无此类组织

39. 小商品市场的服务和商品的物流设施效率
　　①效率很高　②效率较高　　③效率一般
　　④效率较低　⑤没有效率

40. 当地企业高级经理人员的国际经验
　　①很丰富　　②较丰富　　③不太丰富　　④不丰富

41. 当地找到有能力的高级经理容易程度
　　①很容易　　②较容易　　③不太容易　　④不容易

42. 当地厂长经理们是否普遍具有企业家精神
　　①普遍具有　②较普遍　　③较少具有　　④几乎不具有

43. 公司员工开展业务交流、培训等学习的机会
　　①很多　　②较多　　③一般　　④几乎没有

44. 小商品市场及时反映需求和投资信息变化的能力

①很强　　　②较强　　　　　③较弱　　　　　④很弱

45. 当地企业对消费者的满意度

①很重视　　②较重视　　　　③不太重视　　　④不重视

46. 贵公司网站建设情况

①已建　　　②无，已有计划建设　　③无，不打算建设

47. 贵公司最初资金的主要来源是

①个人存款　②私人筹集　　③贷款　　④国有集体出资　　⑤其他

48. 贵公司最主要的融资渠道是

①银行贷款　②民间借贷　　　③风险投资基金　④股票与债券

⑤政府拨款　⑥综合　　　　　⑦其他

49. 贵公司是否存在资金不足问题

①是　　　　②否

50. 您认为本地人力要素成本（指工人、管理人员工资）

①很高　　②比较高　　③中等　　④比较低　　⑤很低

51. 您认为本地房租成本

①很高　　　②比较高　　　③中等　　　　④比较低

⑤很低

52. 您认为本地水、电和气成本

①很高　　　②比较高　　　③中等　　　　④比较低

⑤很低

53. 您认为本地交通运输状况

①很好　　　②比较好　　　③中等　　　　④比较差

⑤很差

54. 您认为本地通信设施状况

①很好　　　②比较好　　　③中等　　　　④比较差

⑤很差

55. 您认为本地用水供应状况

①很好　　　②比较好　　　③中等　　　　④比较差

⑤很差

56. 您认为本地用电供应状况

①很好　　　②比较好　　　③中等　　　④比较差

⑤很差

57. 您认为本地用气供应状况

①很好　　　②比较好　　　③中等　　　④比较差

⑤很差

58. 您认为从小商品市场获得投资信息的成本

①很高　　　②比较高　　　③中等　　　④比较低

⑤很低

59. 您认为小商品市场的金融服务便利度

①很便利　　②比较便利　　③不太便利　　④不便利

60. 您认为小商品市场与本地区域产业集聚的密切程度

①高　　　　②较高　　　　③较低　　　　④很低

61. 您认为本地企业或公司税费负担

①很高　　　②比较高　　　③中等　　　④比较低

⑤很低

62. 您认为本地政府部门运作效率

①很高　　　②比较高　　　③中等　　　④比较低

⑤很低

63. 您认为小商品市场机制发育程度

①很好　　　②比较好　　　③中等　　　④比较差

⑤很差

64. 您认为本地生活的便利程度

①很便利　　②比较便利　　③不太便利　　④不便利

65. 您认为您与本地社会的融洽程度

①很融洽　　②比较融洽　　③不太融洽　　④不融洽

66. 您认为本地提供适合投资者的特定文化氛围

①很好　　　②比较好　　　③中等　　　④比较差

⑤很差

67. 您认为本地投资者生命财产的安全程度

①很安全　　②比较安全　　③不太安全　　④不安全

参考文献

[1] 安虎森：《区域经济学通论》，经济科学出版社，2004。

[2] 白小虎：《专业市场集群的范围经济与规模经济》，《财贸经济》2004 年第 12 期。

[3] 白小虎：《交换专业化与组织化的理论与历史考证——以义乌的"鸡毛换糖"、"敲糖帮"为例》，《中国经济史研究》2005 年第 1 期。

[4] 白小虎：《文化内生制度与经济发展的文化解释——鸡毛换糖、义乌兵与板凳龙》，《浙江社会科学》2006 年第 2 期。

[5] 白小虎：《产业分工网络与专业市场演化——以温州苍南再生晴纶市场为例》，《浙江学刊》2010 年第 6 期。

[6] 柏遵华、聂鸣：《产业集群背景下的社会资本与产业集群互动研究》，《科技进步与对策》2004 年第 10 期。

[7] 包伟民、王一胜：《义乌模式：从市镇经济到市场经济的历史考察》，《浙江社会科学》2002 年第 5 期。

[8] 〔法〕保尔·芒图：《十八世纪产业革命》，商务印书馆，1983。

[9] 〔美〕保罗·克鲁格曼：《萧条经济学的回归》，中国人民大学出版社，1999。

[10] 〔美〕保罗·克鲁格曼：《地理与贸易》，北京大学出版社，2002。

[11] 〔瑞典〕伯特尔·俄林：《区际贸易与国际贸易》，商务印书馆，1986。

[12] 蔡宁、杨旭：《小企业集群和中小企业的国际化》，《经济管理·新管理》2002 年第 8 期。

[13] 蔡宁等：《产业集群的网络式创新能力及其集体学习机制》，《科研管理》2005 年第 4 期。

［14］曹成喜：《现代专业市场升级转型的对策研究》，《江苏商论》2010年第4期。

［15］曹晶晶：《义乌专业市场国际化发展策略研究》，《生产力研究》2011年第2期。

［16］常修泽、高明华：《中国国民经济市场化的推进程度及发展思路》，《经济研究》1998年第11期。

［17］晁钢令：《新中国商业改革的回顾与展望》，《财经研究》1999年第11期。

［18］陈炳辉、安玉发、刘玉国：《我国农产品批发市场升级改造的目标模式与重点选择》，《农村经济》2006年第5期。

［19］陈计旺：《地域分工与区域经济协调发展》，经济管理出版社，2001。

［20］陈剑峰：《产业集群中社会资本价值模型及其影响因素》，《学术研究》2003年第2期。

［21］陈建国：《专业市场制度创新引领传统产业转型升级——基于全国两大专业市场制度发展的比较研究》，《学术交流》2009年第11期。

［22］陈建军：《中国高速增长地域的经济发展——关于江浙模式的研究》，上海三联书店，2000。

［23］陈建军：《中国现阶段产业区域转移的实证研究——结合浙江105家企业的问卷调查报告的分析》，《管理世界》2002年第6期。

［24］陈立旭：《文化因素与中国经济体制变迁的路径》，《浙江社会科学》2000年第1期。

［25］陈丽珍：《产业集群内专业市场发展第四方物流研究》，《中国物流与采购》2009年第14期。

［26］陈梦根：《中国巨市场下的"产出改良惰性"——小宗商品的一个供给特征》，《财贸研究》2003年第4期。

［27］陈通、田红坡：《集群企业信任机制的探讨》，《经济问题》2002年第10期。

［28］陈民利：《专业市场功能创新与中小企业集群转型升级的路径、机

制及模式——以义乌为例》，《浙江社会科学》2012 年第 2 期。

[29] 程华：《E-business 背景下专业市场的演进》，《商业研究》2000 年第 1 期。

[30] 程利仲：《浙江省专业市场生成原因、阶段性特征及发展对策探讨》，《商业研究》2003 年第 18 期。

[31] 程敏、孙亚娟、洪涛：《流通产业迎接全面开放时期到来——2004 年商贸理论观点综述》，《北京工商大学学报》（社会科学版）2005 年第 3 期。

[32] 池仁勇：《从专业市场的生存基础变化看其发展趋势》，《商业研究》2003 年第 9 期。

[33] 仇保兴：《发展小企业集群要避免的陷阱——过度竞争所致的"柠檬市场"》，《北京大学学报》（哲学社会科学版）1999 年第 1 期。

[34] 董烨然：《从交换视角探析浙江产业集群形成的市场动力》，《当代经济科学》2007 年第 4 期。

[35] 段文奇、冯笑笑：《专业市场平台化发展战略的设计方法研究——以永康中国科技五金城为例》，《商业经济与管理》2014 年第 11 期。

[36] 方惠：《流通产业组织及其发展趋势》，《北京市计划劳动管理干部学院学报》2004 年第 4 期。

[37] 方民生等：《浙江省制度变迁与发展轨迹》，浙江人民出版社，2000。

[38] 方玉琴、汪少华、裘明军：《内生型集群成长及动力分析——以浙江市场主导集群为例》，《科技管理研究》2006 年第 5 期。

[39] 〔法〕费尔南·布罗代尔：《15 至 18 世纪的物质文明、经济和资本主义》，上海三联书店，1996。

[40] 冯拾松：《义乌中国小商品城国际化经营的广度与深度研究》，《商业经济与管理》2004 年第 1 期。

[41] 付泳：《论非对称信息市场参与者不良行为的治理》，《甘肃社会科学》2002 年第 3 期。

[42] 格雷夫：《历史制度分析：从经济史视角研究制度问题的新进展》，

韩毅译，《经济社会体制比较》2003 年第 5 期。

[43] 葛春凤：《关于临港专业市场发展的思考》，《商业时代》2010 年第 15 期。

[44] 龚青、何颖：《中国茧丝绸交易市场：全球茧丝交易要看嘉兴"脸色"》，《浙江市场导报》2007 年 8 月 21 日。

[45] 龚晓瑾：《我国农村专业市场发展中的政府行为》，《南方经济》1996 年第 7 期。

[46] 公衍奎：《专业市场竞争与转型之路》，《中国市场》2007 年第 51 期。

[47] 郭冬乐、方虹：《中国流通产业组织结构优化与政策选择》，《财贸经济》2002 年第 3 期。

[48] 郭忠明：《钢材专业市场管理服务质量评价研究》，电子科技大学硕士学位论文，2006。

[49] 〔英〕哈耶克：《个人主义与经济秩序》，贾湛等译，北京经济学院出版社，1991。

[50] 〔英〕哈耶克：《自由秩序原理》，邓正来译，三联书店，1997。

[51] 韩增林：《我国物流业发展与布局的特点及对策探讨》，《地理科学进展》2002 年第 1 期。

[52] 贺华丽：《专业市场本地网络效应、全球网络效应与中小企业国际营销能力——基于浙江义乌和绍兴的实证研究》，《商业经济与管理》2013 年第 5 期。

[53] 何雄浪：《劳动分工、交易效率与产业集群演进》，《财经科学》2006 年第 4 期。

[54] 洪涛：《我国商品交易市场的政策取向及发展趋势——商品交易市场 2006 年回顾及 2007 年展望》，《中国市场》2007 年第 2、3 合期。

[55] 侯建新：《农民、市场与社会变迁——冀中 11 村透视并与英国乡村比较》，社会科学文献出版社，2002。

[56] 胡志华：《欲望与现实——浅谈专业市场"国际化"》，《中国纺织》2007 年第 12 期。

[57] 胡志华：《专业市场国际化来势正劲》，《纺织服装周刊》2007 年第

43 期。

[58] 黄明东：《试论专业市场的功能、生成和发展》，《商业经济与管理》1998 年第 2 期。

[59] 黄宗智：《华北的小农经济与社会变迁》，中华书局，2000。

[60] 惠宁：《分工深化促使产业集群成长的机理研究》，《经济学家》2006 年第 1 期。

[61] 贾根良：《网络组织：超越市场与企业两分法》，《经济社会体制比较》1998 年第 4 期。

[62] 贾明琪：《基于专业市场的小企业贷款模式应用研究》，《武汉金融》2010 年第 5 期。

[63] 金国锋：《专业市场拓展机制与路径研究——以义乌小商品市场为例》，《商场现代化》2004 年第 11 期。

[64] 金祥荣：《为什么外国没有中国特有？——一种制度演进的路径依赖模式》，《浙江社会科学》1996 年第 5 期。

[65] 金祥荣：《对义乌市场国际化的战略意义转型方向和制度支持的若干思考》，浙江省人民政府经济建设咨询委员会报告，2005。

[66] 金祥荣、柯荣住：《对专业市场的一种交易费用经济学解释》，《经济研究》1997 年第 4 期。

[67] 金祥荣、王桤桦：《虚拟组织与专业市场创新》，《当代财经》2002 年第 7 期。

[68] 金祥荣、朱希伟：《专业化产业区的起源与演化——一个历史与理论视角的考察》，《经济研究》2002 年第 8 期。

[69] 课题组：《推进专业市场建设完善价格形成机制——提升"广州价格"话语权的调研报告》，《价格理论与实践》2010 年第 5 期。

[70] 黎红、陈光龙：《从某大型专业批发市场看批发市场与现代物流功能的整合》，《物流技术》2007 年第 7 期。

[71] 黎澍：《关于中国资本主义萌芽问题的考察》，《历史研究》1956 年第 4 期。

[72] 李成青：《专业市场平台的小企业贷款模式研究》，《南方金融》2010 年第 5 期。

［73］李东光：《现代物流新理念》，《时代经贸》2007 年第 12 期。

［74］李功奎、应瑞瑶：《"柠檬市场"与制度安排——一个关于农产品质量安全保障的分析框架》，《农业技术经济》2004 年第 3 期。

［75］李浩川：《产业转型升级与专业市场制度创新》，《中国经贸导刊》2010 年第 10 期。

［76］李家祥、王强：《建国五十年来商品流通体制的沿革与启示》，《天津师大学报》（社会科学版）1999 年第 4 期。

［77］李晶：《专业市场与产业集群发展——对汉正街都市工业区发展的思考》，武汉大学博士学位论文，2004。

［78］李俊：《浙江省专业市场现代化策略研究》，浙江大学博士学位论文，2003。

［79］李录青：《重庆市专业市场与产业集群互动发展研究》，《中国流通经济》2009 年第 8 期。

［80］林南：《社会资本——关于社会结构与行动的理论》，上海人民出版社，2005。

［81］林青松、威廉·伯德主编《中国农村工业：结构、发展与改革》，经济科学出版社，1989。

［82］林毅夫等：《中国经济的奇迹》，上海三联书店，1995。

［83］刘莉：《基于品牌拉力模型的服饰专业市场品牌体系构建——以株洲芦淞服饰专业市场为例》，《消费经济》2010 年第 6 期。

［84］刘林青、王春芬：《汉正街竞争力减弱的系统思考》，《商业时代》2004 年第 21 期。

［85］刘米娜：《基于学科视角的专业市场集群形成机制研究述评》，《经济地理》2011 年第 7 期。

［86］刘乃全：《专业市场与产业集聚互动研究：来自浙江的案例》，《经济学家》2009 年第 8 期。

［87］刘乃全：《基于专业市场的产业集群和区域分工研究》，《经济管理》2011 年第 4 期。

［88］刘乃全：《区域经济发展中的专业市场与产业集群互动——从影响因子角度的分析》，《上海经济研究》2011 年第 1 期。

[89] 刘乃全:《专业市场扩张、特色产业集聚与区域分工深化》,《产业经济研究》2011 年第 2 期。

[90] 刘乃全:《专业市场三十年演进历程的全景鸟瞰》,《经济研究导刊》2011 年第 8 期。

[91] 刘天祥:《基于史学视角下的专业市场发展研究》,《江苏商论》2006 年第 12 期。

[92] 刘天祥:《论专业市场与竞争型民营中小企业的发展》,《求索》2006 年第 11 期。

[93] 刘天祥:《产业集群与专业市场的互动机制研究》,《经济研究导刊》2007 年第 1 期。

[94] 刘衍桥、王代敬:《"交易信息不对称"视野里的社会中介服务兴起》,《科学·经济·社会》2004 年第 3 期。

[95] 刘怡:《中国需要会展业 会展业需要中国》,《中国食品工业》2002 年第 7 期。

[96] 刘子峰:《论流通产业的战略性地位》,《财贸研究》2005 年第 2 期。

[97] 刘宗太:《我国会展经济发展存在的问题及对策》,《经济纵横》2001 年第 2 期。

[98] 龙登高:《个体小农与传统市场——以宋代为中心》,《中国经济史研究》1996 年第 2 期。

[99] 陆建伟:《织里童装专业市场发展研究——对"浙江模式"的一个诠释》,《浙江经济》2003 年第 2 期。

[100] 陆立军、张友丰:《专业市场转型的路径与机制研究》,《经济纵横》2014 年第 6 期。

[101] 陆立军:《"中国小商品城"的崛起与农村市场经济发展的"义乌模式"》,《经济社会体制比较》1999 年第 1 期。

[102] 陆立军:《亲历义乌经验》,《浙江经济》2006 年第 20 期。

[103] 陆立军:《义乌商圈:形成机理、发展趋势与政策选择》,《商业经济与管理》2006 年第 6 期。

[104] 陆立军:《产业集聚、动态外部性与专业市场发展——来自浙江省

义乌市的证据》，《开发研究》2009 年第 4 期。

[105] 陆立军：《基于双边网络效应的电子商务平台介入专业市场的定价模型》，《图书情报工作》2009 年第 24 期。

[106] 陆立军：《基于修正"钻石模型"的产业集群与专业市场互动的动力机制——以绍兴纺织产业集群与中国轻纺城市场为例》，《科学学与科学技术管理》2010 年第 8 期。

[107] 陆立军：《基于共同演化的专业市场与产业集群互动机理研究：理论与实证》，《中国软科学》2011 年第 6 期。

[108] 陆立军：《基于共享性资源的专业市场与集群企业竞争力：网络、信息与制度——基于浙江省绍兴市 14262 份问卷调查与分析》，《经济地理》2011 年第 2 期。

[109] 陆立军：《基于演化动力学的专业市场与产业集群互动机理的理论与应用研究——以"义乌商圈"为例》，《南开管理评论》2011 年第 3 期。

[110] 陆立军：《基于演化动力学的专业市场与产业集群互动机理研究——以"义乌商圈"为例》，《经济学家》2011 年第 2 期。

[111] 陆立军：《专业市场和产业集群的关联强度及其影响因素——基于浙江省绍兴市万份问卷的分析》，《中国工业经济》2011 年第 1 期。

[112] 陆立军、白小虎：《从"鸡毛换糖"到企业集群——再论"义乌模式"》，《财贸经济》2000 年第 11 期。

[113] 陆立军、白小虎：《"合作集团"扩展论——义乌联托运市场的制度变迁》，《经济研究》2002 年第 5 期。

[114] 陆立军、白小虎、王祖强：《市场义乌——从鸡毛换糖到国际商贸》，浙江人民出版社，2003。

[115] 陆立军、王祖强：《浙江模式——政治经济学视角的观察与思考》，人民出版社，2007。

[116] 陆立军、杨海军：《市场拓展、报酬递增与区域分工》，《经济研究》2007 年第 4 期。

[117] 陆立军、俞航东、陆瑶：《双边市场中交易配比的机制与效率——

基于全球最大专业市场的研究》，《产业经济研究》2013年第2期。

[118] 陆立军、周国红：《义乌商圈国际化经营的基本态势与对策研究——基于6363份问卷的调查与分析》，《国际贸易问题》2007年第1期。

[119] 陆立军、周国红：《义乌商圈国际化拓展的影响因素及其战略选择——基于6363份问卷调查与分析》，《财贸经济》2007年第3期。

[120] 陆立军等：《义乌商圈》，浙江人民出版社，2006。

[121] 罗建幸：《网络时代背景下浙江专业市场的电子商务转型模式与建议》，《特区经济》2011年第2期。

[122] 罗卫东：《温州模式：马格里布、热那亚抑或其他?》，《浙江社会科学》2004年第2期。

[123] 吕一品：《专业市场价格指数编制及其发布体系的研究——以无锡为例》，《价格理论与实践》2013年第9期。

[124] 马汉武、林晓彬、金跃平：《基于模块化的专业市场服务集成模式及其构建研究》，《科技管理研究》2013年第1期。

[125] 马汉武、陶静、罗荣华：《专业市场对区域经济发展的影响》，《商业研究》2012年第8期。

[126] 潘寄真：《专业市场内银行服务的顾客价值构成要素分析》，《财经论丛》2010年第1期。

[127] 潘勇：《"柠檬"问题：传统市场与电子商务市场的比较分析》，《商业经济与管理》2002年第2期。

[128] 潘祖和：《对"信息不完整和信息不对称"问题的探讨》，《经济问题探索》2002年第5期。

[129] 彭继增、邹志锋、孙中美：《产业转移、专业市场与特色城镇化互动的实证分析》，《江西社会科学》2014年第8期。

[130] 钱方明、徐永良：《农村专业市场的发展战略研究》，《中国农村经济》2000年第8期。

[131] 乔治·J.施蒂格勒：《产业组织和政府管制》，上海三联书店，1989。

[132] 丘海雄、于永慧：《嵌入性与根植性》，《广东社会科学》2007 年第 1 期。

[133] 商品市场竞争力报告课题组编著《中国商品市场竞争力报告 No.1——中国商品市场蓝皮书》，社会科学文献出版社，2005。

[134] 佘明龙、郭玉华：《专业市场与产业集群耦合联动机理研究》，《重庆工商大学学报（西部论坛）》2006 年第 3 期。

[135] 盛洪：《分工与交易》，上海三联书店、上海人民出版社，1995。

[136] 盛世豪：《农村专业市场的形成及其主要特点》，《浙江社会科学》1996 年第 5 期。

[137] 施蒂格勒：《市场容量限制劳动分工》，载潘振民译《产业组织和市场管制》，三联书店，1991。

[138] 施刚：《拓展专业市场小企业金融业务的实践与思考》，《南方金融》2011 年第 2 期。

[139] 施坚雅：《中国农村的市场和社会结构》，中国社会科学出版社，1998。

[140] 石崧：《从劳动空间分工到大都市区空间组织》，华东师范大学博士学位论文，2005。

[141] 史晋川：《民营经济和制度创新：台州现象研究》，浙江大学出版社，2002。

[142] 史晋川：《制度变迁与经济发展：温州模式研究》，浙江大学出版社，2002。

[143] 史晋川：《温州模式的历史制度分析——从人格化交易与非人格化交易视角的观察》，《浙江社会科学》2004 年第 2 期。

[144] 史晋川和罗卫东等：《浙江省现代化道路研究》，浙江大学出版社，2002。

[145] 孙经纬译《不对称信息下的市场》，《外国经济与管理》2001 年第 11 期。

[146] 陶金国：《传统产业集群与专业化市场发展》，《中国流通经济》2005 年第 5 期。

[147] 万晓玲：《跑向市场的网店，跑向网店的市场》，《浙江市场导报》

2007 年 8 月 14 日。

[148] 汪斌、董赟：《从古典到新兴古典经济学的专业化分工理论与当代产业集群的演进》，《学术月刊》2005 年第 2 期。

[149] 王秉安：《专业市场与制造业产业集群共生现象研究——福建实证》，《发展研究》2005 年第 10 期。

[150] 王大洲：《企业创新网络的进化与治理：一个文献综述》，《科研管理》2001 年第 5 期。

[151] 王缉慈：《创新的空间：企业集群与区域发展》，北京大学出版社，2001。

[152] 王健：《中山古镇灯饰专业市场机理的研究》，《乡镇经济》2004 年第 11 期。

[153] 王黎虹：《成都专业市场现状分析与对策研究——以成都机电专业市场为例》，电子科技大学博士学位论文，2004。

[154] 王舒悦：《创新中药材专业市场质量监管模式的实证研究》，《软科学》2010 年第 6 期。

[155] 王云：《我国现代物流的特点及发展对策》，《贵州工业大学学报》2006 年第 4 期

[156] 王祖强：《分工网络扩展与地方产业群成长》，《中共浙江省委党校学报》2004 年第 2 期。

[157] 王祖强：《专业化交易组织成长与区域经济发展》，《浙江树人大学学报》2004 年第 2 期。

[158] 王祖强：《集群式民营企业发展现状与趋势的实证研究——以浙江为例的调查与分析》，《上海经济研究》2005 年第 12 期。

[159] 王祖强：《转型经济中地方政府与市场关系的重新诠释——以义乌市场的形成和发展为例》，《中共浙江省委党校学报》2006 年第 2 期。

[160] 王祖强：《专业市场的缘起：内在动因、外部环境与文化基因》，《中国商贸》2009 年第 21 期。

[161] 王勇、刘传玉、许汝贞：《专业市场驱动的区域增长路径与机制：临沂模式研究》，《东岳论丛》2013 年第 5 期。

［162］ 吴德进：《企业间专业化分工与产业集群组织发展》，《经济学家》2006 年第 6 期。

［163］ 吴恒煜：《信息不对称的市场：逆向选择、信息传递与信息甄别》，《商业研究》2002 年第 12 期。

［164］ 吴应良：《专业市场电子商务平台的构建与运营》，《科技管理研究》2010 年第 23 期。

［165］ 夏春玉：《流通、流通理论与流通经济学——关于流通经济理论（学）的研究方法与体系框架的构想》，《财贸经济》2006 年第 6 期。

［166］ 谢守红、周驾易：《中国专业市场发展的时空动态格局及成因》，《经济地理》2013 年第 11 期。

［167］ 小艾尔雷德·D. 钱德勒：《企业规模经济与范围经济》，中国社会科学出版社，1999。

［168］ 徐锋：《我国专业市场国际化的基本模式和发展路径》，《商业经济与管理》2006 年第 11 期。

［169］ 徐井岗：《商业业态与专业市场趋同下的新业态探索——以浙中商业业态与义乌专业市场发展为例》，《商业经济与管理》2010 年第 8 期。

［170］ 徐俊毅：《绍兴纺织产业集群网络的形成与功能分析》，《北方经济》2007 年第 4 期。

［171］ 亚当·斯密：《国民财富的性质和原因研究》，商务印书馆，2002。

［172］ 晏维龙：《流通革命与我国流通产业的结构变动》，《财贸经济》2002 年第 10 期。

［173］ 晏维龙：《生产商主导还是流通商主导——关于流通渠道控制的产业组织分析》，《财贸经济》2004 年第 5 期。

［174］ 杨海娟：《我国纺织专业市场的发展阶段研究》，东华大学博士学位论文，2006。

［175］ 杨海军：《后发优势、制度创新与跨越式发展——论江西区域经济发展的路径选择》，《浙江社会科学》2006 年第 12 期。

［176］ 杨海军、邓瑾：《创新型产业群向创新型产业群的嬗变：模块化的

作用》,《当代财经》2006 年第 12 期。

[177] 杨海军等:《中小企业技术创新战略研究》,《中国集体经济》2006
年第 10 期。

[178] 杨丽青:《市场经济推进中的模式创新——义乌小商品市场发展的
案例分析》,《上海综合经济》2004 年第 5 期。

[179] 杨奇星:《专业市场促进产业集群发展的动力机制与路径分析》,
《中国商贸》2011 年第 3 期。

[180] 杨强、单单:《浙江传统制造产业群与专业市场互动发展研究》,
《商业研究》2005 年第 13 期。

[181] 杨强、单单、赵怀祥:《产业集群与专业市场互动发展的动力机制
分析》,《商业经济》2005 年第 3 期。

[182] 杨强、姚岗:《产业集群与专业市场的互动发展》,《统计与决策》
2005 年第 11 期。

[183] 杨小凯:《经济学原理》,中国社会科学出版社,1998。

[184] 叶建亮:《"次品市场"是如何恢复为"正品市场"的?——温州
皮鞋业从制假售假到创保品牌的案例研究》,《浙江社会科学》
2005 年第 6 期。

[185] 叶玉琴:《发展专业市场及促进农业创新的思考——基于广东陈村
花卉业的实证分析》,《广东农业科学》2010 年第 1 期。

[186] 余琼蕾、范钧:《从义乌中国小商品城看我国大型专业市场的国际
化》,《商场现代化》2006 年第 28 期。

[187] 于友伟:《浙江专业市场国际化研究》,《对外经贸实务》2006 年
第 5 期。

[188] 原梅生、弓志刚:《论现代农村商品流通体系的构建》,《财贸经
济》2005 年第 3 期。

[189] 袁亚春:《浙江专业市场的发展与社会结构变迁》,《浙江大学学
报》(人文社会科学版)2002 年第 6 期。

[190] 张军:《双轨制经济学:中国的经济改革(1978-1992)》,上海三
联书店,1997。

[191] 张仁寿:《对专业市场的若干思考》,《浙江社会科学》1996 年第 5 期。

[192] 张仁寿：《温州模式研究》，中国社会科学出版社，1996。

[193] 张旭亮：《我国专业市场与城市经济发展的空间规律和关联分析》，《经济地理》2009 年第 7 期。

[194] 张炎兴、赵秀芳：《地方企业集群制度变迁的演化论解释——以浙江模式为例》，《学术月刊》2005 年第 6 期。

[195] 赵暖、张立玮：《关于浙江商品专业市场的调查与思考》，《财经研究》1998 年第 1 期。

[196] 郑小碧、刘广：《专业市场与电子商务联动发展的演化路径研究——以义乌中国小商品城为例》，《华东经济管理》2013 年第 7 期。

[197] 郑勇军：《浙江农村工业化中的专业市场制度研究》，《浙江社会科学》1998 年第 6 期。

[198] 郑勇军、金祥荣：《农村制度变迁中的专业市场》，《经济学家》1995 年第 1 期。

[199] 郑勇军等：《解读"市场大省"：浙江专业市场现象研究》，浙江大学出版社，2002。

[200] 郑勇军等《时空协同视角下的义乌中国小商品城演进历程分析》，《商业经济与管理》2006 年第 7 期。

[201] 中华人民共和国国家统计局贸易外经统计司等编《2007 中国商品交易市场统计年鉴》，中国统计出版社，2007。

[202] 钟立新、徐文娟：《专业市场跨空间扩张产业影响力分析》，《商业研究》2013 年第 2 期。

[203] 周军：《培育现代物流推动经济发展》，《商业经济与管理》2002 年第 1 期。

[204] 周鹏：《浙江专业市场空间扩张过程及其机制探析》，《经济地理》2009 年第 12 期。

[205] 朱国宏主编《社会学视野里的经济现象》，四川人民出版社，1998。

[206] 朱国学：《纺织服装专业市场电子商务的发展》，《纺织导报》2011 年第 8 期。

［207］ 朱勤:《论产地型专业市场制度创新与中小企业联合营销平台——以浙江为例》,《经济纵横》2003 年第 3 期。

［208］ 朱玉辰:《关于我国建立批发市场问题的研究》,《管理世界》1993 年第 3 期。

［209］ A. Young, 1928, "Increasing Returns and Economic Progress", Economic Journal. Vol. 38, No. 152. Dec., 527 – 42.

［210］ Arrow, K, 1962, The Economic Implication of Learning By Doing. Review of Economic Studies, 29 (80): 155 – 173.

［211］ Arthur, W. Brian, 1989, "Competing Technologies, Increasing Returns, and lock-in by HistoricalEvents." Economic Journal, March, 99. PP. 116 – 131.

［212］ Arthur, W. Brian, 1990, "Positive Feedbacks in the Economy", Scientific American, February, 262 (2), PP. 92 ~ 99.

［213］ B. J. Pine II., 1992, Mass Customization: The New Frontier in Business Competition, Harvard Business School Press.

［214］ F. Braudel, 1975, "Capitalism and Material Life 1400 – 1800", New York: Harper and Row.

［215］ Fujita, M., P. Krugman, A. Venables, 1999, The Spatial Economy, MIT.

［216］ G. Akerlof., 1970, The Market for "Lemons": Qualitative Uncertainty and the Market Mechanism, Quart . J. Econ., Aug., 89: 488 – 500.

［217］ Glaeser, E. L, H. D. Kallal, J. A. Scheinkman and A. Shleifer., 1992, "Growth in Cities. Journal of Political Economy", 100 (6): 1026 – 1052.

［218］ Griliches, 1992, Z. "The Search for R&D Spillovers" . Scandinavian Journal of Economics, 94 (5), 29 – 47.

［219］ Grossman, Gene M. and Elhanan Helpman, 1991, Innovation and Growth in the Global Economy, M. I. T. Press.

［220］ Henderson, V, A. Kuncoro and M. Turner, 1995, "Industrial

Development in Cities", Journal of Political Economy, 103 (5), 1067 – 1090.

[221] Jaffe, A. B, 1989, Real Effects of Acadamic Research "American Economic Review, 79: 984 – 1001.

[222] Kaldor, Nichloas, 1972, " The Irrelevance of Equilibrium Economics. " Economic Journal, vo l. 82, December.

[223] Kaldor, Nicholas, 1972, "What is Wrong with Economic Theory", Quarterly Journalof Economics, August.

[224] Krugman, P. , 1991, Increasing Returns, Monopolistic Competition, and International Trade, International Economics, 9: 469 – 479

[225] Leontief, W. , 1937, Interrelation of Prices, Output, Savings, and Investment in The Structure of American Economy, NY: International Arts and Sciences Press.

[226] Lucas, R. E, 1988, "On the Mechanics of Development", Journal of Monetary Economics.

[227] M. Fujita & Mori, T. , 2005, Frontiers of The New Economic Geography, Institute of Developing Economies, Discussion Paper, No. 27, April

[228] M. Kowaleski. , 1995, Local Markets and Regional Trade in Medieval Exeter, Cambridge University Press.

[229] M. Rothschild& J. E. Stiglitz, 1970, " Increasing Risk: I, A Definition", J. Econ. Theory, Sept. , 2, 225 – 243.

[230] M. Kowaleski, 1995, "Local Markets and Regional Trade in Medieval Exeter", Cambridge University Press.

[231] M. Porter, 1990, Competitive Advantage of Nations, New York: Free Press.

[232] P. Krugman, 1991, "Increasing Returns, Monopolistic Competition, and International Trade", International Economics, 9, 469 – 479.

[233] P. Milgrom and J. Roberts, 1995, "Complementarities and fit strategy,

structure, and organizational change in manufacturing", Journal of Accounting and economics, 19: 179 – 208.

[234] P. Nolan, 1993, "China's Post-Mao Political Economy: A Puzzle", Contributions to Political. Economy, vol. 12, pp. 25 – 31.

[235] P. M. Romer. 1987, "Growth Based on Increasing Returns Due to Specialization", American Economic Review, May. 77, 56 – 62.

[236] P. M. Romer. , 1990, Endogenous Technological Change, Journal of Political Economy, Oct. , 98: 71 – 102

[237] Paul Krugman, 1991, "Increasing Returns and Economic Georaphy", Journal of Political

[238] R. Coase, 1937, "The Nature of the Firm", Economica, 4 (3), 386 – 405.

[239] R. J. Bromley, 1971, Markets in the Developing Countries: a review, Geographers, 52 (2).

[240] R. Britnell & B. Campbell eds, 1994, "A Commercializing Economy: England 1086 to 1300" . Manchester: Manchester University Press.

[241] Romer, P. M, 1986, "Incearing Returns and Long Run Growth", Journal of Political Economy, 94 (5): 1002 – 1037.

[242] Saxenian, A. L, 1994, Regional Advantage: Culture and Competition in Silicon Valley and Route 128 Cambridge, MA: Harvard University Press.

[243] W. Brian Arthur, Yuri M. Ermoliev, and Yuri M. Kaniovski, 1987, "Path-Dependent processes and the Emergence of Macrostructure", European Journal of Operational Reseach, Vo 1.

后　记

这部著作是我近十年学习思考的一个总结。

初次接触专业市场是在 2005 年，我的硕士生导师陆立军教授经常带我到浙中地区跟踪调研，该地区的突出特点是存在一个规模十分庞大的小商品市场，与之密切联系的还有数量众多的特色产业集群，小商品市场所在地义乌和周边县（市）经济连年快速增长。令人不解的是，在改革开放之初，经典理论阐述的区域经济发展应当具备的各种条件在该地区表现得并不明显，甚至有所欠缺。20 世纪 90 年代以来，有不少学者曾经一般性地讨论过专业市场的运行机制及其对地方产业集群的带动作用，并且大多将其看作工业化初期的暂时现象。但是，已有的认识似乎难以用来解释浙中的发展经验，突出表现在小商品市场一直在不断扩张，对地区经济的介入越发广泛和深入，同时不断将外围区域卷入自己的辐射范围。如何解释这个与经典理论和既有认识相悖的区域经济现象？是什么使义乌和周边县（市）的经济运行如此富有效率和竞争力？陆老师对此一直在进行跟踪研究，2006 年，他在前期研究基础上提出"义乌商圈"概念，认为除了专业市场和产业集群内部本身所具有的高效率之外，义乌与周边县（市）的竞争优势还在于区域间形成了围绕小商品市场的网络化经济分工结构。

在协助导师研究的过程中，我对这个问题逐渐产生兴趣，隐约感觉到从空间角度看由专业市场带动的浙中经济是一种新型的生产力布局形式，或许跟人们所追求的协调可持续发展理念是吻合的。基于这个直觉，2007年春我打算把硕士论文选题定为"专业市场推动的区域经济研究"，涉及面自然比较宽，陆老师告诫我初学研究要"弱水三千，只取一瓢"，不可贪大求全，建议选取某个角度将研究范围集中。听取导师建议后，我把选题缩小为"基于市场与分工的区域经济协调发展研究"，主要揭示和论证大规模专业市场通过协调产业集群的跨区域分工而实现区际经济增长差距缩小的过程，"义乌商圈"恰好是该研究的绝好案例。

尽管握有大量第一手资料和数据，我仍然感到学术论文写起来比较困难：一方面，需要更多的知识积累和方法训练，另一方面，需要辨明论文的好坏标准。就前者而言，重要性自不必说，需要通过大量阅读和反复训练习得；以后者而论，"创新始于模仿"，在研究者的模仿过程中，好文章在很大程度上起着指引路径和规范写作的作用，如果对好坏标准不甚清楚，则研究工作很容易走弯路，浪费大量的时间和精力，反而会离创新越来越远。我在上述两方面都是欠缺的，幸运在于陆老师"手把手"的指导，他字斟句酌推敲和密密麻麻批注的风格令人吃惊，我的毕业论文经他如此修改后自然也脱胎换骨，不仅顺利通过答辩，而且实证部分压缩后被相关学术期刊录用。就这样，恩师引我走上研究之路。

硕士论文的撰写，既激起我对研究活动的兴趣，也让我认识到自己在研究理念、方法、技术上的诸多不足，这提醒我有必要继续深造以便接受更加系统的训练。于是我决定攻读博士学位，并于 2008 年考入上海财经大学区域经济学专业，师从刘乃全教授。

临行拜别陆老师，他对我提起专业市场研究中的一个困惑：看上去经济发展条件相同或相似的区域，有些地方，专业市场和产业集群相互促进，而另外一些地方，初期二者呈良性发展，后期则陷于式微；有些地方专业市场的规模很大，却很难形成规模化的产业集群，而另外一些地方具有有特色的产业集群，却没有专业市场的带动。陆老师说，虽然这些现象曾被一些学者提及，但迄今尚未给出令人满意的解释，希望我能做一些这方面的探索。同年 9 月，我带着这一问题离杭赴沪继续求学。生活的巧合有时令人惊讶，我的博士生导师刘乃全教授竟是地道的临沂人，对专业市场一直很感兴趣。我就上述问题和刘老师进行讨论，同时将讨论结果发给陆老师听取意见，很快得到回复，再由我梳理、加工、整合，经过多次这样的往返交流，我们三人逐步形成一些相对完整的观点，成文之后陆续公开发表。

　　整个博士一年级，我一边恶补新的分析方法和技术，一边寻找新的研究视角。或许是长时间集中在专业市场领域，我似乎陷入某种"审美疲劳"，有段时间实在不知道如何使自己的认识在原来基础上有所边际推进。这迫使我考虑是否应该转向新的研究领域，但又顾虑重重，因为在读博的剩余期限内转换研究领域需要从头开始花费大量时间和精力，并且还要承受研究预期能否实现的不确定风险。犹豫不决时，刘老师说全国范围内由专业市场带动经济发展的典型区域在宣传界盛行"南有义乌，北有临沂"一说，不妨做一下义乌和临沂的比较研究，两个区域虽然都是以专业市场为主导，但两者的产业集群成熟度和区际分工程度上还是有所不同的，这些不同是否由专业市场的差异决定，比较分析说不定能得到一些有意思的结论。恩师的指点对迷茫中的我产生了触动，我在将信将疑中啃文献，建模型，搜数据，做实证，果真发现两地的专业市场完善度对各自的区际分工程度有比较显著的影响，随后研究成果很快发表并被转载。受到鼓舞后，我重拾对这一领域的研究信心。

　　2010 年春，在师弟戴晋的帮助下，我们又成功构建了一个描述专业市场和产业集群互动的 2×2 交互演化模型，比较好地解释了由专业市场驱动的区域经济的三种不同演化结果。至此，专业市场的主导性作用机理在我头脑中开始有了大致的思维轮廓。在刘老师鼓励下，我决定将此作为我的博士论文选题，试图对其加以初步系统地论证。本以为有了几年的学习和思考积累，剩下的工作无非穿针引线将以前的观点有序归纳和系统梳理即可，可等动手之后才知道困难比预想要大得多。姑且不论以前的理论中有许多间断点需要填补，尤其让我感到棘手的是不知道如何使用主流的个人主义 - 还原论 - 均衡的方法去涵盖论证专业市场主导区域发展的全过程。苦闷之中我就这一问题求教于刘老师，他告诉我论文的好坏首先取决于采用的方法是否站得住脚，由于客观世界的极端复杂性，针对不同的问题要选择不同的方法，主流方法不能解释所有的问题，有必要大胆借鉴非主流方法，只要能够自圆其说就可以假定为合理。在导师的启发下，我摆脱了所谓的主流和规范的束缚，索性在实证部分中也采用了非主流的案例分析，论文得以迅速推进。

　　2012 年 1 月，我通过博士论文答辩，同年 4 月进入浙江财经大学工作。由于在撰写博士论文过程中察觉了更多有待深入讨论的问题，我决定继续围绕"专业市场的主导性作用"申报课题开展研究，同时尽可能在相关课程中把最新的发现传递给学生。2013 年 11 月，十八届三中全会提出"让市场在资源配置中起决定性作用"，我为之一振，感到提升研究层次的时机可能到了，于是将以前和正在进行的内容加以整理补充后以"专业市场主导的区域经济研究"为题申报国家社科后期资助并获得立项，这为我的后续研究提供了很大便利。在国家社科基金资助下，根据审稿专家的反馈意见，2015 年我又利用教学之余和整个暑假的时间仔细修改，补充调整，同年 9 月将最终成果提交国家社科办，2016 年 5 月顺利结题并移交出版社。

如今望着桌上即将付梓的书稿，说实话，我并没有如释重负的感觉，反而内心充满矛盾，书稿早日与读者见面当然可以给过去十年的努力一个交代，但我总觉得意犹未尽，总觉得自己的研究还非常浅薄，总觉得书中还有不少困惑等待解答。这不仅是因为多年的研究令我深刻感受到"对复杂事物的认识往往不是一次完成的"，更是因为我对市场始终怀有一颗敬畏之心。人类经济发展的历史表明，市场中充满了铁律，违背它必然遭到无情惩罚，同时市场又遵势重道，涵盖和反映一切信息，因而显得瞬息万变。这时刻提醒我在做研究时一定要谦虚谨慎，没有十分把握时不能说绝对的话，没有充分证据时不要轻易下结论。尽管如此，我也毫不讳言本书存在的一些不足：除了一些野人献曝式的论述之外，本书在内容结构布局上还不是那么的富有前瞻性，特别是在当前"互联网＋"和电子商务蓬勃发展的大背景下，专业市场正处在转型和剧变当中，十字路口的专业市场何去何从，转型后专业市场的主导性作用是否有所弱化，以及如何表现，这些问题都没有被纳入本书的分析框架。我想，这些缺憾只能靠以后撰写论文和其他学者的接力来弥补了。

感谢陆立军教授和刘乃全教授，本书是在两位恩师的悉心指导下完成的！

任光辉
2016 年冬于杭州高沙小楼

图书在版编目（CIP）数据

专业市场主导的区域经济研究 / 任光辉著. -- 北京：
社会科学文献出版社，2016.12
　国家社科基金后期资助项目
　ISBN 978 - 7 - 5097 - 9979 - 6

　Ⅰ.①专⋯　Ⅱ.①任⋯　Ⅲ.①区域经济发展 - 研究 -
中国　Ⅳ.①F127

中国版本图书馆 CIP 数据核字（2016）第 272238 号

国家社科基金后期资助项目

专业市场主导的区域经济研究

著　　者／任光辉

出 版 人／谢寿光
项目统筹／宋　静
责任编辑／宋　静

出　　版／社会科学文献出版社·皮书出版分社（010）59367127
　　　　　地址：北京市北三环中路甲 29 号院华龙大厦　邮编：100029
　　　　　网址：www. ssap. com. cn
发　　行／市场营销中心（010）59367081　59367018
印　　装／北京季蜂印刷有限公司

规　　格／开　本：787mm × 1092mm　1/16
　　　　　印　张：15.5　字　数：243 千字
版　　次／2016 年 12 月第 1 版　2016 年 12 月第 1 次印刷
书　　号／ISBN 978 - 7 - 5097 - 9979 - 6
定　　价／69.00 元

本书如有印装质量问题，请与读者服务中心（010 - 59367028）联系